にほんご これだけ！の「これだけ」ヒント集＋単語リスト

10言語翻訳付

NIHONGO KOREDAKE

庵 功雄 監修

岩田一成・森 篤嗣 編著

ココ出版

地域日本語教室のみなさまへ

『にほんごこれだけ！』1・2はおしゃべりのためのテキストです。あくまでおしゃべりが盛り上がることを追求しています。テキストを見ながら「どんな話題でおしゃべりしようかな」という準備をしてから活動をしてください。本書では、各課でおしゃべりの進め方の例を紹介しています。ただし、各トピックには、そこで使ってほしい文法項目が練りこんであります。これが我々のいう‘トピックシラバス（隠れ文法付き）’です。

本書では隠れ文法の中身も紹介します。隠してあるものをわざわざ見せるのはどうしてでしょうか。一つは、日本人参加者に知りたいという人がおられるからです。文法が好きな方はお読みください。嫌いな方は気にせず活動してもらってかまいません。もう一つは、習得の効率化のためです。教室環境でおしゃべりする長所は、日本人側がそっと言語形式にフォーカスすることができる点です。外国人参加者の気づきにつながることを期待しています。隠れ文法は、「したじき」（テキスト付属の両面カラーの補助教材）にまとめてあるので、常に開いておいてご活用ください。

『にほんごこれだけ！』1・2の各テキスト内には、同じ項目が繰り返し出てきます。それぞれの項目が最低3回は出てくるように組み込んであります。これを我々は‘文法スパイラル’と呼んでいます。自然な会話の中で、同じ項目に何度か出会う経験を通して、外国人参加者の記憶に残るとっかかりになるのではないかと考えています。

繰り返しになりますが、おしゃべりを盛り上げるのが一番の目的ですので、ここに紹介している文法を教え込もうとはしないでください。また、**おしゃべりは出たとこ勝負です。こちらの意図通りに文法項目が使えるわけがありません**。ここに書いてあることはあまり気にしすぎず、さりげなく使っておしゃべりを続けてもらえたらうれしいです。

本書の構成

おしゃべりの流れ

日本人参加者と外国人参加者が教室で語り合う話題の展開例が書いてあります。各トピックの開始前に、この流れを把握してから教室活動を行ってください。これは一例ですので、この通りにやる必要はないのですが、「今日はどんな話の展開をしようかな」と考えてから活動に入ると、おしゃべりは楽しくなります。

隠れ文法

各トピックに隠してある文法項目です。ここにある項目は、「したじき」で探しましょう。これを取り出して文法の解説を行う必要はありません。おしゃべりをしている中で、文法のことを少しだけ意識してほしいという意図です。例えば、『これだけ1』のトピック1では食べ物についてのおしゃべりを盛り上げつつ、「食べました」といった動詞の過去形や，「好きです」といったナ形容詞が使えるよう見守ってあげてください。「中心となる文法」だけでも把握してから活動に入ると、隠れた目標がわかります。

これだけ（記入例）

空欄に埋める一例を紹介しています。この通りに書く必要はありません。当日教室で起こったやり取りをまとめてください。平仮名が未習得の学習者はハングルやタイ文字など母語の文字でメモしてもかまいません。無計画なおしゃべりをしていたのではなく、いくつかの言語形式を勉強していたのだということに学習者が気づくことを狙っています。『これだけ1』では、助詞の復習としてお使いください。

語彙表

『にほんごこれだけ！』1・2に出てくる単語に、10言語（英語、中国語、韓国語、ポルトガル語、スペイン語、ベトナム語、タイ語、タガログ語、インドネシア語、ネパール語）で訳が付いています。外国人参加者が言葉の意味に詰まってしまった場合は、該当ページを広げて、いっしょに探しましょう。

Column

言語習得や日本語教育文法の研究成果を紹介します。いわゆる文法ルールの話はありません。習得研究は最近良質の参考書もたくさん出ています。コラムを読んで興味を持った方はぜひ関連書籍をご覧ください。

関連書籍
『日本語を教えるための第二言語習得論入門』大関浩美著　くろしお出版
『外国語学習の科学ー第二言語習得論とは何か』白井恭弘著　岩波書店
『第二言語習得について日本語教師が知っておくべきこと』小柳かおる著　くろしお出版
他多数

ネタ帳

日本に関係する各種データを紹介することで、おしゃべりが広がることを狙っています。活発なおしゃべりは健全なデータから、という発想です。各トピックに関連した情報を元に、新たな展開を期待しております。わからない語彙もたくさん出てくると思いますが、辞書などを片手にゆっくり理解してもらいましょう。

この本の用語について

本書

この書籍のこと。地域日本語教室で『にほんごこれだけ！』1・2を使うためのマニュアルです。

テキスト

本書が解説している『にほんごこれだけ！』1・2のこと。別々に指すときは、『これだけ1』・『これだけ2』とします。

地域日本語教室

地域で生活している外国人に広く開かれている教室を指します。日本語学校とは異なり、参加費が無料か低額、支援する人は主にボランティアで参加しています。

日本人参加者

地域日本語教室に参加している日本人スタッフを指します。基本的には教室活動において支援をする側に当たります。便宜上この用語で支援する側を表しますが、外国人参加者が支援する側になっている教室も全国にはたくさんあります。

外国人参加者

地域日本語教室に参加している外国人を指します。日本語を学びたい人、なんとなく居場所が欲しい人、同国の友達に会いたい人、他の外国人を助けたい人、いろんな人がいます。

学習者

広く日本語を勉強している人を指すときに用います。

「したじき」

『これだけ1・2』にそれぞれ付属している両面印刷の硬い紙のこと。隠れ文法の情報が凝縮されて載っています。

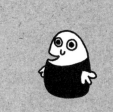

もくじ

にほんご これだけ！1

NIHONGO KOREDAKE

にほんご これだけ!2

NIHONGO KOREDAKE

Column

ネタ帳

付録

にほんご
これだけ！1
NIHONGO KOREDAKE

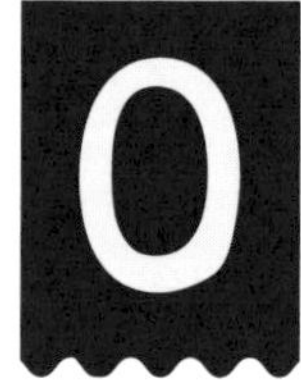

はじめに

おしゃべりの流れ

ここは他と異なり、特定のトピックも隠れ文法もありません。いっしょに基本的なあいさつを使ってみたり、教室でよく使う言葉を覚えてもらったり、いわばおしゃべりを始める前の準備運動だと考えてください。少しだけですが、ひらがなを書いてみたり、身の回りの数字を読んでみたりする活動も入っています。

地域日本語教室に来る外国人参加者はいろいろな方がいますので、相手のレベル・ニーズに合わせて使ってください。外国人参加者がすべて知っているという場合は、飛ばしてしまってかまいません。

①あいさつ（8–9ページ）

日本人参加者が順番に読み上げて、意味を確認してもらいましょう。日本で長く生活している人なら、聞いたことくらいはあると思います。一通り確認したら、ランダムに読み上げて、相手に指差しをしてもらってもいいと思います。また、「はじめまして、〇〇です」や「わたしは〇〇にすんでいます」を使って、簡単な自己紹介をしてみましょう。

②きょうしつのことば（10–11ページ）

日本人参加者が一通り読み上げてください。その後で、「はい」「いいえ」を使えば、応答の練習ができるようになっています（例えば、「おもいですか？」→「はい／いいえ」）。身の回りにあるいろいろなものを指さして、重いかどうか聞いてみましょう。あくまで応答の練習であることを相手に理解してもらわないと、「なんで変なことばかり聞いてくるのだろう」と思われてしまうのでご注意ください。「わかりますか」→「わかります」「わかりません」も同様に、応答の練習に使えます。漢字を書いて見せたり、テキストのハングル文字を指さしたりしながら、「わかりますか？」と聞いてみましょう。

③やってみましょう！（12ページ）

ひらがなを書き込む練習です。体系的に50音図を勉強するというよりは、語彙とセットで少し書いてみる程度のものです。文字は勉強したくないという方もいるので、あくまで相手の意向次第でこの活動をおこなってください。

④やってみましょう！（13ページ）

数字の読み方はいろいろあります。ここは、生活に身近な場面を設定して数字を読んでみる練習です。携帯電話の番号、カレンダーの月や日付、住所の番地、値札のタグを取り上げています。携帯の番号、住所などは自分の本物の番号で練習した方が役に立ちます。ただ、プライバシー情報なので相手が嫌がる場合は架空のもの（教室がある公民館の番号など）で練習してもいいと思います。

語彙表

中｜韓｜ポルトガル｜スペイン｜英｜タイ｜ベトナム｜タガログ｜インドネシア｜ネパール

あさ asa	早晨｜아침｜manhã｜mañana｜morning｜ตอนเช้า｜buổi sáng｜umaga｜pagi｜बिहान
あめ ame	雨｜비｜chuva｜lluvia｜rain｜ฝน｜mưa｜ulan｜hujan｜पानी/वर्षा (आकाशबाट पर्ने पानी)
ありがとう（ございます）arigatoo (gozaimasu)	谢谢｜고마워 (고맙습니다)｜obrigado / obrigada｜gracias｜thank you very much｜ขอบคุณ (ครับ/ค่ะ)｜cảm ơn｜(Maraming) salamat｜terima kasih [dengan menambah "gozaimasu" menjadi lebih sopan"]｜धन्यवाद
いいえ iie	不｜아니요｜não｜no｜no｜ไม่ (ครับ/ค่ะ)｜không｜Hindi｜tidak｜अहँ
いす isu	椅子｜의자｜cadeira｜silla｜chair｜เก้าอี้｜cái ghế｜upuan｜kursi｜मेच
えんぴつ empitsu	铅笔｜연필｜lápis｜lápiz｜pencil｜ดินสอ｜bút chì / viết chì｜lapis｜pensil｜कलम
おさきに osakini	先告辞了｜먼저 실례하겠습니다｜Licença, vou embora antes｜Con permiso｜(pardon me for leaving) before you｜ขอตัวก่อน｜tôi (xin phép) đi (về) trước｜Mauuna (na ako)｜duluan ya｜पहिले जान्छु (अरु भन्दा पहिले केहि गर्ने बेला प्रयोग गर्ने शब्द)
おつかれさまでした otsukare sama-deshita	辛苦了｜수고하셨습니다｜Obrigado pelo seu trabalho｜Gracias por su trabajo｜thanks for your hard work｜ขอบคุณในความเหนื่อยยากครับ｜anh (chị) đã vất vả nhiều｜Salamat sa iyong pagtrabaho｜Pasti Anda letih ya / Terima kasih atas jerih payahnya [ucapan salam waktu selesai kerja]｜ओचुखारेसामा देसु (काम गरेकोमा आभार प्रकटको रुपमा प्रयोग गरिने कुरा)
おはよう（ございます）ohayoo (gozaimasu)	早上好｜안녕 (하세요)｜Bom dia｜Buenos días｜Good morning｜อรุณสวัสดิ์ (ครับ/ค่ะ)｜xin chào (buổi sáng)｜Magandang umaga｜selamat pagi [dengan menambah "gozaimasu" menjadi lebih sopan]｜शुभ - प्रभात
おもいです《おもい》omoi-desu《omoi》	重｜무겁습니다《무겁다》｜pesado｜pesado｜heavy｜หนัก｜nặng｜mabigat｜berat｜भारी /गह्रौ छ <<भारी /गह्रौ>>
おやすみなさい oyasuminasai	晚安｜안녕히 주무세요｜Boa noite｜Buenas noches｜Good night｜ราตรีสวัสดิ์ (ครับ/ค่ะ)｜chúc ngủ ngon｜Magandang gabi (kapag paalis o patu-log na)｜selamat tidur｜शुभ रात्री
かばん kaban	包｜가방｜bolsa｜bolso｜bag｜กระเป๋า｜cái cặp xách / ba lô｜bag｜tas｜झोला
ききます《きく》kiki-masu《kiku》	问 / 听｜듣습니다《듣다》/ 묻습니다《묻다》｜escutar / perguntar｜escuchar / preguntar｜listen / ask｜ฟัง｜nghe｜makinig｜bertanya / mendengar｜सोध्छु/सुन्छु <<सोध्नु/सुन्नु>>
くもり kumori	多云｜흐림｜nublado｜nublado｜cloudy｜มีเมฆ｜âm u / mây mù (thời tiết)｜maulap｜berawan｜बादल लाग्नु
げんきです《げんきな》genki-desu《genkina》	好 (身体状况或精神状况)｜건강합니다《건강한》｜estou bem (bem)｜estoy bien (bien)｜good / fine｜สบายดี｜mạnh khỏe｜Mabuti naman｜sehat｜सन्चै छु <<सन्चै>>
ごめんなさい gomen'nasai	对不起｜미안합니다｜desculpa｜discúlpeme｜I am sorry｜ขอโทษ｜xin lỗi｜Pasensiya na｜maaf｜माफ गर्नु होस्
こんにちは kon'nichiwa	你好｜안녕하세요 (낮 인사)｜Olá/Boa tarde｜Hola｜Good afternoon / Hello｜สวัสดีตอนกลางวัน (ครับ/ค่ะ)｜xin chào (buổi trưa, chiều)｜Magandang hapon｜selamat siang｜नमस्कार

こんばんは **kombanwa**	晩上好 | 안녕하세요 (밤 인사) | Boa noite | Buenas noches | Good evening | สวัสดีตอนเย็น (ครับ/ค่ะ) | xin chào (buổi tối) | Magandang gabi | selamat malam | शुभ सन्ध्या = नमस्कार
さようなら **sayoonara**	再见 | 안녕히 계십시오/가십시오 | Tchau | Adios | Goodbye | แล้วพบกันใหม่ (ครับ/ค่ะ) | tạm biệt | Paalam | sampai jumpa lagi / selamat tinggal | विदा (बाईबाई)
しつれいします **《しつれいする》** **sitsuree-shi-masu** **《sitsuree-suru》**	告辞 | 실례하겠습니다《실례하다》| Com licença (Pedir licença) | Permiso (Pedir permiso) | Pardon me | ขอตัวก่อน | xin mạn phép / xin thất lễ | Paumanhin | permisi | विदा (फर्कन्छु , विदा हुन्छु) <<फर्कनु/बिदा हुनु>>
すみません **sumimasen**	对不起 / 不好意思 | 죄송합니다 | desculpa / licença | Perdón | Excuse me / I am sorry | ขอโทษ | xin lỗi | Pasensiya na | maaf | माफ गर्नुहोस् (माफी माग्ने बेला/कसैलाई बोलाउने बेला)
すんでいます **《すむ》** **sunde-i-masu** **《sumu》**	住 | 살고 있습니다《살다》| morar | vivir | living | อาศัยอยู่ | sinh sống (ở đâu đó) | Nakatira ako sa ______. | tinggal | बस्दै छु <<बस्छु>> (ठेगाना)
だいじょうぶです **《だいじょうぶな》** **daijoobu-desu** **《daijoobuna》**	没事 / 没问题 | 괜찮습니다《괜찮은》| estou bem (sem problemas) | estoy bien (sin problemas) | It's okay / I'm good | ไม่เป็นไร | không sao cả | ayos lang | tidak apa-apa | ठिक छ <<ठिक>>
つくえ tsukue	桌子 | 책상 | escrivaninha | escritorio | desk | โต๊ะ | cái bàn | mesa | meja | टेबल
でんき denki	电 / 电灯 | 전기 | luz | luz | light | ไฟฟ้า | đèn điện | ilaw | listrik | बत्ति
どうぞ doozo	请 | ～십시오 (상대편에게 뭔가를 권하거나 허락할때 쓰임) | por favor | por favor | please / go ahead / this way | เชิญ | xin mời | Mauna ka na | silakan | आउनुस् , जानुस् (अनुमति/अनुरोधको बेलामा प्रयोग)
どうも doomo	谢谢 | 고맙습니다 | obrigado / obrigada | gracias | thank you | ขอบคุณ (ครับ/ค่ะ) | cảm ơn | Salamat | makasih | धन्यवाद
はい hai	是 | 예 / 네 | sim | sí | yes | ครับ/ค่ะ | vâng / phải | Oo / Opo | ya | हो / हजुर
バイバイ baibai	再见 | 안녕 (헤어질 때) | Tchau | Chao | Goodbye | บ๊ายบาย | tạm biệt | Paalam / Bye | dah | बाई बाई
はじめまして **hajimemashite**	初次见面 | 처음 뵙겠습니다 | Muito prazer | Mucho gusto | Nice to meet you | ยินดีที่ได้รู้จัก | xin chào (lần đầu gặp mặt) | Nagagalak akong makilala ka | perkenalkan / salam kenal | तपाईँलाई भेटेर खुशी लाग्यो (पहिलो पटक भेट्ने बेलाको अभिवादन)
はなします **《はなす》** **hanashi-masu** **《hanasu》**	说 | 이야기합니다《이야기하다》| falar | hablar | speak / talk | คุย | nói chuyện | mag-usap / magsalita | bicara | कुरा गर्छु<<कुरा गर्नु>>
はれ hare	晴 | 맑음 | tempo bom | buen tiempo | sunny | อากาศแจ่มใส | trời nắng | maaraw | cerah | घमाइलो दिन
ひる hiru	白天 | 낮 | tarde | tarde | daytime | เที่ยง | buổi trưa | tanghali | siang | दिउँसो
ほん hon	书 | 책 | livro | libro | book | หนังสือ | sách | aklat | buku | किताब
まど mado	窗户 | 창문 | janela | ventana | window | หน้าต่าง | cửa sổ | bintana | jendela | झ्याल

みます《みる》 **mi-masu《miru》**	看｜봅니다《보다》｜ver｜ver｜see / look at｜ดู｜nhìn / xem｜tumingin (tingin)｜melihat｜हेर्छु <<हेर्नु>>
もういちど **moo ichido**	再～一次｜한 번 더｜mais uma vez｜más una vez｜once more｜อีกครั้ง｜một lần nữa｜Pakiulit｜sekali lagi｜फेरी एक पटक
よる **yoru**	晚上｜밤｜noite｜noche｜night｜กลางคืน｜buổi tối｜gabi｜malam｜राती
わかります 《わかる》 **wakari-masu** **《wakaru》**	明白｜압니다《알다》｜entender｜entender｜understand｜เข้าใจ｜hiểu｜alam / naintindihan｜mengerti｜बुझे <<बुझ्नु>>
わたし **watashi**	我｜저｜eu｜yo｜I｜ฉัน｜tôi｜ako｜saya｜म

日本語の勉強はなかなか進まない……

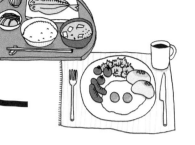

1 おなかがすきました

おしゃべりの流れ

食べもの、飲みものがテーマです。今日食べたものや好きな食べものについておしゃべりを楽しみましょう。

①トップページ（14–15ページ）
14ページには食べもののイラストがあります。指差しをしながら、昨夜／今朝／お昼に食べたものを確認しましょう。よく食べるもの、好きなものへと話題を広げると盛り上がります。イラストには日本的なものを意図的に入れてあります。そういうものを「食べましたか？」と聞いてみてもいいですね。
15ページ上段では、話題を飲みものへと展開しましょう。「昨夜／今朝／お昼に飲んだものはありますか？」「よく飲むのはどれでしょうか？」「好きなものは？」お互いに聞いてみましょう。
また、下部にはカテゴリー別に言葉のイラストがあります。「野菜で／果物で／肉で／魚で、何が好きですか？」と聞いてみましょう。

②やってみましょう！（16ページ）
ここでは食べたものを描いてみる活動です。今朝何も食べていない場合は、昨日のごはんでもいいです。外国人参加者にとって、よく食べるけど名前を知らないものもあるはずです。そういったものを日本語でどう言うのか、伝える機会になればいいですね。

③おしゃべりしましょう！（17ページ）
ここでは少し視点を変えて、味を表現することがテーマです。いろんな食べものについて、その味を伝えましょう。「日本料理はどんな味？」「相手の国の料理は？」「チョコレートは？」「梅干は？」身の回りのものを確認しましょう。

隠れ文法

➡中心となる文法（述部）

A　動詞の過去形
「食べました／飲みました」という動詞が中心になりますが、動詞の過去の形を使って食べたもの、飲んだものについて話しましょう。現時点からみて過去の話ができるように、「朝／昼／昨日の夜」などを使いながら話を広げましょう。もちろんこれから食べるごはんの話に広がってもいいと思います。

B　ナ形容詞／イ形容詞の非過去形★1
「好きです／嫌いです／甘いです／からいです」など、食べものの話を広げるときに、様々な形容詞を使ってください。

➡その他（助詞など）★2

トップページ
・なにも〜ないです
『これだけ1』では、この形でひとかたまりとして示します。朝ごはんや昼ごはんの話題で話していると、「何も食べませんでした／飲みませんでし

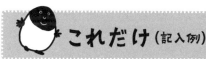

た」という該当する答えがない状況がありえます。そういうときに、この文法項目で話しましょう。

✦ で（「したじき」での表記「で③」）
本トピックに出てくるのは、範囲を表す「で」の用法です。「くだものでバナナが好きです」という例では、「くだもの」というカテゴリーの範囲の中で何が好きかという話をしています。テキストには「やさい／にく／さかな」という他のカテゴリーも例示してあります。

✦ が（「したじき」での表記「が②」）
「バナナが好きです」「パソコンが欲しいです」のような例において、「バナナ」「パソコン」は、イ・ナ形容詞の目的語を表しています（本書コラム「国語教育と日本語教育」p.61 参照）。

これだけ（記入例）

その日のおしゃべりの内容に合わせて自由に記入しましょう。ローマ字で記入してもかまいません。

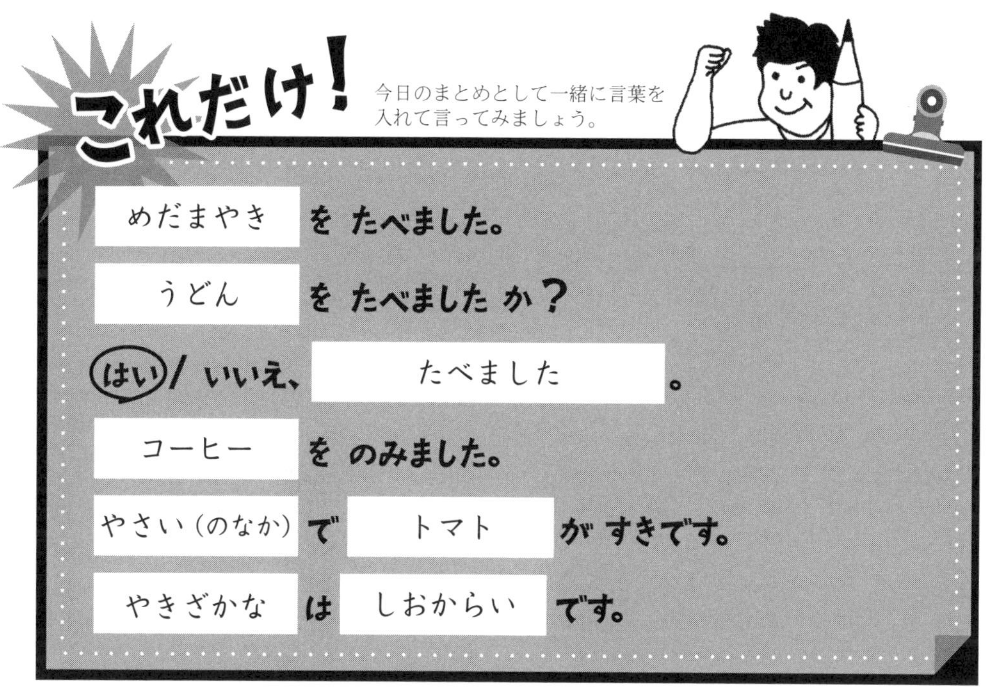

これだけ！
今日のまとめとして一緒に言葉を入れて言ってみましょう。
めだまやき を たべました。
うどん を たべました か？
はい / いいえ、 たべました 。
コーヒー を のみました。
やさい（のなか） で トマト が すきです。
やきざかな は しおからい です。

★1　本書では「です・ます」の形を非過去形と呼びます。
★2　「は（「は①」）、も、か（疑問）、を」等、ほとんどのトピックに出てくる助詞は特に取り上げて説明したりはしません。

中 | 韓 | ポルトガル | スペイン | 英 | タイ | ベトナム | タガログ | インドネシア | ネパール

あさ asa
早晨 | 아침 | de manhã | por la mañana | morning | ตอนเช้า | buổi sáng | umaga | pagi | बिहान

あまいです《あまい》 amai-desu《amai》
甜 | 답니다《달다》| doce | dulce | sweet | หวาน | ngọt | matamis | manis | गुलियो छ<<गुलियो>>

いいえ iie
不 | 아니요 | não | no | no | เปล่า/ไม่ | không | Hindi | tidak | अहँ

うどん udon
乌冬面（日式面条）| 우동 | udon | udon | Udon (thick, white Japanese wheat noodles) | อุด้ง | mì udon | udon | mie udon | उदोन् (जापानिज नुडल)

おちゃ o-cha
茶 | 차 | chá | té | tea | ชา | trà | tsaa | teh hijau | चिया (जापानिज चिया)

からいです《からい》 karai-desu《karai》
辣 | 맵습니다《맵다》| apimentado | picante | spicy / hot | เผ็ด | cay | maanghang | pedas | पिरो छ <<पिरो>>

ぎゅうにゅう gyuunyuu
牛奶 | 우유 | leite | leche | milk | นมวัว | sữa bò | gatas | susu | दुध

くだもの kudamono
水果 | 과일 | frutas | fruta | fruits | ผลไม้ | trái cây / hoa quả | prutas | buah-buahan | फलफूल

こうちゃ koocha
红茶 | 홍차 | chá preto | té negro | black tea | ชาฝรั่ง | trà đen/ hồng trà | itim na tsaa | teh merah | कालो चिया

コーヒー koohii
咖啡 | 커피 | café | café | coffee | กาแฟ | cà phê | kape | kopi | कफि

さかな sakana
鱼 | 물고기 | peixe | pescado | fish | ปลา | cá | isda | ikan | माछा

サラダ sarada
色拉 | 샐러드 | salada | ensalada | salad | สลัด | món rau trộn / gỏi | ensalada | salad | सलाद

しおからいです《しおからい》 shiokarai-desu《shiokarai》
咸 | 짭니다《짜다》| salgado | salado | salty | เค็ม | mặn | maalat | asin | नुनिलो छ <<नुनिलो>>

ジュース juusu
果汁 | 주스 | suco | jugo | juice | น้ำผลไม้ | nước trái cây / nước hoa quả | juice | jus | जुस

すきです《すきな》 suki-desu《sukina》
喜欢 | 좋아합니다《좋아하는》| gosto (gostar) | me gusta (gustar) | like | ชอบ | thích | gusto | suka | मन पर्छ<<मन पर्ने>>

すきやき sukiyaki
寿喜锅（日式牛肉火锅）| 스끼야끼（전골）| sukiyaki | sukiyaki | sukiyaki | สุกียากี้ | món sukiyaki | sukiyaki | sukiyaki | सुकियाकी (जापानिज खाना)

すし sushi
寿司 | 스시(초밥) | sushi | sushi | sushi | ซูชิ | món sushi | sushi | sushi | सुसी (जापानिज खाना)

すっぱいです《すっぱい》 suppai-desu《suppai》
酸 | 십니다《시다》| azedo | ácido | sour | เปรี้ยว | chua | maasim | asam | अमिलो छ <<अमिलो>>

そば soba
荞麦面 | 메밀국수 | soba | soba | buckwheat noodles | โซบะ | mì soba | soba | mie soba | सोबा (जापानिज नुडल)

たべます《たべる》 tabe-masu《taberu》
吃 | 먹습니다《먹다》| comer | comer | eat | กิน/รับประทาน | ăn | kumain (kain) | makan | खान्छु <<खानु >>

てんぷら tempura
天麸罗（日式油炸食品）| 튀김 | tempura | tempura | tempura | เทมปุระ | món tempura | tempura | tempura | तेम्पुरा (जापानिज खाना)

なに nani
什么 | 무엇 | o que? | ¿qué? | what | อะไร | gì/cái gì | Ano? | apa | के

なにも ～ませんでした nani-mo ~masen-deshita
什么也没～ | 아무것도 ～지 않았습니다 | não (bebi / tomei) nada | no (bebí) nada | I did not (drink) anything | ไม่ได้～อะไรครับ/ค่ะ | đã không ~ gì cả | Wala ～ hindi | tidak ～ apa-apa | केहिपनि ～ थिएन

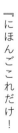

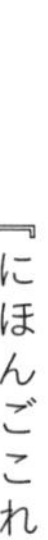

にく niku	肉 | 고기 | carne | carne | meat | เนื้อสัตว์ | thịt | karne | daging | मासु
にほん nihon	日本 | 일본 | Japão | Japón | Japan | ญี่ปุ่น | Nhật | bansang Hapon | Jepang | जापान
のみます《のむ》 nomi-masu《nomu》	喝 | 마십니다《마시다》| beber / tomar | beber | drink | ดื่ม | uống | uminom (inom) | minum | पिउँछु <<पिउनु>>
はい hai	是 | 예 / 네 | sim | sí | yes | ครับ/ค่ะ | vâng / phải | Oo | iya | हो / हजुर
パスタ pasuta	意大利面 | 파스타 | macarrão | pasta | pasta | พาสต้า | món mì Ý | pasta | pasta | पास्ता
バナナ banana	香蕉 | 바나나 | banana | plátano | banana | กล้วย | chuối | saging | pisang | केरा
パン pan	面包 | 빵 | pão | pan | bread | ขนมปัง | bánh mì | tinapay | roti | रोटी
みず mizu	水 | 물 | água | agua | water | น้ำ | nước | tubig | air | पानी
めだまやき medamayaki	煎鸡蛋 | 계란프라이 | ovo frito | huevo frito | sunny side-up egg | ไข่ดาว | trứng ốp la | pritong itlog | telur mata sapi | तारेको अन्डा
やさい yasai	蔬菜 | 야채 | verduras | verduras | vegetables | ผัก | rau | gulay | sayuran | सागसब्जी
りょうり ryoori	饭菜 | 요리 | comida | comida | food / cuisine | อาหาร | món ăn / đồ ăn | lutuin | masakan | खाना

Column 01

情意フィルターと笑い

『これだけ1』のp.16を使って、「自分の国の典型的な朝ごはんを紹介してください」という活動をすると、各国の朝ごはんがわかっておもしろいです。かつてドイツ人参加者が、タバコとコーヒーを描いて、「ドイツの朝ごはんはみんなこれです。」とボケたことがありました。他の参加者も大笑いで、なごやかムードになりました。私は、このように学習者がボケられる環境が大事だと思ってます。人間関係ができており、ふざけても怒られないという前提がないと成立しません。学習者の不安は、情意フィルター（クラッシェンという研究者の提唱）と言って、言語の習得を阻害すると言われています。ですから、学習者がボケるということは、不安感がある程度低くなっていると言えます。そして、みんなで「はははは」と笑うことも不安感を下げると思います。ですから私は「誰かボケてくれないかなあ」といつも期待しています。できれば切れのあるオチでお願いしたいです。

わたしのプロフィール

おしゃべりの流れ

自己紹介がテーマです。自分の仕事、出身国、家族などについて紹介し合いましょう*1。

①トップページ（18-19ページ）
18ページには職業を表すイラストがあります。今の仕事、昔の仕事、将来したい仕事、いろんな仕事について話し合いましょう。19ページには地図があるので、出身の国を教えてもらいましょう。また、国や町の名前をカタカナでどう書くか教えてあげましょう。

②やってみましょう！（20ページ）
名刺を作ってみる活動です。仕事と名前を書いてみて、確認しましょう。それから実際に名刺交換をしてみましょう。

③おしゃべりしましょう！（21ページ）
ここでは家族について話し合いましょう。「家族構成はどうですか？」「みんな一緒に住んでいますか？」「みんなの職業は？」「ペットはいますか？」など、紹介し合いましょう。

隠れ文法

➡中心となる文法（述部）

A　名詞＋です
「サラリーマンです」「インドです」という「名詞＋です」の形を使っておしゃべりしましょう。トップページにたくさん職業名、国名が挙げられています。ここにないものは追加したりしてお互いについて話しましょう。

B　動詞の非過去形（あります／います）
「あります／います」という存在動詞が出てきます。仕事の有無を言うときには「あります」、うちや国にいる家族の話をするときは「います」を使いましょう。

➡その他（助詞など）

おしゃべりしましょう！

◆に（「したじき」での表記「に②」）
『これだけ1』では「に」の用法が3つ出てきます。「に②」というのは、存在場所を表す「に」のことです。「うちにお父さんがいます」のように、誰かが存在する場所を表します。家族の話題について話し合いましょう。

◆と（「したじき」での表記「と②」）
『これだけ1』では「と」の用法が2つ出てきます。「と②」は複数の名詞を併記するときの用法です。「お父さんとお母さん」のように、いろいろなものを並べて話しましょう。

これだけ(記入例)

その日のおしゃべりの内容に合わせて自由に記入しましょう。ローマ字で記入してもかまいません。

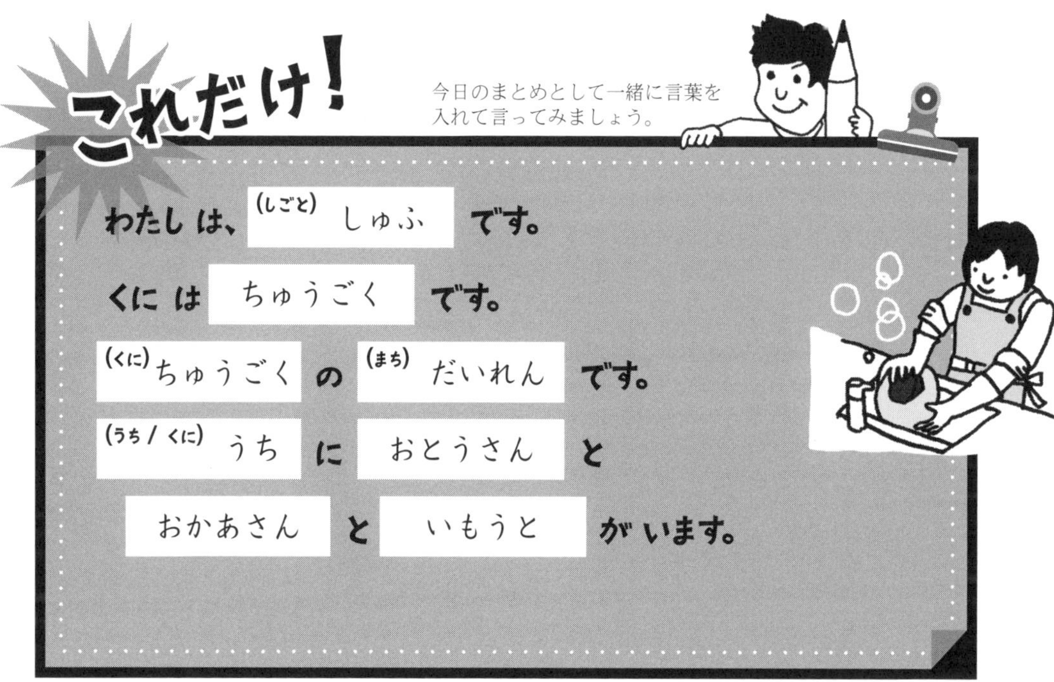

これだけ!
今日のまとめとして一緒に言葉を
入れて言ってみましょう。
わたし は、(しごと) しゅふ です。
くに は ちゅうごく です。
(くに) ちゅうごく の (まち) だいれん です。
(うち / くに) うち に おとうさん と
おかあさん と いもうと が います。

★1　このトピックの「おしゃべりのどうぐ箱」には、「携帯電話」と書かれています。これは、携帯電話(スマートフォン)の中に入っている家族や友達の写真を見せてもらうためのものです。

語彙表

中｜韓｜ポルトガル｜スペイン｜英｜タイ｜ベトナム｜タガログ｜インドネシア｜ネパール

アメリカ amerika	美国｜미국｜Estados Unidos｜Estados Unidos｜The United States / The U.S.｜อเมริกา｜nước Mỹ｜Amerika｜Amerika｜अमेरिका
あります《ある》 ari-masu《aru》	有 / 在（表示非动物的存在）｜있습니다《있다》(물건의 존재)｜ter (um emprego)｜tener (un trabajo)｜have (a job)｜มี (ประสบการณ์)｜có (đồ vật)｜mayroong (trabaho)｜ada [untuk menyatakan keberadaan benda selain manusia dan binatang]｜छ <<छ>>
イギリス igirisu	英国｜영국｜Inglaterra｜Inglaterra｜Britain｜อังกฤษ｜nước Anh｜Inglatera｜Inggris｜इंग्ल्यान्ड
いま ima	现在｜지금｜agora｜ahora｜now｜ตอนนี้｜bây giờ｜ngayon｜sekarang｜अहिले
います《いる》 i-masu《iru》	有 / 在（表示人或动物的存在）｜있습니다《있다》(사람이나 동물의 존재)｜ter (mãe, pai, etc)｜tener (madre, padre, etc)｜have (father, mother, an elder and a younger sister)｜มี｜có (người, động vật)｜mayroong nandoon ang (nanay, tatay at kapatid)｜ada [untuk menyatakan keberadaan manusia dan binatang]｜छु <<छु>>
いもうと imooto	妹妹｜여동생｜irmã mais nova｜hermana menor｜younger sister｜น้องสาว｜em gái｜nakababatang kapatid na babae｜adik perempuan｜बहिनी
インド indo	印度｜인도｜Índia｜India｜India｜อินเดีย｜nước Ấn độ｜Indiya｜India｜इंडिया
インドネシア indonesia	印度尼西亚｜인도네시아｜Indonésia｜Indonesia｜Indonesia｜อินโดนีเซีย｜nước Indonesia｜Indonesia｜Indonesia｜इंडोनेशिया
うち uchi	家｜집｜minha casa｜mi casa｜home｜บ้าน｜nhà｜bahay｜rumah｜घर
オーストラリア oosutoraria	澳大利亚｜오스트레일리아｜Austrália｜Australia｜Australia｜ออสเตรเลีย｜nước Úc｜Australia｜Australia｜अस्ट्रेलिया
おかあさん o-kaasan	母亲｜어머니｜mãe｜madre｜mother｜คุณแม่｜mẹ｜nanay｜ibu｜आमा
おくに o-kuni	国家（敬语，指对方国家）｜나라(경어. 상대방의 나라를 가리킴)｜(o seu) país (de origem)｜(su) país (de origen)｜(your) country [honorific]｜ประเทศ｜đất nước (nói theo kiểu lịch sự)｜bansa (mo)｜negara [sopan]｜देश
おしごと o-shigoto	工作（敬语，指对方工作）｜일 / 직업(경어. 상대방의 직업을 가리킴)｜(o seu) trabalho｜(su) trabajo｜(your) job [honorific]｜อาชีพของคุณ｜công việc (nói theo kiểu lịch sự)｜trabaho (mo)｜pekerjaan｜काम
おとうさん o-toosan	父亲｜아버지｜pai｜padre｜father｜คุณพ่อ｜cha/bố/ba｜tatay｜ayah｜बुवा
おねえさん o-neesan	姐姐｜누나 / 언니｜irmã mais velha｜hermana mayor｜elder sister｜พี่สาว｜chị｜ate｜kakak perempuan｜दिदि
かいごし kaigoshi	护工（多指护理老年人或残疾人）｜간병인｜enfermeiro(a) a domicílio｜enfermero(a) domiciliario｜caregiver｜นางพยาบาลเพื่อการดูแลรักษา｜nhân viên điều dưỡng｜caregiver｜care giver｜हेरचाहकर्ता

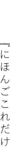

がくせい gakusee 学生 | 학생 | estudante | estudiante | student | นักเรียน,นักศึกษา | học sinh | mag-aaral | mahasiswa | विद्यार्थी

カナダ kanada 加拿大 | 캐나다 | Canadá | Canadá | Canada | แคนาดา | nước Canada | Canada | Kanada | क्यानाडा

くに kuni 国家 | 나라 | país | país | country | ประเทศ | đất nước | bansa | negara | देश

ここ koko 这里 | 여기 | aqui | aquí | here | ที่นี่ | đây/chỗ này/nơi này | dito | sini | यहाँ

さぎょういん sagyooin 工人/技术人员 | 작업원 | trabalhador | trabajador | worker | ผู้ใช้แรงงาน/คนงาน | công nhân | manggagawa | pekerja | काम गर्ने व्यक्ति

サラリーマン sarariiman 工薪人员（主要指男性） | 회사원 | funcionário | empleado | corporate employee | พนักงานกินเงินเดือน | nhân viên công ty | empleyado ng kompanya / salaryman | pegawai perusahaan | कर्मचारी

サンパウロ sampauro 圣保罗 | 상파울로 | São Paulo | San Paulo | Sao Paulo | เซาเปาลู | Sao Paulo (một thành phố ở Braxin) | San Paolo | Sao Paulo | सान्पाउरो (ठाउँको नाम)

しごと shigoto 工作 | 일 / 직업 | trabalho | trabajo | job | งาน | công việc | trabaho | pekerjaan | काम

しゅふ shufu 家庭主妇 | 주부 | dona de casa | ama de casa | housewife | แม่บ้าน | bà nội trợ | maybahay | ibu rumah tangga | गृहणी

せんせい sensee 老师 | 선생님 | professor | profesor | teacher | ครู | thầy giáo/cô giáo | guro | guru / dosen | शिक्षक

だれ dare 谁 | 누구 | quem? | ¿quién? | who | ใคร | ai | Sino? | siapa | को

ちゅうごく chuugoku 中国 | 중국 | China | China | China | จีน | nước Trung Quốc | Tsina | China | चीन

てんいん ten'in 店员 | 점원 | vendedor | dependiente | shopkeeper | พนักงานของร้าน | nhân viên bán hàng | tindero / tindera | pelayan toko | पसले

どこ doko 哪里 | 어디 | onde? | ¿dónde? | where | ที่ไหน | đâu / ở đâu | Saan? | (di/ke) mana | कहाँ

なんですか? nan desu-ka? 是什么? | 무엇입니까? | qual é? | ¿qué es? | what is it? | อะไร (ครับ/คะ) | là gì? | Ano iyon? | apa? | के हो / के होला? (के गर्नु हुन्छ ?)

のうか nooka 农户 | 농가 | agricultor | agricultor | farmer | เกษตรกร | nông dân | magsasaka | petani | किसान

ブラジル burajiru 巴西 | 브라질 | Brasil | Brasil | Brazil | บราซิล | nước Braxin | Brazil | Brasil | ब्राजिल

ペキン pekin 北京 | 베이징 | Pequim | Pekín | Beijing | ปักกิ่ง | Bắc Kinh | Beijing | Beijing | पेकिङ

ペルー peruu 秘鲁 | 페루 | Peru | Perú | Peru | เปรู | nước Peru | Peru | Peru | पेरु

ヘルパー herupaa 帮工 | 도우미 | cuidador | cuidador | helper | ผู้ช่วย | nhân viên điều dưỡng | helper | helper | हेल्पर

ロシア roshia 俄罗斯 | 러시아 | Rússia | Rusia | Russia | รัสเซีย | nước Nga | Russia | Rusia | रसिया / रुस

わたしのいちにち

おしゃべりの流れ

毎日の生活を振り返り、暮らしのサイクルを紹介し合いましょう。

①トップページ（22–23ページ）
22ページには動作に関わるイラストがあります。「〇〇をします」という形で、よくすることを伝えあいましょう。「それは何曜日にしますか？」「朝・昼・晩のいつですか？」時間と関係づけて話すと話題が広がります。
23ページ上段には、場所に関するイラストがあります。よく行くところはどこですか？　ここになければ他の場所も追加して話し合いましょう。その際、「したじき」にある「まいにち」「まいばん」「ときどき」などを使いながら話すと、話題が広がります。中段にあるイラストは、「ごはんを食べます」「音楽を聞きます」「お風呂に入ります」のように動詞を補って使ってみてください。

②やってみましょう！・おしゃべりしましょう！
（24–25ページ）
平日と週末に分けて自分のスケジュールを振り返りましょう。「〇時から〇時まで、～します」とお互いに紹介し合いましょう。書いてから話したほうが、外国人参加者にとっては話しやすい場合もあります。
スケジュールを一通り説明したら、25ページのイラストを見て「大変／おもしろい／めんどうくさい」などとコメントしましょう。「～はおもしろいですか？」と質問してみてもいいですね。これらの言葉はイラストだけでは伝わりにくいかもしれません。外国人参加者がわからない場合は、「語彙表」で訳を調べましょう。

隠れ文法

➨中心となる文法（述部）

A　動詞の非過去形
「勉強をします／食べます」という動作を表す動詞を使って、一日の生活を話し合いましょう。「まいにち／まいばん／ときどき」や「3時／8時」などを一緒に使いながら、生活を紹介し合いましょう。

B　ナ形容詞・イ形容詞の非過去形
「おもしろいです／大変です」という形容詞を使いながら、毎日の生活のいろいろな場面に関してコメントをし合いましょう。

➨その他（助詞など）

トップページ
・に（「したじき」での表記「に③（へ）」）
「に③（へ）」は行き先を表す用法です。「へ」と同じ意味なので括弧の中に入れてあります。「がっこうに（へ）行きます」のように移動する行き先を表します。「スーパー／幼稚園」などの絵も使いながら、毎日行く場所を話しましょう。

✦ に（「したじき」での表記「に①」）

「に①」は、時間を表す用法です。「8時にごはんを食べます」のように、時間につけます。「日曜日／月曜日」などにはつけてもいいですが、「今日／明日／毎朝」などにはつけられません。話すときに注意してください。

やってみましょう！

✦ ～から～まで

時間・空間に関して、はじまりとおわりを設定する文法項目です。必ずしもセットで使う必要はありませんが、本トピックの会話では「1時から3時まで」のようにセットで出てきます。状況に応じて、個別に使ってください。

これだけ（記入例）

その日のおしゃべりの内容に合わせて自由に記入しましょう。ローマ字で記入してもかまいません。

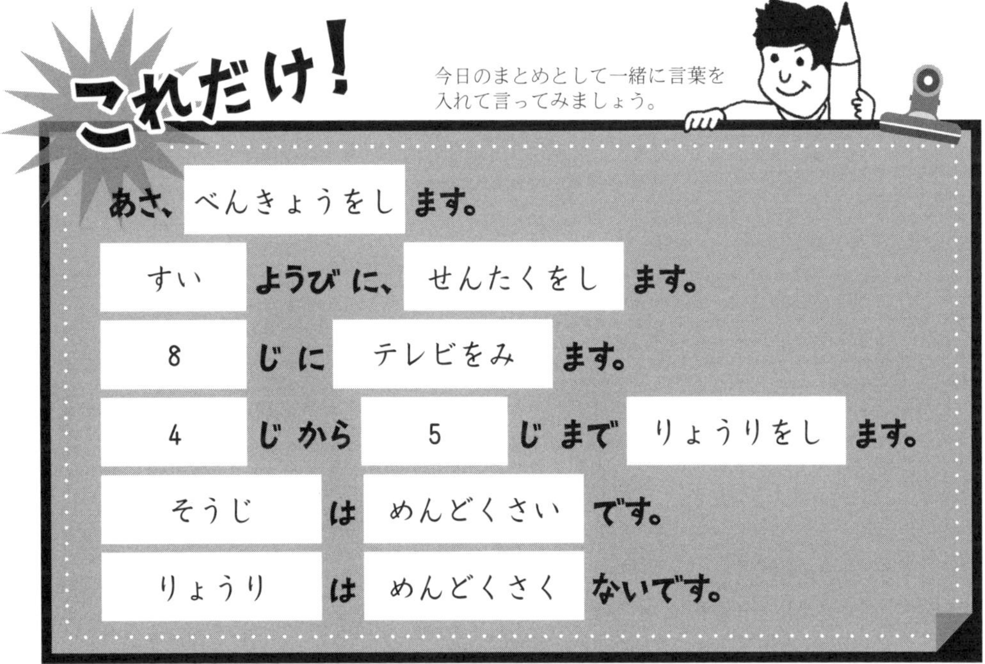

これだけ！
今日のまとめとして一緒に言葉を入れて言ってみましょう。
あさ、べんきょうをします。
すいようびに、せんたくをします。
8じにテレビをみます。
4じから5じまでりょうりをします。
そうじはめんどくさいです。
りょうりはめんどくさくないです。

語彙表

中 | 韓 | ポルトガル | スペイン | 英 | タイ | ベトナム | タガログ | インドネシア | ネパール

あさ asa
早晨 | 아침 | de manhã | por la mañana | morning | ตอนเช้า | buổi sáng | umaga | pagi | बिहान

いきます《いく》 iki-masu《iku》
去 | 갑니다《가다》 | ir | ir | go | ไป | đi | pumunta | pergi | जान्छु <<जानु >>

いつ itsu
什么时候 | 언제 | quando? | ¿cuándo? | when | เมื่อไร | khi nào / bao giờ | Kailan? | kapan | कहिले

うんどう undoo
运动 | 운동 | exercício | ejercicio | exercise | การออกกำลังกาย | vận động | ehersisyo | olah raga | खेलकुद

おしごと o-shigoto
工作（敬语，指对方工作） | 일 / 직업 (경어. 상대방의 직업을 가리킴) | trabalho | trabajo | job / work | งาน | công việc (nói theo kiểu lịch sự) | trabaho (mo) | pekerjaan | काम

おふろ o-furo
泡澡 | 욕실 | banho | baño | bath | อ่างอาบน้ำ | bồn tắm / phòng tắm | paliguan | mandi berendam / bak mandi untuk berendam | बाथटब

おもしろいです《おもしろい》 omoshiroi-desu《omoshiroi》
有趣 | 재미있습니다《재미있다》 | divertido/interessante | divertido/interesante | interesting | สนุก | hấp dẫn / thú vị / hay | nakakaaliw | menarik | रमाइलो छ <<रमाइलो >>

おんがく ongaku
音乐 | 음악 | música | música | music | ดนตรี | âm nhạc | musika | musik | गीत संगीत

かじ kaji
家务 | 집안일 | tarefas domésticas | tareas domésticas | housework | งานบ้าน | việc nhà | gawaing bahay | pekerjaan rumah tangga | घरको काम

がっこう gakkoo
学校 | 학교 | escola | escuela | school | โรงเรียน | trường học | paaralan | sekolah | विद्यालय (स्कूल)

ききます《きく》 kiki-masu《kiku》
听 | 듣습니다《듣다》 | escutar | escuchar | listen | ฟัง | nghe | makinig / magtanong | mendengarkan | सुन्छु <<सुन्नु>>

こそだて kosodate
育儿 | 육아 | criação de filhos | crianza de los hijos | raising children | การเลี้ยงลูก | việc nuôi con / chăm sóc con cái | pagpapalaki ng bata | mengurus anak | बच्चा हुर्काउने

こどものせわ kodomo-no sewa
照料孩子 | 아이 돌보기 | cuidar de crianças | cuidar a los niños | child care | การดูแลลูก | việc nuôi con / chăm sóc con cái | pag-alaga ng bata | menjaga / merawat anak | बच्चाको हेरबिचार

ごはん gohan
饭 | 밥 | arroz cozido | arroz cocido | meal | ข้าว | cơm / bữa ăn | pagkain | nasi / makan pokok | भात

ざんぎょう zangyoo
加班 | 잔업 | horas extras | horas extras | overtime work | โอที | làm tăng ca | overtime | lembur | ओभर टाईम

しごと shigoto
工作 | 일 | trabalho | trabajo | work | งาน | công việc | trabaho | pekerjaan | काम

すいみん suimin
睡眠 | 수면 | sono | sueño | sleep | การนอนหลับ | việc ngủ / giấc ngủ | pagtulog | istirahat tidur | निन्द्रा

スーパー suupaa	超市｜슈퍼｜supermercado｜supermercado｜supermarket｜ซูเปอร์มาร์เก็ต｜siêu thị｜supermarket｜supermarket｜सुपरमार्केट
せんたく sentaku	洗衣服｜세탁｜lavar roupas｜lavado de ropa｜laundry｜ซักผ้า｜việc giặt giũ, giặt đồ｜labada｜cuci baju｜लुगाधुने
そうじ sooji	打扫｜청소｜faxina｜limpieza｜cleaning｜การทำความสะอาด｜việc lau dọn nhà cửa｜paglilinis｜bersih-bersih｜सफा गर्ने
たいへんです《たいへんな》 taihen-desu《taihen'na》	很辛苦｜힘듭니다《힘든》｜que problema｜está difícil｜difficult / hard｜ลำบาก｜vất vả｜mahirap｜berat [untuk pekerjaan]｜गाह्रो छ <<गाह्रो>>
たべます《たべる》 tabe-masu《taberu》	吃｜먹습니다《먹다》｜comer｜comer｜eat｜กิน/รับประทาน｜ăn｜kumain (kain)｜makan｜खान्छु <<खानु >>
テレビ terebi	电视｜텔레비전｜televisão｜televisor｜television｜โทรทัศน์｜ti vi｜telebisyon｜televisi｜टेलिभिजन (टिभी)
ときどき tokidoki	有时｜가끔｜às vezes｜a veces｜sometimes｜บางที｜đôi khi / thỉnh thoảng｜paminsan-minsan｜kadang-kadang｜कहिले काहीं
にちようび nichiyoobi	星期日｜일요일｜domingo｜domingo｜Sunday｜วันอาทิตย์｜chủ nhật｜Linggo｜hari Minggu｜आइतबार
はいります《はいる》 hairi-masu《hairu》	进入｜들어갑니다《들어가다》｜entrar｜entrar｜enter｜เข้า｜vào｜pumasok｜masuk｜पस्छु <<पस्नु / छिर्नु>>
パソコン pasokon	电脑｜PC｜computador｜computadora｜personal computer｜คอมพิวเตอร์｜máy tính cá nhân｜kompyuter｜komputer / PC｜कम्प्युटर
プール puuru	游泳池｜수영장｜piscina｜piscina｜swimming pool｜สระว่ายน้ำ｜hồ bơi｜swimming pool｜kolam renang｜स्विमिंग पूल
べんきょう bankyoo	学习｜공부｜estudo｜estudio｜study｜การเรียน｜việc học｜pag-aaral｜belajar｜पढाई (अध्ययन)
まいにち mainichi	每天｜매일｜todos os dias｜todos los días｜every day｜ทุกวัน｜mỗi ngày / hằng ngày｜araw-araw｜setiap hari｜प्रत्येक दिन
まいばん maiban	每晚｜매일 밤｜todas as noites｜todas las noches｜every night｜ทุกคืน｜mỗi tối｜gabi-gabi｜setiap malam｜प्रत्येक बेलुका
みます《みる》 mi-masu《miru》	看｜봅니다《보다》｜ver｜ver｜see / watch｜ดู｜xem / nhìn｜manood｜melihat｜हेर्छु <<हेर्नु>>
めんどうくさいです《めんどうくさい》 mendo(o)kusai-desu《mendo(o)kusai》	很麻烦｜아주 귀찮습니다《아주 귀찮다》｜trabalhoso/enfadonho｜fastidioso｜troublesome｜ยุ่งยาก｜phiền phức / rắc rối｜mabusisi｜susah untuk dikerjakan sehingga malas｜झन्झटिलो छ <<झन्झट>>
ようちえん yoochien	幼儿园｜유치원｜jardim de infância｜jardín de infancia｜kindergarten｜โรงเรียนอนุบาล｜nhà trẻ / mẫu giáo｜kindergarten｜taman kanak-kanak｜किंडगार्टेन
りょうり ryoori	饭菜 / 做饭（本课指做饭）｜요리｜comida｜comida｜food｜อาหาร｜đồ ăn / món ăn｜pagluto｜masak / membuat masakan｜खाना

4 まちのじょうほういろいろ

おしゃべりの流れ

今住んでいる町がテーマです。町に関する生活情報を交換しましょう。

①トップページ（26–27ページ）
26ページには様々な施設のイラストがあります。お互いが住んでいる街では、それらがどこにあるのか確認してみましょう。「〜の近くです」という答え方は便利です。27ページは、交通手段に関するイラストが上段にあります。コンビニ、スーパーなどへどうやって行くのか伝え合いましょう。また、そこは自宅から遠いですか？　近いですか？　そこで何をしますか？　など、話を広げてください。

②やってみましょう！・おしゃべりしましょう！
（28–29ページ）
ここは地図を描いておしゃべりする活動です。描く地図は、自宅付近でも駅前でも日本語教室の付近でもかまいません。描いたら29ページを見ながら「〜がここにあります」など、よく行く場所、好きな場所を紹介し合いましょう。どのお店がより安いかなんていう話題はきっと盛り上がりますよ。

隠れ文法

➡中心となる文法（述部）

A　動詞の非過去形
「あります」という存在動詞を使って、町にある場所を紹介し合いましょう。また、「行きます／送ります／買います」のような動詞を使って、その場所に関わるおしゃべりをしましょう。

会話
A：ここにスーパーがあります。
B：どうやって行きますか？
A：自転車で行きます。

A：ここに郵便局があります。
B：何をしますか？
A：荷物を送ります。

B　名詞＋です
「歩いて10分です／名前は〇〇です」などを使い、町にある場所について、そこまでの所要時間や場所の名前などを話しましょう。

C　イ形容詞の非過去形
「おしゃべりしましょう！」に「安いです」というイ形容詞が出てきます。スーパーやドラッグストアなど、よく行く店について価格情報を交換しましょう。

➡その他（助詞など）

トップページ
・に（「したじき」での表記「に②」）
「に②」は場所を表す用法です。「駅の近くにあります／ここにあります」のように町に存在する場所について話す際に使いましょう。

◆ 〜から〜まで
時間・空間に関して、はじまりとおわりを設定する文法項目です。必ずしもセットで使う必要はありませんが、本トピックの会話では「うちから工場まで」のようにセットで出てきます。よく行く場所について、2点間の所要時間を話したり、移動手段を話したりしてください。

◆ で（「したじき」での表記「で②」）
「で②」は手段・媒介を表す用法です。本トピックでは、移動手段を表すときに使いましょう。「自転車／電車／車」などの移動手段が挙げられています。歩くときは「歩いて」を使うので、「で」は不要になります。

◆ で（「したじき」での表記「で①」）
「で①」は動作の場所を表す用法です。「スーパーで野菜を買います」のように、話題となっている場所において何をするのかを話すときに使いましょう。

おしゃべりしましょう！
◆ 〜より〜のほうが
比較するときの文法項目です。必ずしもセットで使う必要はありませんが、本トピックの会話では「こっちの店よりあっちの店のほうが」のようにセットで出てきます。「あっちの店のほうが安いです」のように必要に応じて個別に使ってみせましょう。

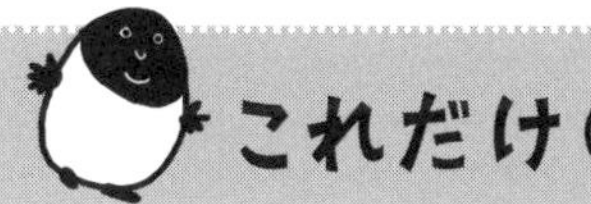

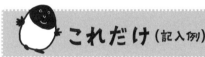

これだけ（記入例）

その日のおしゃべりの内容に合わせて自由に記入しましょう。ローマ字で記入してもかまいません。

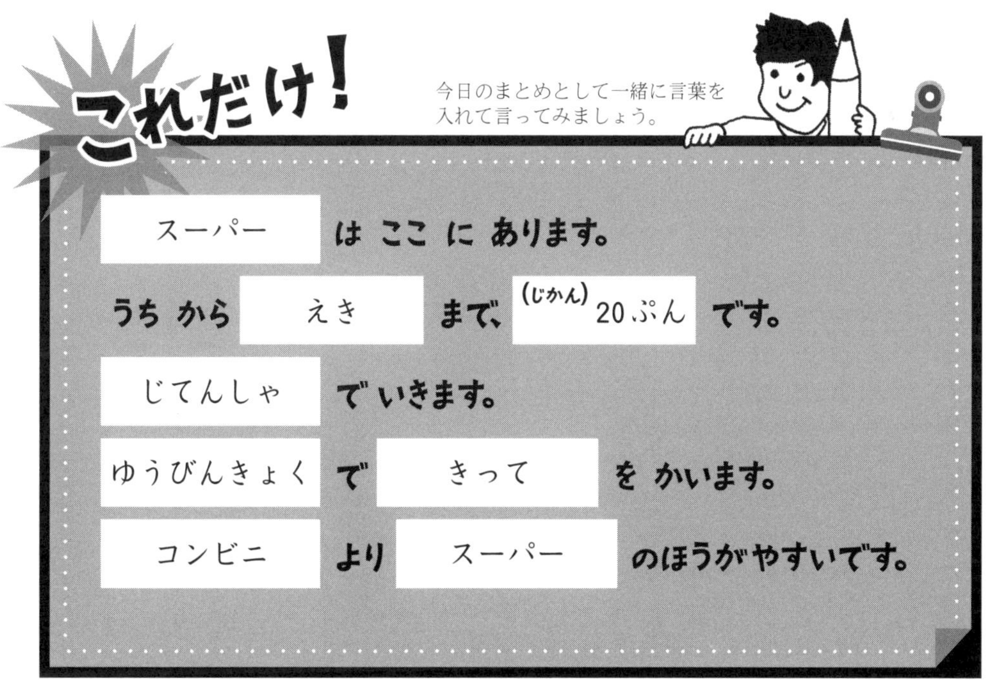

これだけ！
今日のまとめとして一緒に言葉を入れて言ってみましょう。
スーパー は ここ に あります。
うち から えき まで、(じかん) 20ぷん です。
じてんしゃ で いきます。
ゆうびんきょく で きって を かいます。
コンビニ より スーパー のほうが やすいです。

語彙表

中 | 韓 | ポルトガル | スペイン | 英 | タイ | ベトナム | タガログ | インドネシア | ネパール

あっち acchi
那边 | 저쪽 | lá | allá | there | ทางโน้น | đằng kia | doon | sana | ऊ त्यहाँ

あります《ある》 ari-masu《aru》
有/在（表示非动物的存在）| 있습니다《있다》(물건의 존재) | estar | estar | there is (a supermarket here) | มี/อยู่ | ở/có ở (đồ vật) | mayroong (malapit sa sakayan) | ada [untuk menyatakan keberadaan benda selain manusia dan binatang] | छ <<छ>>

あるいて《あるく》 aruite《aruku》
走路/步行（去哪里）| 걸어서《걷다》| a pé | a pie | on foot | เดิน | đi bộ | maglakad (lakad) | jalan kaki | हिंडेर <<हिड्नु>>

いきます《いく》 iki-masu《iku》
去 | 갑니다《가다》| ir | ir | go | ไป | đi | pumunta (punta) | pergi | जान्छु <<जानु >>

うち uchi
家 | 집 | minha casa | mi casa | home | บ้าน | nhà | bahay | rumah | घर

えき eki
车站 | 역 | estação | estación | station | สถานีรถไฟ | nhà ga/ga | sakayan ng tren | stasiun | स्टेशन

おくります《おくる》 okuri-masu《okuru》
送 | 보냅니다《보내다》| enviar | enviar | send | ส่ง | gửi | ipadala | mengirim | पठाउँछु<<पठाउनु >>

かいます《かう》 kai-masu《kau》
买 | 삽니다《사다》| comprar | comprar | buy | ซื้อ | mua | bumili (bili) | membeli | किन्छु <<किन्नु >>

くるま kuruma
车（指汽车）| 차 (자동차) | carro | carro | vehicle/car | รถยนต์ | xe hơi | kotse | mobil | गाडी (मोटर)

けいさつ keesatsu
警察 | 경찰 | polícia | policía | police | ตำรวจ | cảnh sát | pulis | polisi | पुलिस

こうえん kooen
公园 | 공원 | parque (praça) | parque | park | สวนสาธารณะ | công viên | parke | taman | पार्क

ここ koko
这里 | 여기 | aqui | aquí | here | ที่นี่ | đây/chỗ này/nơi này | dito | sini | यहाँ

こっち kocchi
这边 | 이쪽 | deste lado | de este lado | here | ทางนี้ | đằng này/nơi này | dito | sini | यता

コンビニ kombini
便利店 | 편의점 | loja de conveniência | tienda de conveniencia | convenience store | ร้านสะดวกซื้อ | cửa hàng tiện lợi | konbinyenteng tindahan | toko kelontong/ (mini market) [buka 24 jam] | कन्भिनियेन्त स्टोर

じかん jikan
时间 | 시간 | hora | hora | time | เวลา | thời gian | oras | waktu | समय

じてんしゃ jitensha
自行车 | 자전거 | bicicleta | bicicleta | bicycle | จักรยาน | xe đạp | bisikleta | sepeda | साइकल

スーパー suupaa
超市 | 슈퍼 | supermercado | supermercado | supermarket | ซูเปอร์มาร์เก็ต | siêu thị | malaking pamilihan | supermarket | सुपरमार्केट

ちかいです《ちかい》 chikai-desu《chikai》
近 | 가깝습니다《가깝다》| perto | cerca | near/close | ใกล้ | gần | malapit | dekat | नजिक छ <<नजिक >>

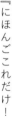

でんきや denkiya	电器商店 ｜ 전자제품가게 ｜ loja de eletrodoméstico ｜ tienda de electrodoméstico ｜ electronic applicance store ｜ ร้านขายเครื่องใช้ไฟฟ้า ｜ cửa hàng đồ điện ｜ tindahan ng kuryente ｜ toko elektronik ｜ इलेक्ट्रिक पसल
でんしゃ densha	电车 ｜ 전철 ｜ trem ｜ tren ｜ train ｜ รถไฟ ｜ tàu điện ｜ tren ｜ kereta ｜ रेल / ट्रेन
とおいです《とおい》 tooi-desu《tooi》	远 ｜ 멉니다《멀다》｜ longe ｜ lejos ｜ far away ｜ ไกล ｜ xa ｜ malayo ｜ jauh ｜ टाढा छ <<टाढा>>
どこ doko	哪里 ｜ 어디 ｜ onde? ｜ ¿dónde? ｜ where ｜ ที่ไหน ｜ đâu/ở đâu ｜ Saan? ｜ di mana ｜ कहाँ
なまえ namae	名字 ｜ 이름 ｜ nome ｜ nombre ｜ name ｜ ชื่อ ｜ tên ｜ pangalan ｜ nama ｜ नाम
にもつ nimotsu	行李/货 ｜ 짐 ｜ pacote ｜ paquete ｜ baggage ｜ สัมภาระ ｜ bưu kiện/hành lý ｜ bagahe ｜ barang ｜ सामान
のほうが nohooga	相比较时使用。如；比起台湾，东京更冷。たいわんより、とうきょうのほうがさむい。 ｜ ～의 쪽이 ｜ mais (barato) que ｜ más (barato) que ｜ (the shop over there is cheaper) than (the shop here) ｜ (อันนี้) ~ กว่า ｜ hơn ｜ mas (mura ang tindahan na ito) sa (tindahan na iyon) ｜ (yang ini) lebih ｜ चाहिँ (यहाँ भन्दा त्यहाँ चाहिँ सस्तो छ)
みせ mise	店 ｜ 가게 ｜ loja ｜ tienda ｜ shop ｜ ร้าน ｜ cửa hàng/cửa tiệm ｜ tindahan ｜ toko ｜ पसल
やくしょ yakusho	政府机关/官厅 ｜ 관공서 ｜ prefeitura ｜ municipalidad ｜ city hall ｜ ที่ทำการราชการ ｜ cơ quan hành chính ｜ opisina ng munisipyo ｜ balai kota/kecamatan/kelurahan ｜ सरकारी कार्यालय
やさい yasai	蔬菜 ｜ 야채 ｜ verduras ｜ verduras ｜ vegetables ｜ ผัก ｜ rau ｜ gulay ｜ sayuran ｜ सागसब्जी
やすいです《やすい》 yasui-desu《yasui》	便宜 ｜ 쌉니다《싸다》｜ barato ｜ barato ｜ cheap ｜ ถูก ｜ rẻ ｜ mura ｜ murah ｜ सस्तो छ<<सस्तो>>
ゆうびんきょく yuubinkyoku	邮局 ｜ 우체국 ｜ correio ｜ correo ｜ post office ｜ ที่ทำการไปรษณีย์ ｜ bưu điện ｜ post office/tanggapan ng sulat ｜ kantor pos ｜ हुलाक कार्यालय
レストラン resutoran	西餐厅 ｜ 레스토랑 ｜ restaurante ｜ restaurante ｜ restaurant ｜ ร้านอาหาร ｜ nhà hàng ｜ restaurant ｜ restoran ｜ रेस्टुरेन्ट

役所の日本語は難しいと思う

5 りょこうをしました

おしゃべりの流れ

今まで行ったところ、これから行きたいところなど、旅行の話をしましょう。

①トップページ（30–31ページ）
30ページには場所を表すイラストがあります。子どものときに行ったことがある場所について話し合いましょう。外国人参加者の出身国の地図があると話しやすいです。さらに、思い出に残っている旅行、最近行った旅行など、これまでの旅行体験について話しましょう。
31ページは、イラストを見ながら一緒に行った人を紹介しましょう。同じ場所でも、家族と行くか、彼氏／彼女と行くかで全然印象が違いますね。また、中段より下にある言葉を使って、旅行で行った場所がどんなところだったのか、今いるところからの距離、ホテルの値段、食べものなどについて紹介し合いましょう。

②やってみましょう！・おしゃべりしましょう！（32–33ページ）
地図を見ながら、国内旅行の計画を立てましょう。「どこに行きたいですか？」「誰と行きたいですか？」「値段はいくらくらいだと思いますか？」表を埋めながら話し合いましょう。地図になくても近くにお勧めのポイントがあれば紹介してあげてください。また33ページにあるように、いつ頃行きたいか、どんな交通手段で行きたいかといった質問をすると、話は広がります。

隠れ文法

➡中心となる文法（述部）

A　動詞の過去形／〜たいです
「行きました／食べました／遊びました」など動詞を中心に、過去の旅行に関する話をしましょう。また「〜たいです」という願望を伝える表現で、将来の旅行計画などを話し合いましょう。動詞は「行きます」という形から、「ます」を取った形（「行き」）に接続します。

B　ナ形容詞・イ形容詞の過去形
旅行について「きれいでした、楽しかったです」などと話しましょう。旅行地が「遠かったです」とか「近かったです」、食べたものが「おいしかったです」、ホテルは「高かったです」などいろいろな感想を話してください。

➡その他（助詞など）

トップページ
- に（「したじき」での表記「に③（へ）」）

「に③（へ）」は行き先を表す用法です。「へ」と同じ意味なので括弧の中に入れてあります。「北海道に（へ）行きました」のように移動した行き先を表します。「海」「山」「東京」などのイラストも使いながら、以前行ったことがある旅行について話し合いましょう。

◆ と（「したじき」での表記「と①」）
「と①」は、動作に同伴する人を表す用法です。「彼女と行きました」のように、旅行に同伴した人について話をしましょう。

おしゃべりしましょう！
◆ に（「したじき」での表記「に①」）
「に①」は、時間を表す用法です。「12月に行きます」のように、いつか行きたい場所について話す際の時期を伝えましょう。「日曜日／月曜日」などにはつけてもいいですが、「今日／明日／毎朝」などにはつけられません。話すときに注意してください。

◆ で（「したじき」での表記「で②」）
「で②」は手段・媒介を表す用法です。本トピックでは、旅行の移動手段を表すときに使いましょう。「新幹線／飛行機／船」などの移動手段があげられています。

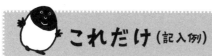

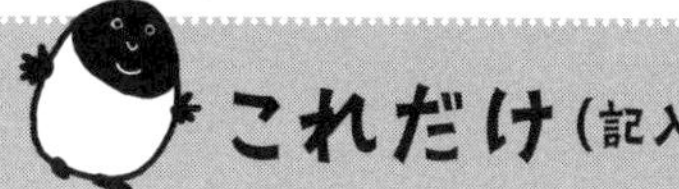

その日のおしゃべりの内容に合わせて自由に記入しましょう。ローマ字で記入してもかまいません。

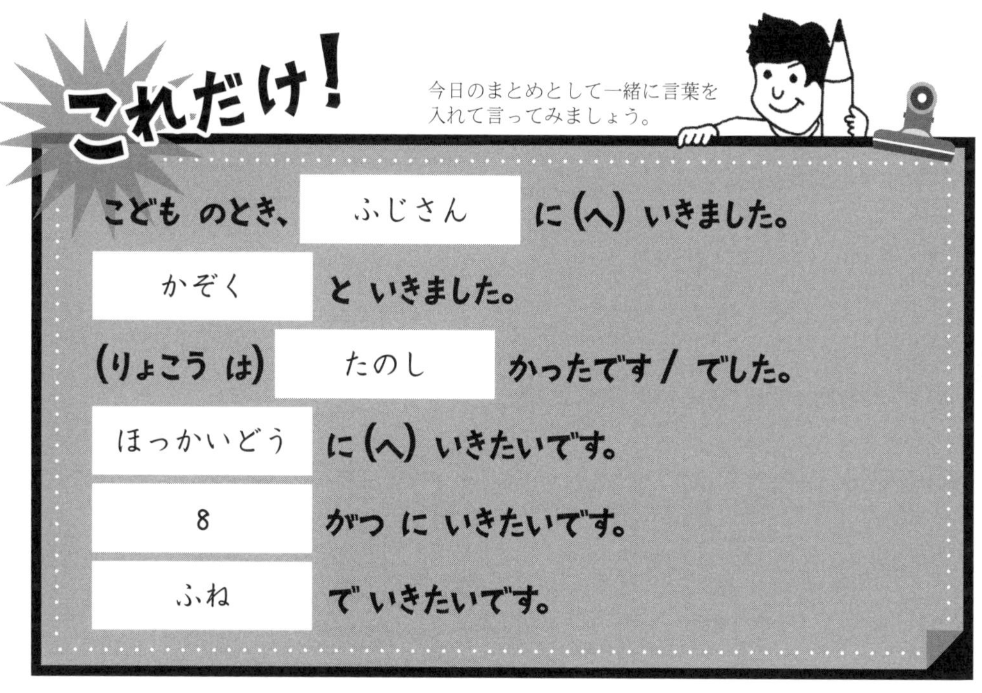

これだけ！
今日のまとめとして一緒に言葉を
入れて言ってみましょう。
こども のとき、ふじさん に（へ）いきました。
かぞく と いきました。
（りょこう は）たのし かったです／でした。
ほっかいどう に（へ）いきたいです。
8 がつ に いきたいです。
ふね で いきたいです。

語彙表

中｜韓｜ポルトガル｜スペイン｜
英｜タイ｜ベトナム｜タガログ｜
インドネシア｜ネパール

あきはばら akihabara
秋叶原（地名）｜아키하바라（秋葉原）｜Akihabara｜Akihabara｜Akihabara｜อากิฮาบาระ｜khu phố Akihabara｜Akihabara｜Akihabara｜आकिहाबारा (ठाउँको नाम)

いきます《いく》 iki-masu《iku》
去｜갑니다《가다》｜ir｜ir｜go｜ไป｜đi｜pumunta (punta)｜pergi｜जान्छु <<जानु>>

いくら？ ikura?
多少钱？｜얼마（가격）｜quanto custa?｜¿cuánto cuesta?｜how much?｜เท่าไร｜bao nhiêu? (hỏi giá cả)｜Magkano?｜berapa?｜कति?

いつ itsu
什么时候｜언제｜Quando?｜¿Cuándo?｜when｜เมื่อไร｜khi nào/bao giờ｜Kailan?｜kapan｜कहिले

うみ umi
海｜바다｜mar｜mar｜ocean｜ทะเล｜biển｜dagat｜laut｜समुन्द्र

おいしいです《おいしい》 oishii-desu《oishii》
好吃 / 好喝｜맛있습니다《맛있다》｜gostoso｜rico｜delicious｜อร่อย｜ngon｜masarap｜enak｜मिठो छ <<मिठो >>

おおさか oosaka
大阪｜오사카（大阪）｜Osaka｜Osaka｜Osaka｜โอซาก้า｜Osaka｜Osaka｜Osaka｜ओसाका (ठाउँको नाम)

おきなわ okinawa
冲绳｜오키나와（沖縄）｜Okinawa｜Okinawa｜Okinawa｜โอกินาว่า｜Okinawa｜Okinawa｜Okinawa｜ओकिनावा (ठाउँको नाम)

かぞく kazoku
家人｜가족｜família｜familia｜family｜ครอบครัว｜gia đình｜pamilya｜keluarga｜परिवार

～がつ ~gatsu
～月｜～월｜mês｜mes｜month｜เดือน～｜tháng～｜buwan｜bulan～｜～ महिना (जनवरी, फेब्रुअरी आदि)

かのじょ kanojo
女朋友｜여자친구｜namorada｜novia｜girlfriend｜แฟน (หญิง)｜cô ấy/bạn gái｜nobya / girlfriend｜pacar [wanita]｜प्रेमिका

かれし kareshi
男朋友｜남자친구｜namorado｜novio｜boyfriend｜แฟน (ชาย)｜bạn trai｜nobyo / boyfriend｜pacar [laki-laki]｜प्रेमी

かわ kawa
河｜강｜rio｜río｜river｜แม่น้ำ｜sông｜ilog｜sungai｜नदि

きゅうしゅう kyuushuu
九州｜큐슈（九州）｜Kyushu｜Kyushu｜Kyushu｜คิวชู｜Vùng (đảo) Kyushu｜Kyuushuu｜Kyushu｜क्यूस्यू (ठाउँको नाम)

きょうと kyooto
京都｜교토（京都）｜Quioto｜Kioto｜Kyoto｜เกียวโต｜Kyoto｜Kyoto｜Kyoto｜क्योटो (ठाउँको नाम)

きれいです《きれいな》 kiree-desu《kireena》
漂亮｜아름답습니다《아름다운》｜bonito｜bonito｜beautiful / pretty｜สวย｜đẹp｜maganda｜indah / cantik [untuk pemandangan]｜राम्रो छ<<राम्रो>>

こども kodomo
孩子｜아이｜criança｜niño｜kids｜เด็ก｜trẻ con｜bata｜anak-anak / masih kecil｜बच्चा

しんかんせん shinkansen
新干线｜신칸센｜trem-bala｜shinkansen｜bullet train｜รถไฟชินคันเซ็น｜tàu cao tốc / tàu Shinkansen｜bullet train｜shinkansen｜बुलेट ट्रेन

たかいです《たかい》 takai-desu《takai》
贵｜비쌉니다《비싸다》｜caro｜caro｜expensive｜แพง｜mắc / đắt｜mahal｜mahal｜महँगो छ <<महँगो>>

たのしいです《たのしい》 tanoshii-desu《tanoshii》
愉快｜즐겁습니다《즐겁다》｜divertido｜divertido｜enjoyable/fun｜สนุก｜vui｜masaya / nakakatuwa｜menyenangkan｜रमाइलो छ <<रमाइलो>>

だれ dare	谁 | 누구 | quem? | ¿quién? | who | ใคร | ai | Sino? | siapa | को
ちかいです《ちかい》chikai-desu《chikai》	近 | 가깝습니다《가깝다》| perto | cerca | near / close | ใกล้ | gần | malapit | dekat | नजिक छ<<नजिक>>
とうきょう tookyoo	东京 | 도쿄（東京）| Tóquio | Tokio | Tokyo | โตเกียว | Tokyo | Tokyo | Tokyo | टोकियो (ठाउँको नाम)
どうやって dooyatte	怎样 / 如何（后接动词，询问动作方式、方法等）| 어떻게 | Como? | ¿Cómo? | how | อย่างไร | (làm) cách nào / (làm) thế nào | Paano? | bagaimana cara | कसरी
とおいです《とおい》tooi-desu《tooi》	远 | 멉니다《멀다》| longe | lejos | far away | ไกล | xa | malayo | jauh | टाढा छ <<टाढा>>
どこ doko	哪里 | 어디 | onde? | ¿dónde? | where | ที่ไหน | đâu / ở đâu | Saan? | (di/ke) mana | कहाँ
ともだち tomodachi	朋友 | 친구 | amigo | amigo | friends | เพื่อน | bạn bè | kaibigan | teman | साथी
なごや nagoya	名古屋 | 나고야（名古屋）| Nagoya | Nagoya | Nagoya | นาโกย่า | Nagoya | Nagoya | Nagoya | नागोया (ठाउँको नाम)
のとき notoki	〜的时候 | 〜때 | quando | cuando | when 〜 | ตอน | khi / lúc | noong (bata ka) | pada waktu / di saat | बेलामा
バス basu	公共汽车 | 버스 | ônibus | autobús | bus | รถเมล์ | xe buýt | bus | bis | बस
ひこうき hikooki	飞机 | 비행기 | avião | avión | airplane | เครื่องบิน | máy bay | eroplano | pesawat terbang | हवाईजहाज
ひとりで hitoride	独自 | 혼자 | sozinho | solo | alone | คนเดียว | một mình | mag-isa | sendiri / seorang diri | एक्लै
ひろしま hiroshima	广岛 | 히로시마（廣島）| Hiroshima | Hiroshima | Hiroshima | ฮิโรชิม่า | Hiroshima | Hiroshima | Hiroshima | हिरोसिमा (ठाउँको नाम)
ふじさん fujisan	富士山 | 후지산 | Monte Fuji | Monte Fuji | Mount Fuji | ภูเขาไฟฟูจิ | núi Phú Sĩ | Bulkang Fuji | Gunung Fuji | फुजीसान (पहाडको नाम)
ふね fune	船 | 배 | navio | buque | ship | เรือ | tàu / thuyền | barko | kapal | पानीजहाज
ほっかいどう hokkaidoo	北海道 | 홋카이도（北海道）| Hokkaido | Hokkaido | Hokkaido | ฮอกไกโด | Hokkaido | Hokkaido | Hokkaido | होक्काइडो (ठाउँको नाम)
やすいです《やすい》yasui-desu《yasui》	便宜 / 廉价 | 쌉니다《싸다》| barato | barato | cheap | ถูก | rẻ | mura | murah | सस्तो छ <<सस्तो>>
やま yama	山 | 산 | montanha | montaña | mountain | ภูเขา | núi | bundok | gunung | पहाड
りょこう ryokoo	旅行 | 여행 | viagem | viaje | travel / trip | การท่องเที่ยว | du lịch | paglalakbay | jalan-jalan / berwisata | भ्रमण

旅に出たいなあ……

わたしのいちねん／いっしょう

おしゃべりの流れ

季節の変化や年中イベントなどについて、また自分の人生について、おしゃべりしましょう。

①トップページ（34–35ページ）
34ページのイラストを見ながら、「暑いですね／寒いですね」と季節に合ったあいさつをしましょう。それから相手の国の温度や季節について、話し合いましょう。夏が長い国、冬が長い国、8月が冬になる南半球の国、季節感の違いを楽しみましょう。好きな季節について話すのもいいですね。
35ページには、祝日を紹介してあります。外国人参加者の国と同じ祝日はありますか？　違う祝日はありますか？　同じ名前の日でも、相手の国が祝日扱いしているとは限りません。微妙に月日が違うかもしれません。まずはカレンダーを持ちながら、日本の祝日を紹介しましょう。そして、相手の国についていろいろと質問してみましょう。また、バレンタインやクリスマスなど、祝日じゃないイベントの日も聞いてみましょう。それらの日には何をしますか？　お互いに紹介し合いましょう。

②やってみましょう！・おしゃべりしましょう！
（36–37ページ）
イラストにある時間軸をまねて、お互いの自分史を紹介し合いましょう。誕生日、卒業、就職、結婚、出産など、節目となるイベントを紹介し合いましょう。日本人参加者から自分史を紹介すると、相手もしゃべりやすいです。37ページでは、将来の話に展開しましょう。来年の予定は？　希望は？　伝え合いましょう。

隠れ文法

➡中心となる文法（述部）

A　名詞＋です
「35度です／子どもの日です／5月5日です」など、温度や祝日、日付を伝えましょう。特に、月日の数字が何度も出てくるように組んであります。

B　イ形容詞の非過去形
「温かいです／暑いです／涼しいです／寒いです」などと季節に合わせて、形容詞を選択して話しましょう。

C　動詞／～たいです
「来ました／います／～たいです」などを使って、これまでの経緯、これからの予定など、お互いの経歴や将来の展望について話し合いましょう。

➡その他（助詞など）

トップページ
・ね
「暑いですね」のように、お互いが共感できることに使ってください。「子どもの日ですね」のように祝日の名前を確認するようなニュアンスでも使えます。

・〜から〜まで
時間・空間に関して、はじまりとおわりを設定する文法項目です。本トピックの会話では「7月から9月まで」のようにセットで出てきます。春夏秋冬について、その長さを説明し合いましょう。国によって季節の長さは様々ですし、国内でも地方によって違うはずです。

・いちばん
「いちばん暑いです」のように、一年の中で最も暑い月（寒い月）についてお互いの国のことを紹介しましょう。

・に（「したじき」での表記「に②」）
存在場所を表す用法です。「国にあります」のような祝日を比べる場面で使いましょう。

やってみましょう！
・に（「したじき」での表記「に③（へ）」）
「に③（へ）」は行き先を表す用法です。「へ」と同じ意味なので括弧の中に入れてあります。「いつ日本に（へ）きましたか」のように使います。

おしゃべりしましょう！
・に（「したじき」での表記「に②」）
存在場所を表す用法です。「日本にいます」のように未来の予定を話す場面で使いましょう。

・たぶん
「たぶん、日本にいます」のように、将来の不確定な内容を話すときに「たぶん」を使って話しましょう。『これだけ1』では「と思う／らしい／ようだ」などの推量を表す文末形式がありません。ですから「たぶん」をつけることで推量であることを伝えます。

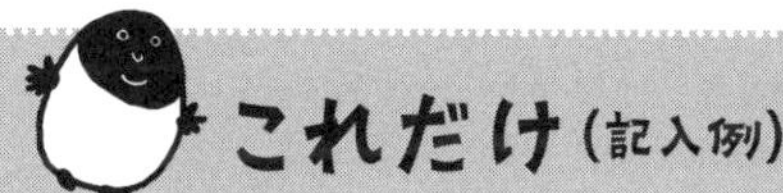

その日のおしゃべりの内容に合わせて自由に記入しましょう。ローマ字で記入してもかまいません。

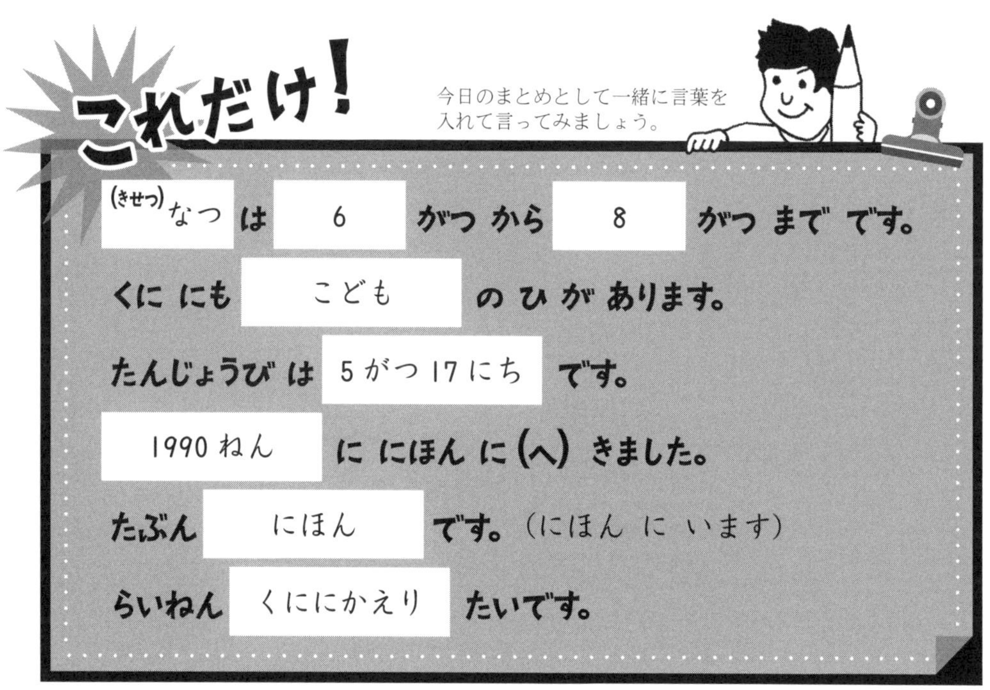

これだけ！
今日のまとめとして一緒に言葉を
入れて言ってみましょう。
(きせつ) なつ は 6 がつ から 8 がつ まで です。
くに にも こども の ひ が あります。
たんじょうび は 5がつ 17にち です。
1990ねん に にほん に(へ) きました。
たぶん にほん です。(にほん に います)
らいねん くににかえり たいです。

語彙表

中 | 韓 | ポルトガル | スペイン |
英 | タイ | ベトナム | タガログ |
インドネシア | ネパール

あき aki	秋天 | 가을 | outono | otoño | autumn | ฤดูใบไม้ร่วง | mùa thu | tag-lagas | musim gugur | शरद
あたたかいです《あたたかい》 atatakai-desu《atatakai》	暖和 | 따뜻합니다《따뜻하다》| quentinho | templado | warm | อบอุ่น | ấm áp | mainit-init | hangat | न्यानो छ <<न्यानो>>
あついです《あつい》 atsui-desu《atsui》	热 | 덥습니다《덥다》| calor | calor | hot | ร้อน | nóng | mainit | panas | गर्मी छ <<गर्मी>>
あります《ある》 ari-masu《aru》	有 / 在（表示非动物的存在）| 있습니다《있다》(물건의 존재) | ter | tener | have (～ in my / your country) | มี | có | mayroon (din ba sa bansa mo?) | ada [untuk menyatakan keberadaan benda selain manusia dan binatang] | छ <<छ>>
いちばん ichiban	最 | 가장 | o mais | el más | the most | ที่สุด | nhất | pinaka(mainit) | paling | सबैभन्दा
いつ itsu	什么时候 | 언제 | quando? | ¿cuándo? | when | เมื่อไร | khi nào / bao giờ | Kailan? | kapan | कहिले
いま ima	现在 | 지금 | agora | ahora | now | ตอนนี้ | bây giờ | ngayon | sekarang | अहिले
います《いる》 i-masu《iru》	有 / 在（表示人或动物的存在）| 있습니다《있다》(사람이나 동물의 존재) | estar | estar | be (in Japan) | อยู่ | ở / có ở (người, động vật) | nandoon | ada | छ <<छ>>
うみのひ umi-no hi	大海节（日本的节日）| 바다의 날 | Dia do mar | Día del mar | Marine Day | วันทะเล | Ngày của Biển (một ngày nghỉ lễ của Nhật) | araw ng karagatan | Hari Laut [salah satu libur resmi di Jepang] | उमिनोही (जापानको सार्वजनिक बिदा)
おくに o-kuni	国家（敬语，指对方国家）| 나라 (경어. 상대방의 나라를 가리킴) | seu país | su país | (your) country [honorific] | ประเทศ | đất nước (nói theo kiểu lịch sự) | bansa (mo) | negara [bentuk sopan] | देश
おしごと o-shigoto	工作（敬语，指对方工作）| 일 / 직업 (경어. 상대방의 직업을 가리킴) | (o seu) trabalho | (su) trabajo | (your) job [honorific] | อาชีพของคุณ | công việc (nói theo kiểu lịch sự) | trabaho | pekerjaan | काम
おしょうがつ o-shoogatsu	新年 / 元旦 | 설날 | Ano novo | Año nuevo | New Year | วันขึ้นปีใหม่ | tết | Bagong Taon | Tahun Baru | नयाँ वर्ष
かえります《かえる》 kaeri-masu《kaeru》	回去 | 돌아갑니다《돌아가다》| regressar / voltar | regresar | go back / return | กลับ | về / trở về | umuwi | pulang | फर्कन्छु <<फर्कनु>>
～がつ ~gatsu	～月 | ～월 | mês | mes | month | เดือน~ | tháng ~ | buwan ng (Agosto) | bulan ～ | ～महिना (जनवरी, फेब्रुअरी आदि)
かんこく kankoku	韩国 | 한국 | Coreia do Sul | Corea del Sur | South Korea | เกาหลี | Hàn Quốc | Korea | Korea | कोरिया
きおん kion	气温 | 기온 | temperatura | temperatura | temperature | อุณหภูมิอากาศ | nhiệt độ | temperatura | temperatur udara | तापक्रम
きます《くる》 ki-masu《kuru》	来 | 옵니다《오다》| vir | venir | come | มา | đến | pumunta (punta) | datang | आउँछु <<आउनु >>

くに kuni	国 | 나라 | país | país | country | ประเทศ | đất nước | bansa | negara | देश
けいろうのひ keeroo-no hi	敬老节（日本的节日）| 경로의 날 | Dia de respeito aos idosos | Día de los ancianos | Respect for the Aged Day | วันเคารพผู้สูงอายุ | Ngày kính lão (một ngày nghỉ lễ của Nhật) | Araw ng Paggalang sa Nakakatanda | Hari Penghormatan Lanjut Usia [salah satu libur resmi di Jepang] | केइरोउनोहि (जापानको सार्वजनिक बिदा)
けっこんします《けっこんする》 kekkon-shi-masu《kekkon-suru》	结婚 | 결혼합니다《결혼하다》| casar-se | casarse | get married | แต่งงาน | kết hôn | ikasal | menikah | विवाह गर्छु <<विवाह गर्नु>>
こども kodomo	孩子 | 아이 | criança | niño | child(ren) | เด็ก | con cái / trẻ con / con nít | anak | anak | बच्चा
こどものひ kodomo-no hi	儿童节 | 어린이날 | Dia das crianças | Día de los niños | Children's Day | วันเด็ก | Ngày thiếu nhi | Araw ng Kabataan | Hari Anak | कोदोमोनोहि (जापानको सार्वजनिक बिदा)
さむいです《さむい》 samui-desu《samui》	冷 | 춥습니다《춥다》| frio | frío | cold | หนาว | rét / lạnh | malamig | dingin | जाडो / ठण्डी छ <<जाडो / ठण्डी>>
しごと shigoto	工作 | 일 / 직업 | trabalho | trabajo | work | งาน | công việc | trabaho | pekerjaan | काम
しゅくじつ shukujitsu	节日 | 국경일 | feriado | feriado | holiday | วันหยุดราชการ | ngày lễ | araw ng pista | hari besar / hari peringatan | सार्वजनिक बिदा
しゅんぶんのひ shumbun-no hi	春分节（日本的节日）| 춘분 | Dia de equinócio de primavera | Día de equinoccio de primavera | Spring Equinox | วันวสันตวิษุวัต (วันในฤดูใบไม้ผลิที่กลางวันและกลางคืนยาวเท่ากัน) | ngày Xuân phân | panahon kapag ang araw at gabi ay magsing haba | Hari Peringatan Ekuinoks [salah satu libur resmi di musim semi] | स्युन्बुननोहि (जापानको सार्वजनिक बिदा)
すずしいです《すずしい》 suzushii-desu《suzushii》	凉爽 | 서늘합니다《서늘하다》| fresco | fresco | cool | เย็นสบาย | mát mẻ | malamig-lamig | sejuk | शीतल छ <<शीतल>>
そつぎょう sotsugyoo	毕业 | 졸업 | graduação/formatura | graduación | graduation | การจบการศึกษา | tốt nghiệp | pagtatapos | lulus sekolah | ग्रेजुएशन
それ sore	那 | 그것 | esse | eso | that | นั่น | đó / cái đó | iyan | itu | त्यो
たいいくのひ tai(i)ku-no hi	体育节（日本的节日）| 체육의 날 | Dia do esporte | Día del deporte y la salud | Health Sports Day | วันกีฬา | ngày Thể dục thể thao (một ngày nghỉ lễ của Nhật) | Araw ng Palaro | Hari Olahraga [salah satu libur resmi di Jepang] | ताईकुनोहि (जापानको सार्वजनिक बिदा)
たぶん tabun	大概 | 아마 | talvez | tal vez | maybe | คงจะ | có lẽ | baka / siguro | mungkin | शायद
たんじょうび tanjoobi	生日 | 생일 | aniversário | cumpleaños | birthday | วันเกิด | sinh nhật | kaarawan | ulang tahun | जन्मदिन
ちゅうごく chuugoku	中国 | 중국 | China | China | China | จีน | nước Trung Quốc | Tsina | China | चीन
どこ doko	哪里 | 어디 | onde? | ¿dónde? | where | ที่ไหน | đâu / ở đâu | Saan? | (di/ke) mana | कहाँ

なつ natsu	夏天 | 여름 | verão | verano | summer | ฤดูร้อน | mùa hè | tag-init | musim panas | गर्मी
なに nani	什么 | 무엇 | o que? | ¿qué? | what | อะไร | gì/cái gì | Ano? | apa | के
なんど nando	几度（温度）| 몇 도 | quantos graus? | ¿cuántos grados? | what is the temperature? | กี่องศา | mấy độ | Ano ang temperatura? | berapa derajat | कति डिग्री
なんの～ですか？ nan-no~desu-ka?	是什么～？| 무슨 ～입니까？| é (dia) de quê? | ¿qué (feriado) es? | what (day) is it? | คือ~อะไร | ~ gì vậy? | Anong (araw) iyon? | ～ apa? | कुन
にほん nihon	日本 | 일본 | Japão | Japón | Japan | ญี่ปุ่น | Nhật Bản | bansang Hapon | Jepang | जापान
はる haru	春天 | 봄 | primavera | primavera | spring | ฤดูใบไม้ผลิ | mùa xuân | tag-sibol / spring | musim semi | वसन्त
ひ hi	日 | 날 | dia | día | day | วัน | ngày | Araw ng (Kabataan) | hari | दिन
ふゆ fuyu	冬天 | 겨울 | inverno | invierno | winter | ฤดูหนาว | mùa đông | tag-lamig | musim dingin | हिउँद / जाडो याम
やすみ yasumi	休息 | 휴일 | descanso | descanso | holiday | หยุด | sự nghỉ ngơi | bakasyon | libur | बिदा
らいねん rainen	明年 | 내년 | ano que vem | próximo año | next year | ปีหน้า | năm sau / năm tới | sunod na taon | tahun depan | अर्को वर्ष
わかります《わかる》 wakari-masu《wakaru》	明白 | 압니다《알다》| entender / compreender | entender / comprender | understand | เข้าใจ | hiểu | alam / naintindihan | tahu / mengerti | थाहा छ <<थाहा>>

しゅくじつ（やすみのひ）shukujitsu (yasumi-no hi)

おしょうがつ o-shoogatsu

しゅんぶんのひ shumbun-no hi

こどものひ kodomo-no hi

うみのひ umi-no hi

けいろうのひ keeroo-no hi

たいいくのひ tai(i)ku-no hi

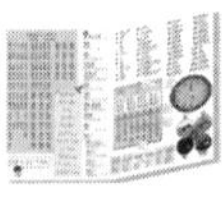
したじきを使ってみよう！

月日の読み方は、したじきで確認しましょう。上記の「春分の日、海の日、敬老の日、体育の日」は、毎年変わります。カレンダーで確認してください。他にも祝日は「成人の日」「建国記念の日」「憲法記念日」「文化の日」「勤労感謝の日」「天皇誕生日」などがあります。

Column 02

対等な関係を作る

『これだけ1』のp.35には祝日がたくさん出てきます。本書の「語彙表」を使って学習者にそれぞれの祝日を理解してもらいましょう。その上で、日本と自分の国の違いを話してもらうと、共通点や相違点がわかっておもしろいと思います。

日本語教室の在り方を提案している『「生活者としての外国人」に対する日本語教育の標準的なカリキュラム案　活用のためのガイドブック』（文化審議会国語分科会）を見ると、「地域住民との協働活動」や「対等な人間関係」といったフレーズが出てきます。日本語教室は、日本人参加者と外国人参加者が対等な関係でともに活動しましょうということです。そのためには、「何かを教える場所」という発想から脱却しなければなりません。先生・学生という関係になってしまうと、対等にはなれないからです。

祝日の比較のように、相手から何か情報を教えてもらうことで日本人参加者の教養が増えるような活動は理想的だと思います。世界で共通した祝日もあれば、日本オリジナルのものもあります。そういう知見を得ることで改めて日本文化を考えるきっかけにもなると思います。

教室の管理から運営まで日本人参加者が担っている現在、完全に対等になるなんてことはありえません。ただ、なんとか理想を目指していこうという心構えは重要かと思います。教室の運営に外国人参加者に関わってもらう、なんていうのも一つの手です。支援側に関わりたい外国籍の方はかなりいます。そして、外国人スタッフのいる日本語教室は間違いなく運営が上手ないい教室です。多文化共生を実践しているわけですから。

おかね が あったら★1

おしゃべりの流れ

たくさんお金があったら何をしますか？「もしもの世界」の設定でおしゃべりしましょう。

①トップページ（38–39ページ）
38ページのイラストには、いろいろな物があります。「お金があったら、何が欲しいですか？」「どうしてそれが必要ですか？」「いくらですか？」お互いに紹介し合いましょう。電気量販店や不動産のちらしなどがあると話が広がります。39ページは、お金がかかりそうなイベントがイラストにあります。「お金があったら何がしたいですか？」「どこへ行きたいですか？」「どうしてですか？」と尋ね合ってみましょう。旅行のパンフレットや地図があると話題が広がります。意外とみんな貯金が好きかもしれません。

②やってみましょう！・おしゃべりしましょう！（40–41ページ）
ここは物価の比較がテーマです。国によって値段が異なっているものを3つ示してあります。まずは単純に計算して、日本で500円あったらいくつ買えるか書き入れましょう。外国人参加者の国の物価はどうですか？　スーパーのちらしなどがあると、もっと細かい設定で計算ができます。書き込んだら、41ページを見ながら、「高いです／安いです」という物価の違いを楽しみましょう。

隠れ文法

➡ 中心となる文法（述部）

A　ほしい／〜たいです　非過去形
欲しいものやしたいことを挙げ、「お金があったら」どうしたいか話し合いましょう。38ページは「○○が欲しいです」、39ページは「〜たいです」を使うように組んであります。

B　名詞／イ形容詞の非過去形
「りんごは15個です」のように、同じ金額でイラストにある商品がいくつ買えるか話したり、「高いです／安いです」のように、物価を比較したり、価格に関するトピックでおしゃべりしましょう。

➡ その他（助詞など）

トップページ
・が（「したじき」での表記「が②」）
「バナナが好きです」「パソコンが欲しいです」のような例において、「バナナ」「パソコン」は、イ・ナ形容詞の目的語を表しています（本書コラム「国語教育と日本語教育」p.61 参照）。

・に（「したじき」での表記「に③（へ）」）
「に③（へ）」は行き先を表す用法です。「へ」と同じ意味なので括弧の中に入れてあります。「温泉に（へ）いきたいです」のように行きたい場所を話しましょう。

◆ なにも〜ないです
『これだけ1』では、この形でひとかたまりとして示します。欲しいものや願望がない場合は、「なにも買いたくないです」のように話しましょう。

やってみましょう！

◆ で（「したじき」での表記「で①」）
「で①」は動作の場所を表す用法です。本来は「中国でりんごは15個買うことができます」と言うべきところですが、『これだけ1』では「〜ことができます」という文法項目を扱わないので、（ちょっと苦しいですが）「15個です」で対応します。相手が理解できるなら「〜ことができます」も使ってください。

◆ 助数詞：こ
「りんご」「パン」「たまご」などを数えるときに、「個」という助数詞で数えましょう。
本書では「ひとつ／ふたつ」のような「つ」ではなく「1個／2個」のような「個」だけを採用しています。これは規則が単純で「数字に‘個’をつけるだけ」だからです。実際には「つ」のほうが使用範囲が広いので、日本人参加者側がおしゃべりするときに、「つ」も使ってください。

おしゃべりしましょう！

◆ 〜より〜のほうが
比較するときの文法項目です。必ずしもセットで使う必要はありません。本トピックの例では「日本のほうが高いです」「日本より安いです」のように、バラバラで出てきます。

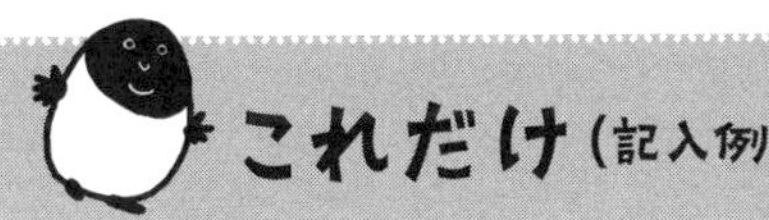

その日のおしゃべりの内容に合わせて自由に記入しましょう。ローマ字で記入してもかまいません。

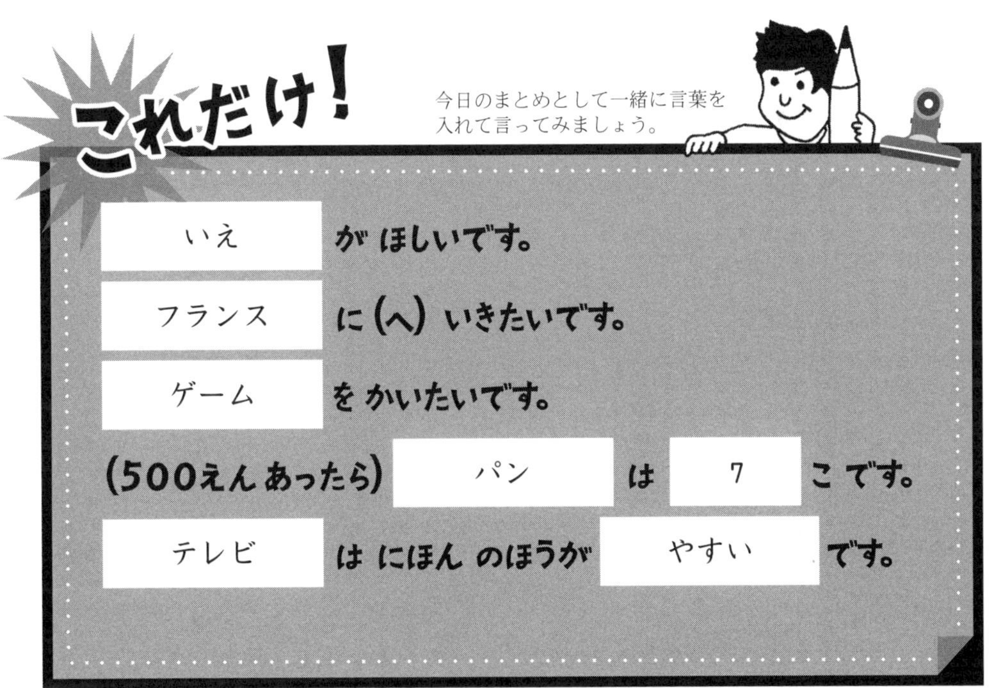

これだけ！
今日のまとめとして一緒に言葉を入れて言ってみましょう。
いえ　がほしいです。
フランス　に（へ）いきたいです。
ゲーム　をかいたいです。
（500えんあったら）　パン　は　7　こです。
テレビ　はにほんのほうが　やすい　です。

★1 「あったら」の「たら」（条件・仮定）という文法は、『これだけ2』で改めて扱います。現段階では「あったら」はタイトルの一部でありかつ翻訳付きですので、例外的に使っています。

中｜韓｜ポルトガル｜スペイン｜英｜タイ｜ベトナム｜タガログ｜インドネシア｜ネパール

アクセサリー akusesarii	饰品｜악세서리｜acessórios｜accesorios｜accessory｜เครื่องประดับ｜đồ trang sức｜aksesorya｜aksesoris｜गहना
あったら attara	有的话｜있으면｜se tiver｜si tiene｜if you have｜ถ้ามี｜nếu có｜kung mayroon｜kalau ada｜भयोभने
いえ ie	房子｜집｜casa｜casa｜house｜บ้าน｜nhà｜bahay｜rumah｜घर
いきます《いく》 iki-masu《iku》	去｜갑니다《가다》｜ir｜ir｜go｜ไป｜đi｜pumunta (punta)｜pergi｜जान्छु <<जानु>>
いっこ ikko	一个｜하나｜um(a)｜uno(a)｜one (piece)｜หนึ่งลูก｜một cái (quả, …)｜isang piraso｜satu buah / satu biji｜एकवटा
おかね o-kane	钱｜돈｜dinheiro｜dinero｜money｜เงิน｜tiền｜pera｜uang｜पैसा
おくに o-kuni	国家（敬语，指对方国家）｜나라（경어. 상대방의 나라를 가리킴）｜(o seu) país (de origem)｜(su) país (de origen)｜(your) country (honorific)｜ประเทศ｜đất nước (nói theo kiểu lịch sự)｜bansa (mo)｜negara [bentuk sopan]｜देश
おんせん onsen	温泉｜온천｜águas termais｜aguas termales｜hot spring｜บ่อน้ำพุร้อน｜suối nước nóng｜mainit na bukal ng tubig｜pemandian air panas｜ओन्सेन (जापानको प्राकृतिक तातोपानी)
かいます《かう》 kai-masu《kau》	买｜삽니다《사다》｜comprar｜comprar｜buy｜ซื้อ｜mua｜bumili (bili)｜membeli｜किन्छु <<किन्नु>>
かえります 《かえる》 kaeri-masu 《kaeru》	回｜돌아갑니다《돌아가다》｜regressar / voltar｜regresar｜go back / return｜กลับ｜về / trở về｜umuwi (uwi)｜pulang｜फर्कन्छु <<फर्कनु>>
かばん kaban	包｜가방｜bolsa｜bolso｜bag｜กระเป๋า｜cặp xách / ba lô｜bag｜tas｜झोला
くつ kutsu	鞋｜신｜sapatos｜zapatos｜shoes｜รองเท้า｜giày｜sapatos｜sepatu｜जुत्ता
くに kuni	国｜나라｜país｜país｜country｜ประเทศ｜đất nước｜bansa｜negara｜देश
くるま kuruma	车｜차（자동차）｜carro｜carro｜vehicle / car｜รถยนต์｜xe hơi｜kotse｜mobil｜गाडी (मोटर)
ゲーム geemu	游戏｜게임｜vídeo game｜videojuego｜game｜เกม｜trò chơi điện tử｜video game｜game / permainan｜गेम
コンサート konsaato	音乐会 / 演奏会｜콘서트｜concerto｜concierto｜concert｜คอนเสิร์ต｜buổi hòa nhạc｜konsiyerto｜konser｜कन्सर्ट
せかいりょこう sekairyokoo	环球旅行｜세계 여행｜viagem pelo mundo｜viaje por el mundo｜worldwide trip｜ท่องเที่ยวรอบโลก｜du lịch vòng quanh thế giới｜paglakbay sa iba't ibang bansa｜jalan-jalan keliling dunia｜विश्व भ्रमण
たかいです 《たかい》 takai-desu 《takai》	贵｜비쌉니다《비싸다》｜caro｜caro｜expensive｜แพง｜mắc / đắt｜mahal｜mahal｜महँगो छ<<महँगो>>
たぶん tabun	大概｜아마｜talvez｜tal vez｜maybe｜คงจะ｜có lẽ｜baka / siguro｜mungkin｜शायद
たまご tamago	鸡蛋｜계란｜ovo｜huevo｜egg｜ไข่｜trứng｜itlog｜telur｜अण्डा / फुल

ちゅうごく chuugoku
中国 | 중국 | China | China | China | จีน | Trung Quốc | Tsina | China | चीन

ちょきん chokin
存款（名词）| 저금 | poupança | ahorro | savings | การเก็บเงิน | việc để dành tiền / tiền tiết kiệm | ipon | celengan / tabungan | बचत

ちょきんします《ちょきんする》 chokin-shi-masu《chokin-suru》
存钱（动词）| 저금합니다《저금하다》| fazer poupança | ahorrar | save money | ฝากเงิน | để dành tiền / tiết kiệm tiền | mag-ipon | menabung | बचत गर्छु <<बचत गर्नु >>

テレビ terebi
电视 | 텔레비전 | televisão | televisor | television | โทรทัศน์ | ti vi | telebisyon | televisi | टेलिभिजन (टिभी)

なに nani
什么 | 무엇 | o que? | ¿qué? | what | อะไร | gì / cái gì | Ano? | apa | के

なにも ～たくないです nani-mo ~taku-nai-desu
什么也不想～ | 아무것도 ～고 싶지 않았습니다 | não quero (comprar) nada | no quiero (comprar) nada | do not want to (buy) anything | ไม่อยาก ～ อะไร | không muốn ~ gì cả | walang gustong (bilhin) | tidak ingin ～ apa-apa | केही पनि मन लाग्दैन

にほん nihon
日本 | 일본 | Japão | Japón | Japan | ญี่ปุ่น | Nhật Bản | bansang Hapon | Jepang | जापान

のほうが nohooga
相比较时使用。如；比起台湾，东京更冷。たいわんより、とうきょうのほうがさむい。| ～의 쪽이 | mais (caro) que | más (caro) que | (apple is) more (expensive in Japan) | (อันนี้) ～ กว่า | hơn | mas (mahal ang mansanas sa bansang Hapon) | (yang ini) lebih | चाहिं (यहाँ भन्दा त्यहाँ चाहिं महँगो छ)

パソコン pasokon
电脑 | 컴퓨터 | computador | computadora | personal computer | คอมพิวเตอร์ | máy tính cá nhân | kompyuter | komputer / PC | कम्प्युटर

パン pan
面包 | 빵 | pão | pan | bread | ขนมปัง | bánh mì | tinapay | roti | रोटी

ふく fuku
衣服 | 옷 | roupa | ropa | clothes | เสื้อผ้า | quần áo | damit | baju | लुगा

ほしいです《ほしい》 hoshii-desu《hoshii》
想要 | 갖고 싶습니다《갖고 싶다》| querer | querer | want (a computer) | อยากได้ | muốn có | gusto | ingin | चाहन्छु <<चाहनु>>

やすいです《やすい》 yasui-desu《yasui》
便宜 | 쌉니다《싸다》| barato | barato | cheap | ถูก | rẻ | mura | murah | सस्तो छ<<सस्तो>>

ゆうえんち yuuenchi
游乐场 | 유원지 | parque de diversão | parque de atracciones | amusement park | สวนสนุก | khu vui chơi / giải trí | panlibangang parke | taman rekreasi | मनोरञ्जन पार्क

りんご ringo
苹果 | 사과 | maçã | manzana | apple | แอปเปิ้ล | táo | mansanas | apel | स्याउ

わたし watashi
我 | 저 / 나 | eu | yo | I | ฉัน/ผม | tôi | ako | saya | म

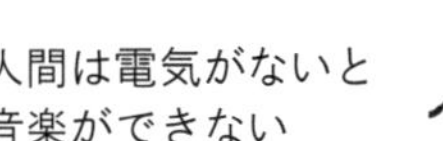

人間は電気がないと
音楽ができない

8 すきがいっぱい

おしゃべりの流れ

好きなもの・嫌いなものについて話し合いましょう。

①トップページ（42-45ページ）
42ページ中段のイラストを見ながら、好きなもの・嫌いなものをお互いに確認し合いましょう。そのとき、下段のイラストを見ながら、好き嫌いのレベルについて、大好きなのか、嫌いなのか、まあまあなのか、伝え合いましょう。
43ページは、カテゴリーごとに3つのイラストがあります。「スポーツで何がいちばん好きですか？」のように、好みを言い合いましょう。この3つにない場合は、言葉を追加しましょう。
44ページにはいろいろな形容詞があります。「(好きなものは) 楽しいですか？」「じょうずですか？」「おいしいですか？」教え合いましょう。
また、45ページにはいろんな食べもののイラストがあります。好き嫌いが分かれるかもしれませんが、食べたこと、見たことがあるかを聞いてみてから、好きか嫌いかを聞いてみましょう。まだの場合は、食べたいものを聞いてみましょう。

②やってみましょう！（46ページ）
カテゴリーごとの2択です。「どっちが好きですか？」「どうしてですか？」と尋ね合いましょう。他にもいろんな2択問題を作ってお互いに質問し合いましょう。

③おしゃべりしましょう！（47ページ）
イラストを見ながら、「たぶん～です」と当てっこしましょう。紙にお互いが動物を描いてみて、当てっこすると盛り上がりますよ。

隠れ文法

➡中心となる文法（述部）

A　ナ形容詞／イ形容詞の非過去形
「好きです」「きらいです」「楽しいです」「じょうずです」などを使って好きなものについて話し合いましょう。

B　たべました／～たいです
いろいろな食べものについて、「食べました」とか「食べたいです」のように話しましょう。

➡その他（助詞など）

トップページ
・で（「したじき」での表記「で③」）
「で③」は範囲を表す「で」の用法です。「あまいものでなにがすきですか？」という例では、「あまいもの」というカテゴリーの範囲の中で何が好きかという話をしています。テキストには「スポーツ」「にほんりょうり」という他のカテゴリーも例示してあります。

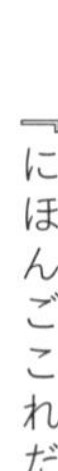

＊が（「したじき」での表記「が②」）
例えば、「ケーキが好きです」「チョコレートが好きです」という文において、「ケーキ／チョコレート」はイ・ナ形容詞の目的語を表しています（本書コラム「国語教育と日本語教育」p.61参照）。

＊いちばん
「いちばん好きです」のように、お互いの好みについて話しましょう。

＊どうしてですか？　～ですから
『これだけ1』では「どうしてですか？」をひとかたまりの文法項目として示します。好きなものの理由をお互いに聞いてみましょう。

＊ね
「楽しいですね」は、お互いが共感できるであろうという予測があるときに使ってください。相手がサッカーを嫌いだったとしたら、「楽しいですね」という言い方はしにくいです。

やってみましょう！
＊～より～のほうが
比較するときの文法項目です。必ずしもセットで使う必要はありませんが、本トピックの会話では「ロックよりクラシックのほうが」のように基本的にセットで出てきます。必要に応じて個別に使ってみせましょう。

おしゃべりしましょう！
＊たぶん
「たぶん、さるです」のように、不確定な内容を話すときに「たぶん」を使って話しましょう。『これだけ1』では「らしい、ようだ」のような推量を表す文末形式がありません。ですから「たぶん」をつけることで推量であることを伝えます。

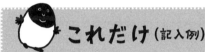

これだけ（記入例）

その日のおしゃべりの内容に合わせて自由に記入しましょう。ローマ字で記入してもかまいません。

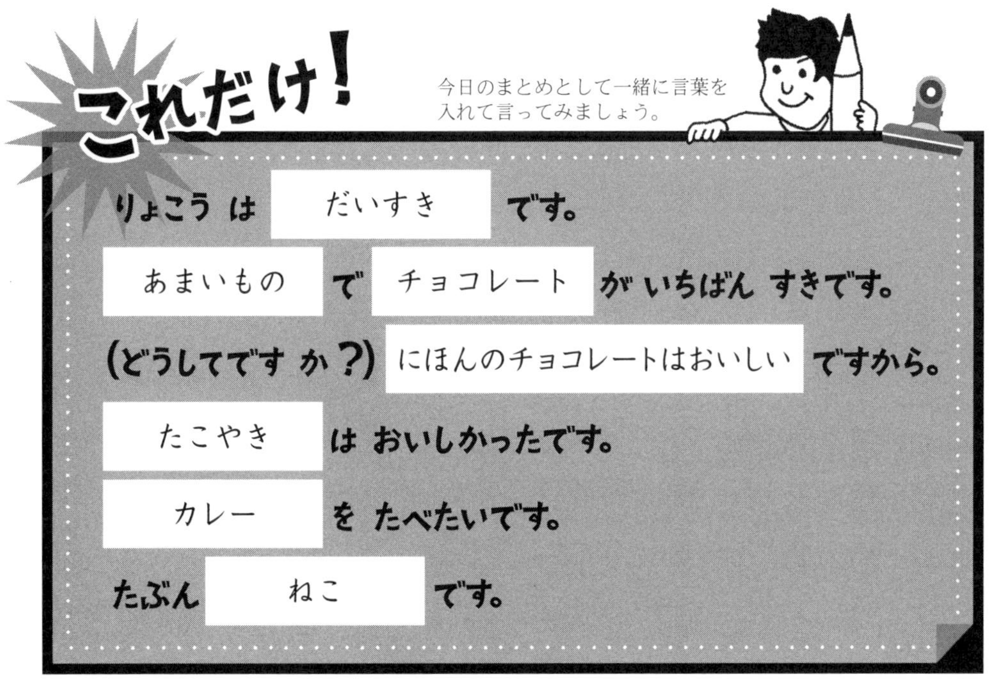

これだけ！
今日のまとめとして一緒に言葉を入れて言ってみましょう。
りょこう は だいすき です。
あまいもの で チョコレート が いちばん すきです。
（どうしてです か？） にほんのチョコレートはおいしい ですから。
たこやき は おいしかったです。
カレー を たべたいです。
たぶん ねこ です。

語彙表

中｜韓｜ポルトガル｜スペイン｜英｜タイ｜ベトナム｜タガログ｜インドネシア｜ネパール

アイスクリーム aisukuriimu
冰淇淋｜아이스크림｜sorvete｜helado｜ice-cream｜ไอศกรีม｜kem｜sorbetes｜es krim｜आइसक्रिम

あまいもの amaimono
甜点｜단 것｜doces｜dulces｜sweets｜ของหวาน｜đồ ngọt｜pagkaing matamis｜penganan manis｜गुलियो खानेकुरा

いちばん ichiban
最｜가장｜o mais... (o que eu mais gosto é...)｜el mas... (lo que mas me gusta es...)｜the most｜ที่สุด｜nhất｜pinaka(gusto)｜paling｜सबैभन्दा

いぬ inu
狗｜개｜cachorro｜perro｜dog｜หมา｜chó｜aso｜anjing｜कुकुर

うめぼし umeboshi
梅干｜매실 장아찌｜umeboshi｜umeboshi｜umeboshi (pickled plum)｜บ๊วยแห้ง｜mơ ngâm / mơ muối｜burong sirwelas｜asinan plum｜उमेबोसी (जापानको अमिलो फल)

おいしいです《おいしい》 oishii-desu《oishii》
好吃 / 好喝｜맛있습니다《맛있다》｜gostoso｜rico｜delicious｜อร่อย｜ngon｜masarap｜enak｜मिठो छ <<मिठो>>

おしゃべり oshaberi
聊天｜잡담｜conversa｜charla｜chat｜การสนทนา｜nói chuyện / tán gẫu｜magkuwentuhan｜ngobrol｜कुराकानी

おもしろいです《おもしろい》 omoshiroi-desu《omoshiroi》
有趣｜재미있습니다《재미있다》｜divertido / interessante｜divertido / interesante｜interesting｜สนุก/ตลกดี｜thú vị / hấp dẫn / hay｜nakakaaliw｜menarik / lucu｜रमाईलो छ <<रमाईलो>>

おんがく ongaku
音乐｜음악｜música｜música｜music｜ดนตรี｜âm nhạc｜musika｜musik｜गीत संगीत

かいもの kaimono
购物｜쇼핑｜compras｜compras｜shopping｜การซื้อของ｜mua｜pamimili｜belanja｜किनमेल

カレー karee
咖喱｜카레｜curry｜curry｜curry｜แกงกะหรี่｜cơm cà ri｜curry｜kari｜करि / तरकारी

きらいです《きらいな》 kirai-desu《kirai-desu》
不喜欢｜싫어합니다《싫어하는》｜não gostar / odiar｜no me gusta｜dislike / hate｜ไม่ชอบ｜ghét｜ayaw / hindi gusto｜tidak suka｜मनपर्दैन <<मन नपर्ने>>

くだもの kudamono
水果｜과일｜frutas｜frutas｜fruits｜ผลไม้｜trái cây / hoa quả｜prutas｜buah-buahan｜फलफूल

クラシック kurashikku
古典音乐｜클래식｜música clássica｜música clásica｜classical music｜คลาสสิก｜nhạc cổ điển｜klasikal na musika｜klasik｜शास्त्रीय संगीत

ケーキ keeki
蛋糕｜케이크｜bolo｜pastel｜cake｜ขนมเค้ก｜bánh kem｜keyk｜kue bolu / cake｜केक

ゲーム geemu
游戏｜게임｜vídeo game｜videojuego｜game｜เกม｜trò chơi điện tử｜video game｜game｜गेम

これ kore
这个｜이것｜este｜esto｜this｜นี่｜cái này｜ito｜ini｜यो

サッカー sakkaa
足球｜축구｜futebol｜fútbol｜soccer｜ฟุตบอล｜bóng đá｜putbol｜sepak bola｜फुटबल

さる saru
猴子｜원숭이｜macaco｜mono｜monkey｜ลิง｜con khỉ｜unggoy｜monyet｜बाँदर

じょうずです《じょうずな》 joozu-desu《joozuna》
(某种技术)好｜잘합니다《잘하는》｜bom / habilidoso｜bueno / habilidoso｜good (at playing baseball)｜เก่ง｜giỏi / khéo｜mahusay / magaling｜pandai｜सिपालु छ <<सिपालु>>

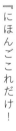

すきです《すきな》 suki-desu《sukina》
喜欢 | 좋아합니다《좋아하는》| gostar | gustar | like | ชอบ | thích | gusto | suka | मनपर्छ <<मन पर्ने>>

すきやき sukiyaki
寿喜锅（日式牛肉火锅）| 스끼야끼(전골) | sukiyaki | sukiyaki | sukiyaki | สุกียากี้ | món sukiyaki | sukiyaki | sukiyaki | सुकियाकी (जापानिज खाना)

すし sushi
寿司 | 스시（초밥）| sushi | sushi | sushi | ซูชิ | món sushi | sushi | sushi | सुसी (जापानिज खाना)

スポーツ supootsu
体育 | 스포츠 | esportes | deporte | sports | กีฬา | thể thao | sports / palaro | olah raga | खेलकूद

すもう sumoo
相扑 | 스모 | sumo | sumo | sumo (Japanese traditional wrestling) | ซูโม่ | môn võ Sumo của Nhật | sumo | Sumo | सुमो (जापानिज कुस्ती खेल)

そうです soo desu
是的 | 그렇습니다 | sim | así es | that's right | ใช่ | đúng vậy | Oo nga. | ya / begitu | हो

そば soba
荞麦面 | 메밀국수 | soba | soba | buckwheat noodles | โซบะ | mì soba | soba | mie soba | सोबा (जापानिज खाना)

だいすきです《だいすきな》 daisuki-desu《daisukina》
特别喜欢 | 아주 좋아합니다《아주 좋아하는》| gostar muito | gustar mucho | like (traveling / chocolate) a lot | ชอบมาก | rất thích | gustong-gusto | suka sekali | अति/एकदम मनपर्छ <<अति/एकदम मनपर्ने>>

たこやき takoyaki
章魚小丸子 | 타코야끼 | takoyaki | takoyaki | octopus ball | ทาโกะยากิ | món bạch tuộc nướng (takoyaki) | bolabolang pugita | takoyaki [makanan bentuknya bulat berisi gurita] | ताकोयाकी (जापानिज खाना)

たっきゅう takkyuu
乒乓球 | 탁구 | tênis de mesa | tenis de mesa | table-tennis | ปิงปอง | bóng bàn | ping-pong | tenis meja / pingpong | टेबल टेनिस

たのしいです《たのしい》 tanoshii-desu《tanoshii》
愉快 | 즐겁습니다《즐겁다》| divertido | divertido | fun / enjoyable | สนุก | vui | nakakaaliw | menyenangkan | रमाइलो छ <<रमाइलो>>

たぶん tabun
大概 | 아마 | talvez | tal vez | maybe | คิดว่า | có lẽ | siguro | mungkin | शायद

たべます《たべる》 tabe-masu《taberu》
吃 | 먹습니다《먹다》| comer | comer | eat | กิน/รับประทาน | ăn | kumain (kain) | makan | खान्छु <<खानु>>

チョコレート chokoreeto
巧克力 | 초콜릿 | chocolate | chocolate | chocolate | ช็อกโกแลต | sô cô la | tsokolate | coklat | चकलेट

つまらないです《つまらない》 tsumaranai-desu《tsumaranai》
无聊 | 재미없습니다《재미없다》| chato | aburrido | boring | น่าเบื่อ | nhàm chán / tẻ nhạt / không thú vị | nakakainip / nakakabagot | membosankan | रमाइलो छैन <<नरमाइलो>>

てんぷら tempura
天麸罗（日式油炸食品）| 튀김 | tempura | tempura | tempura | เทมปุระ | món tempura | tempura | tempura | तेम्पुरा (जापानिज खाना)

どうして dooshite
为什么 | 어째서 | por que? | ¿por qué? | why | ทำไม | tại sao | Bakit? | mengapa | किन

どうぶつ doobutsu
动物 | 동물 | animal | animal | animal | สัตว์ | động vật | hayop | binatang | जनावर

どっち docchi
哪边 | 어느 쪽 | qual? | ¿cuál? | which | อันไหน | cái nào / bên nào / phía nào… | Alin? | yang mana | कुन चाहिं

どれ dore

哪个 | 어느 것 | qual? | ¿cuál? | which | อันไหน | cái nào | Alin? | yang mana | कुन

なっとう nattoo

纳豆 | 낫또 | natto | natto | natto (fermented soybeans) | ถั่วหมักนัตโต๊ะ | món đậu nành lên men (natto) | binurong toyo/natto | natto [makanan berupa kedelai yang difermentasi] | नात्तोउ (जापानी खाना)

なに nani

什么 | 무엇 | o que? | ¿qué? | what | อะไร | gì/cái gì | Ano? | apa | के

なんですか？ nan desu-ka?

是什么？ | 무엇입니까？ | o que é? | ¿qué es? | what is it? | อะไร | là gì? | Ano? | (ini) apa? | के हो / होला ?

にほんりょうり nihonryoori

日本料理 | 일본 요리 | comida japonesa | comida japonesa | Japanese food / cuisine | อาหารญี่ปุ่น | món ăn Nhật Bản | lutong Hapon | masakan Jepang | जापानिज खाना

ねこ neko

猫 | 고양이 | gato | gato | cat | แมว | mèo | pusa | kucing | बिरालो

のほうが nohooga

相比较时使用。如；比起台湾，东京更冷。たいわんより、とうきょうのほうがさむい。 | ～의 쪽이 | preferir / (gosto) mais de... | preferir / me (gusta) mas de... | prefer (classical music) to (rock music) | (อันนี้) ～ กว่า | hơn | mas (gusto ang klasikal) kaysa (rock music) | (yang ini) lebih | चाहिं (यो भन्दा यो चाहिं मनपर्छ)

はい hai

是 | 예 / 네 | sim | sí | yes | ครับ/ค่ะ | vâng/phải | Oo | ya | हो / हजुर

ファーストフード faasutofuudo

快餐 | 패스트푸드 | fast-food | comida rápida | fast food | อาหารจานด่วน | thức ăn nhanh | fast food | fast food | फास्टफुड

へたです《へたな》 heta-desu《hetana》

(某种技术)差 | 서투릅니다《서투른》 | não ser bom (em algo) | no ser bueno (en algo) | poor (at playing baseball) | ไม่เก่ง | dở/vụng (không giỏi) | hindi magaling | tidak pandai | सिपालु छैन <<नभएको>>

まあまあです《まあまあな》 maamaa-desu《maamaana》

还可以 / 说得过去 | 그저 그렇습니다《그저 그런》 | mais ou menos | más o menos | so-so | เฉยๆ | tàm tạm | hindi gaano | lumayan | ठिकठिकै छ

まずいです《まずい》 mazui-desu《mazui》

不好吃 / 不好喝 | 맛없습니다《맛없다》 | ruim (não ser gostoso) | no está rico | awful | ไม่อร่อย | dở (không ngon) | hindi masarap | tidak enak | नमिठो छ <<नमिठो>>

みかん mikan

橘子 | 귤 | laranja | naranaja | mandarin orange | ส้ม | quýt | dalandan | jeruk | सुन्तला

りょうり ryoori

饭菜 | 요리 | cozinhar | cocinar | cooking | อาหาร | món ăn/đồ ăn | pagluluto | masakan | खाना

りょこう ryokoo

旅行 | 여행 | viajar | viajar | travel / trip | การท่องเที่ยว | du lịch | paglalakbay | jalan-jalan / berwisata | भ्रमण

りんご ringo

苹果 | 사과 | maçã | manzana | apple | แอปเปิ้ล | táo | mansanas | apel | स्याउ

ロック rokku

摇滚乐 | 락(음악) | rock | rock | rock | ร็อก | nhạc Rock | rock music | rock | ढुंगा (रक)

わかります《わかる》 wakari-masu《wakaru》

明白 | 압니다《알다》 | saber / entender | entender | understand | เข้าใจ | hiểu | alam / naintindihan | tahu / mengerti | थाहा छ <<थाहा हुनु>>

わたし watashi

我 | 저 / 나 | eu | yo | I | ฉัน/ผม | tôi | ako | saya | म

Column 03

文法はあくまで隠しておくこと

トピック8では、好きな食べ物の話が出てきます。「チョコレートが大好きです」「いつも食べたいです」などというおしゃべりを期待しているのですが、隠れ文法としては「～たいです」を組み入れています。話の流れの中で、願望表現を使ってくれたらいいなという程度です。あくまで「好きな食べ物について話しましょう」というのが活動の中心です。

これを、「今日は願望を表す「～たいです」を勉強します」と宣言してまうと文法中心の授業になってしまいます。クラッシェンという研究者は、「文法解説は言語運用の力につながらない！」と言い出し、大きな議論を生みました。その後、反論がたくさんでるのですが、今でも第二言語習得研究の教科書にはクラッシェンの仮説が必ず載っています。地域日本語教室の活動ガイドライン『「生活者としての外国人」に対する日本語教育の標準的なカリキュラム案について』（文化審議会国語分科会）にもはっきりと「文字や発音、基礎的な文法事項などの学習は必要であるが、個別にそれらだけを取り上げて学習することを想定していない」（p.5）と規定しています。

習得理論的にも、文化庁のガイドライン的にもやめた方がいいと言っている文法解説を、多くの人がついついやってしまうのはどうしてでしょうか。それは楽しいからだと思います。自然習得した日本人の日本語を体系的に説明するのは、母語話者にとっては知的な営みであり、多くの人の（特に教養のある人ほど）ツボにはまるのだと思います。ところが、これは日本人参加者側の勝手な事情であるということを知っておく必要があります。私自身、文法解説が楽しくて仕方がなくて研究者になってしまった人間ですから、その気持ちは大変よくわかります。しかし、「能ある鷹は爪を隠す」。文法を楽しく勉強するのは自由ですが、それを他人（特に外国人参加者）にひけらかしてはいけないのです。

げんきですか？

おしゃべりの流れ

近況、特に体の調子についておしゃべりしましょう。久しぶりに会った人同士にぴったりのトピックです。

①トップページ（48-49ページ）
48ページのイラストを使いながら、近況を伝え合いましょう。上段は体の調子に関するイラストです。また、最下段の言葉と中段の言葉を組み合わせて、「(仕事／家事／子育て）は大変です」のように話しましょう。49ページには体に関する言葉がたくさんあります。お互いの健康状況をチェックし合いましょう。続いて、相手のご主人・奥さんや子どもさんなどに話題を広げましょう。そこからお勧めの病院を伝え合ったりすると実用的な活動になります。

②やってみましょう！（50ページ）
ここではお互いの手のツボを押してみましょう。男女のペアで、相手の手を握りにくい場合は、自分で自分のツボを押しましょう。「痛いですか？」「大丈夫ですか？」と確認しながら進めます。痛いところがあれば、「〇〇が悪いですね」と教えてあげましょう。その後で、お互いの健康状態について伝え合いましょう。

③おしゃべりしましょう！（51ページ）
「かぜのとき、～」という状況設定でおしゃべりします。どんなことをしますか？　イラストを参考に、自分なりの対応方法を紹介し合いましょう。どんなものを食べるかという話題になると、国によって違いが出るかもしれません。

隠れ文法

➡中心となる文法（述部）

A　ナ形容詞／イ形容詞の非過去形
「元気です／大変です／忙しいです／悪いです」などを使って、体調などを話し合いましょう★1。

B　動詞の非過去形
「薬を飲みます」「お風呂に入ります」のように風邪を引いたときの対応方法を話しましょう。

➡その他（助詞など）

トップページ
・は（「したじき」での表記「は②」）
「わたしは目が悪いです」「わたしは背中が痛いです」のように、「は」と「が」が同じ文の中で使われることがあります。「〔人〕は＋〔体の部位〕が」という構造で、体調について話し合ってください。

やってみましょう！
・いちばん
「いちばん痛いです」のように、ツボの中で最も痛い場所を伝えましょう。

✦ 指示詞：ここ／そこ

一緒にツボを押し合う中で、自分と相手の位置関係によって「ここが痛いです」「そこが痛いです」を使い分けましょう。自分で自分の掌を指すときは「ここ」、相手が自分のツボを押している状態では「そこ」となります。

おしゃべりしましょう！

✦ 〜のとき

時間を表す文法項目です。『これだけ1』では動詞や形容詞が名詞を修飾するときの形を扱いません。ですから、この文法項目は基本的に「名詞＋のとき」という形でテキストに出てきます。ただし、日常でよく聞く文法なので、「名詞＋のとき」以外も理解できる人はたくさんいます。相手のレベルに合わせて「疲れたとき」「眠いとき」のように状況を設定するとおしゃべりは広がります。

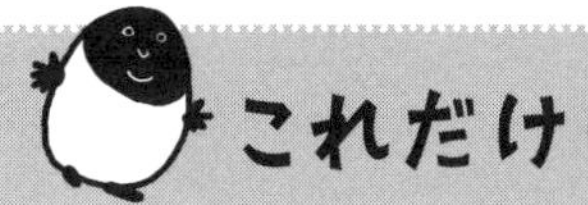

これだけ（記入例）

その日のおしゃべりの内容に合わせて自由に記入しましょう。ローマ字で記入してもかまいません。

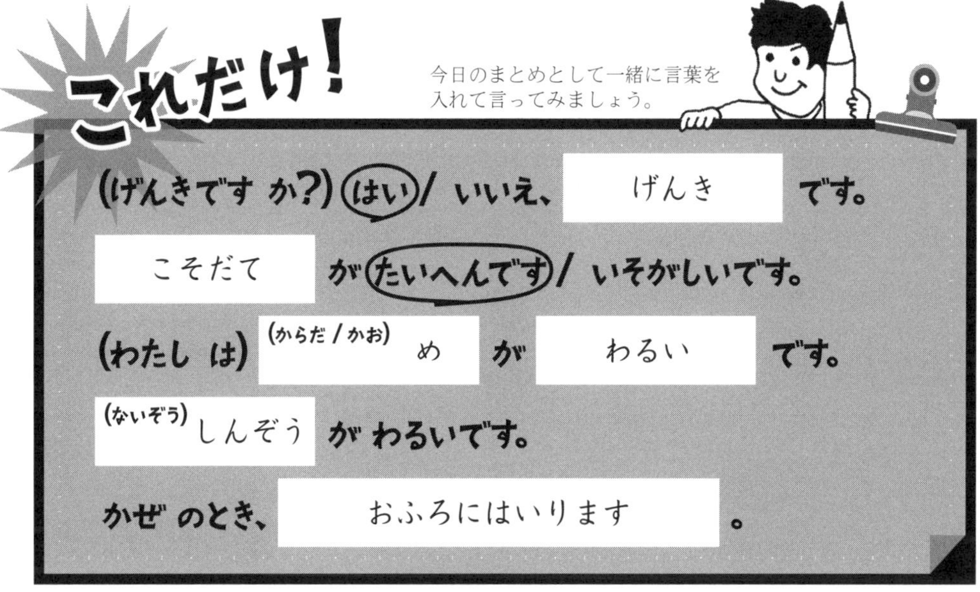

これだけ！
今日のまとめとして一緒に言葉を入れて言ってみましょう。
（げんきです か？）はい／いいえ、げんき です。
こそだて が たいへんです／いそがしいです。
（わたし は）（からだ／かお） め が わるい です。
（ないぞう） しんぞう が わるいです。
かぜ のとき、おふろにはいります 。

★1　体調を表す言葉はすべて形容詞であるとは限りません。「疲れています」は動詞です。しかも、この「ています」という文法は『これだけ2』で改めて出てきます。ここでは「疲れています」をかたまりの1つの語彙として扱います。

語彙表

中 | 韓 | ポルトガル | スペイン |
英 | タイ | ベトナム | タガログ |
インドネシア | ネパール

あし ashi
腿 | 다리 | perna/pé | pierna/pie |
foot | ขา | chân | paa | kaki |
खुट्टा

あたま atama
头 | 머리 | cabeça | cabeza |
head | หัว | đầu | ulo | kepala |
टाउको

い i
胃 | 위 | estômago | estómago |
stomach | กระเพาะอาหาร |
dạ dày, bao tử | tiyan | lambung |
पेट

いいえ iie
不 | 아니요 | não | no | no |
ไม่ | không | Hindi | tidak | होइन

いそがしいです《いそがしい》 isogashii-desu《isogashii》
忙 | 바쁩니다《바쁘다》|
ocupado | ocupado | busy | ยุ่ง |
bận rộn | abala | sibuk |
व्यस्त छु <<व्यस्त>>

いたいです《いたい》 itai-desu《itai》
疼 | 아픕니다《아프다》|
doer | doler | painful | เจ็บ |
đau | masakit | sakit |
दुख्छ <<दुखाई>>

いちばん ichiban
最 | 가장 | o mais | el mas |
the most | ที่สุด | nhất |
pinaka(masakit) | paling |
सबैभन्दा

うで ude
胳膊 | 팔 | braço | brazo | arm |
แขน | cánh tay | braso | lengan |
पाखुरा

おしごと o-shigoto
工作（敬语，指对方工作）|
일 / 직업(경어. 상대방의 직업을 가리킴) |
(o seu) trabalho | (su) trabajo |
work | อาชีพของคุณ |
công việc (cách nói lịch sự) |
trabaho (mo) | pekerjaan |
काम

おしり oshiri
臀部 | 엉덩이 | nádegas |
nalgas | bottom | ก้น | mông |
puwet | bokong |
चाक

おなか onaka
肚子 | 배 | barriga |
barriga | stomach | ท้อง |
bụng | tiyan | perut |
पेट

おふろ o-furo
泡澡 | 욕실 | banho | baño | bath |
อ่างอาบน้ำ | bồn tắm / phòng tắm |
paliguan | mandi berendam |
बाथटब

かお kao
脸 | 얼굴 | rosto | cara |
face | หน้า | mặt / khuôn mặt |
mukha | muka |
अनुहार

かじ kaji
家务 | 집안일 | tarefas domésticas |
tareas domésticas |
housework | งานบ้าน |
việc nhà | gawaing-bahay |
pekerjaan rumah tangga |
घरको काम

かぜ kaze
感冒 | 감기 | gripe | resfriado |
cold | ไข้หวัด | cảm cúm |
sipon | masuk angin / flu |
रुघा

かた kata
肩膀 | 어깨 | ombro |
hombro | shoulders | ไหล่ |
vai | balikat | bahu |
काँध

かゆいです《かゆい》 kayui-desu《kayui》
痒 / 刺痒 | 가렵습니다《가렵다》|
coçar | picar | itchy | คัน |
ngứa | makati | gatal |
चिलाउँछ <<चिलाउनु>>

からだ karada
身体 | 몸 | corpo | cuerpo |
body | ร่างกาย | thân thể / cơ thể |
katawan | badan |
शरीर

くすり kusuri
药 | 약 | remédio | medicina |
medicine | ยา | thuốc (chữa bệnh) |
gamot | obat |
औषधि

くち kuchi
嘴 / 口 | 입 | boca | boca | mouth |
ปาก | miệng / mồm | bibig | mulut |
मुख (खाने मुख)

くび kubi
脖子 | 목 | pescoço | cuello |
neck | คอ | cổ | leeg | leher |
घाँटी

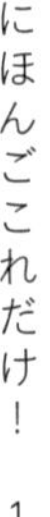

げんきです《げんきな》 genki-desu《genkina》
好（身体状况或精神状况）｜건강합니다《건강한》｜bem / saudável｜bien / saludable｜healthy｜สบายดี｜khỏe｜malusog / walang sakit / mabuti｜sehat｜सन्चै छु <<सन्चै>>

ここ koko
这里｜여기｜aqui｜aquí｜here｜ที่นี่｜đây / chỗ này / nơi này｜dito｜sini｜यहाँ

こし koshi
腰｜허리｜cintura｜cintura｜lower back｜เอว｜eo / hông｜balakang｜pinggang｜कम्मर

こそだて kosodate
育儿｜육아｜criação de filhos｜crianza de los hijos｜raising children｜การเลี้ยงลูก｜việc nuôi con｜pagpapalaki ng bata｜membesarkan anak/mengurus anak｜बच्चा हुर्काउने

こどものせわ kodomo-no sewa
照料孩子｜아이 돌보기｜cuidar de crianças｜cuidar a los niños｜child care｜การดูแลลูก｜việc chăm con｜pag-alaga ng bata｜menjaga / merawat anak｜बच्चाको हेरबिचार

しごと shigoto
工作｜일 / 직업｜trabalho｜trabajo｜work｜งาน｜công việc｜trabaho｜pekerjaan｜काम

しんぞう shinzoo
心脏｜심장｜coração｜corazón｜heart｜หัวใจ｜tim｜puso｜jantung｜मुटु

せなか senaka
背｜등｜costas｜espalda｜back｜หลัง｜lưng｜likod｜punggung｜ढाड

そうです soo desu
是｜그렇습니다｜sim (é verdade)｜pues｜that's right｜ใช่｜đúng vậy｜Oo nga｜ya, begitu｜अँ (पछाडी ねसंग जोडिएर आएको खण्डमा [अँ ～] विचार गरिराखेको अवस्था हुन्छ)

そこ soko
那里｜거기｜alí｜ahí｜there｜ที่นั่น｜chỗ đó / nơi đó｜diyan｜situ｜त्यहाँ

だいじょうぶです《だいじょうぶな》 daijoobu-desu《daijoobuna》
没事 / 没问题｜괜찮습니다《괜찮은》｜estou bem (bem)｜estoy bien (bien)｜good / fine / okay｜ไม่เป็นไร｜không sao cả｜maayos / mabuti｜tidak apa-apa｜ठिक छ <<ठिक>>

たいへんです《たいへんな》 taihen-desu《taihen'na》
费力 / 辛苦｜힘듭니다《힘든》｜que problema!｜¡qué problema!｜difficult / hard｜ยุ่ง｜vất vả｜mahirap｜berat [untuk pekerjaan / tugas]｜गाह्रो छ <<गाह्रो>>

つかれています《つかれる》 tsukarete-i-masu《tsukareru》
累了｜지쳤습니다《지치다》｜estou cansado (cansado)｜estoy cansado (cansado)｜tired｜เหนื่อย｜mệt / mệt mỏi｜mapagod｜capek｜थाकेको छु <<थकाई>>

て te
手｜손｜mão｜mano｜hand｜มือ｜tay / bàn tay｜kamay｜tangan｜हात

どう doo
怎么 / 怎样 / 如何（例如本课中かぜのとき、どうしますか：感冒的时候，怎么办？）｜어떻게｜o que vai (fazer)?｜¿qué (hace)?｜how｜อย่างไร｜như thế nào｜paano｜bagaimana｜के

ないぞう naizoo
内脏｜내장｜órgãos internos｜órganos｜internal organs｜เครื่องใน｜nội tạng｜laman-loob｜organ dalam tubuh｜आन्तरिक अंगहरू

ねます《ねる》 ne-masu《neru》
睡｜잡니다《자다》｜dormir｜dormir｜sleep｜นอน｜ngủ｜matulog (tulog)｜tidur｜सुत्छु <<सुत्नु>>

ねむいです《ねむい》 nemui-desu《nemui》
困｜졸립니다《졸리다》｜sonolento｜soñoliento｜sleepy｜ง่วงนอน｜buồn ngủ｜inaantok (antok)｜ngantuk｜निन्द्रा लाग्यो <<निन्द्रा लाग्यो>>

のど nodo
咽喉 | 목 | garganta | garganta | throat | คอ | cổ họng | lalamunan | tenggorokan | घाँटी (तिर्खाले घाँटी सुकेको)

のとき notoki
～的时候 | ～때 | quando | cuando | when ～ | ตอน ～ | khi/lúc | tuwing (may sipon) | pada waktu / di saat | को बेला

のみます《のむ》 nomi-masu《nomu》
喝 | 마십니다《마시다》| tomar (um remédio) | tomar (una medicina) | take (medicine) | ดื่ม | uống | uminom (inom) | minum | पिउँछु <<पिउनु>>

は ha
牙齿 | 이 | dentes | dientes | teeth | ฟัน | răng | ngipin | gigi | दाँत

はい hai
是 | 예 / 네 | sim | sí | yes | ครับ/ค่ะ | vâng/phải | Oo/Opo | ya | हो / हजुर

はい（肺）hai
肺 | 폐 | pulmões | pulmones | lungs | ปอด | phổi | baga | paru-paru | फोक्सो

はな（鼻）hana
鼻子 | 코 | nariz | nariz | nose | จมูก | mũi | ilong | hidung | नाक

ひざ hiza
膝盖 | 무릎 | joelho | rodilla | knee | เข่า | đầu gối | tuhod | lutut | घुँडा

ひじ hiji
胳膊肘 | 팔꿈치 | cotovelo | codo | elbow | ศอก | cùi chỏ/khuỷu tay | siko | sikut | कुहिनो

みみ mimi
耳朵 | 귀 | orelha | oreja | ear | หู | tai | tainga | telinga | कान

むね mune
胸 | 가슴 | peito | pecho | chest | หน้าอก | ngực | dibdib | dada | छाती

め me
眼睛 | 눈 | olho | ojo | eye | ตา | mắt | mata | mata | आँखा

ゆび yubi
手指 / 脚趾 | 손가락/발가락 | dedo | dedo | finger | นิ้ว | ngón tay/ngón chân | daliri | jari | औंला

わたし watashi
我 | 저 / 나 | eu | yo | I | ฉัน/ผม | tôi | ako | saya | म

わるいです《わるい》 warui-desu《warui》
不好/坏 | 나쁩니다《나쁘다》| ruim | malo | bad | ไม่ดี | xấu/tệ (chỉ tình trạng không tốt) | masama/hindi mabuti | tidak bagus, ada masalah | कमजोर छ <<कमजोर>>

Column 04

病院で使うオノマトペ

トピック9は、体調についておしゃべりをします。これをきっかけに外国人参加者が自分の体について説明できるようになればいいなと考えています。今すでに困っている問題があれば、病院の話に展開することもあると思います。お勧めの病院やそこで必要な手続きなどを紹介しましょう。基本的なことばはテキストに出てきますが、病院で説明するにはまだまだ表現が足りません。例えば、オノマトペなどは体調を説明するのに重要な働きをします。

「ガンガン、キリキリ、ジンジン、ズキズキ、チクチク」こういった言葉は、体のどの部位といっしょに使いますか？「頭or胃が痛いときは？」「傷口が腫れているときは？」「虫歯は？」「背中に髪の毛が入ったら？」などなど、外国人参加者と一緒におしゃべりしてみてください。日本語能力が非常に高い方でも、オノマトペは苦手な人が多いです。

医療×「やさしい日本語」研究会のウェブサイトには、病院で使うオノマトペ一覧に多言語訳をつけて公開しています。教室でぜひご活用ください。

オノマトペシート
https://easy-japanese.info/onomatopoeia

10 わたしのうち

おしゃべりの流れ

今住んでいる部屋や家、その周りの環境などについておしゃべりしましょう。

①トップページ（52–53ページ）

52ページのイラストを使いながら、自分の部屋や家について説明し合いましょう。「どんな家ですか？」よいところ、悪いところを伝え合いましょう。53ページは様々な公共施設がイラストに登場します。「近くにありますか？」「（そこまで行くのに）時間はどれくらいかかりますか？」と確認し合いましょう。

②やってみましょう！・おしゃべりしましょう！（54–55ページ）

対照的なアパートが2つ登場します。まずは両方の条件を確認しましょう。間取り、お風呂、外観、家賃、駅からの距離など、何を重視しますか？そして、どちらのアパートがいいか、その理由は何か、話し合いましょう。また、55ページの会話例を見ながら、近くに欲しいお店を話し合いましょう。そのとき、イラストも参考にしてください。

隠れ文法

➡中心となる文法（述部）

A　イ形容詞／ナ形容詞／～たいです　非過去形

「広いです／遠いです／明るいです／便利です」のように、自分の部屋や家について紹介し合いましょう。また、「住みたいです／欲しいです」を使って、理想の住居や近くに欲しいものなども話し合いましょう。

B　名詞＋です／動詞の非過去形

「駅まで10分です」「スーパーがあります」のように、うちの近くにある場所を紹介したり、そこまでの所要時間を説明したりしましょう。

➡その他（助詞など）

トップページ

✦ ～から～まで

時間・空間に関して、はじまりとおわりを設定する文法項目です。必ずしもセットで使う必要はありません。本トピックでは、単独の使用も出てきます。「駅から遠いです」「うちから駅まで」のように、うちや周りにある場所について話し合いましょう。

✦ に（「したじき」での表記「に②」）

「に②」は存在場所を表す用法です。「近くにスーパーがあります」のように、うちの近所にあるものを話しましょう。

やってみましょう！

- ～より～のほうが

比較するときの文法項目です。必ずしもセットで使う必要はありません。本トピックでは「こっちのほうがいいです」のように単独で出てきます。

- 指示詞：こっち／そっち

2つのアパートを比較しながら、「こっちがいい」「そっちがいい」などと話し合いましょう。

- どうしてですか？　～ですから

『これだけ1』では「どうしてですか？」をひとかたまりの文法項目として出します。なぜそのアパートを選んだのか、理由をお互いに聞いてみましょう。

その日のおしゃべりの内容に合わせて自由に記入しましょう。ローマ字で記入してもかまいません。

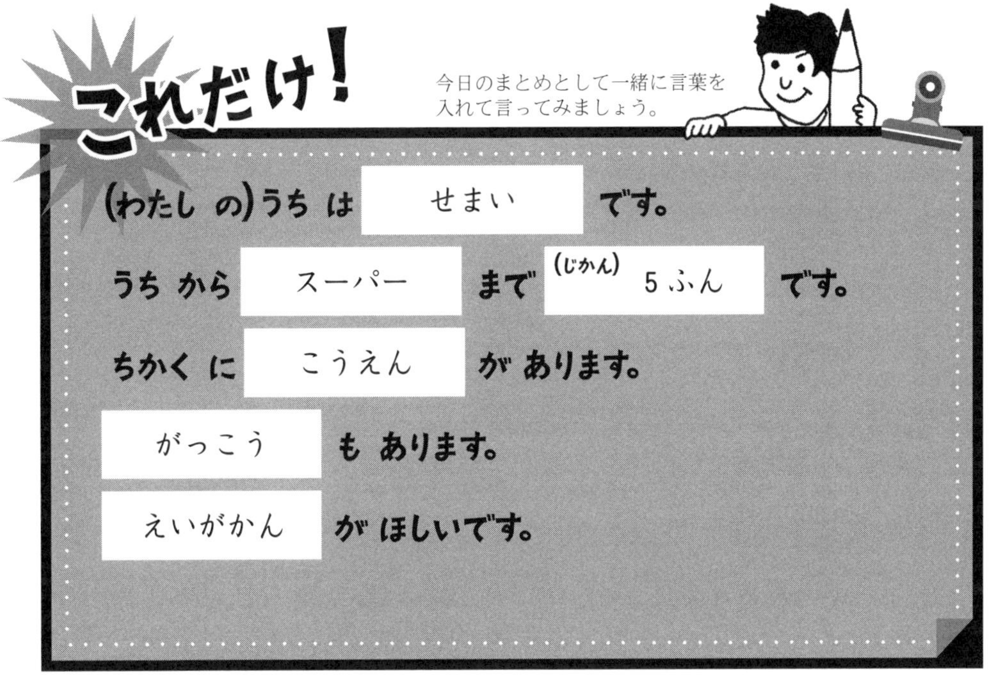

これだけ！
今日のまとめとして一緒に言葉を入れて言ってみましょう。
（わたしの）うち は せまい です。
うち から スーパー まで （じかん） 5ふん です。
ちかく に こうえん が あります。
がっこう も あります。
えいがかん が ほしいです。

中｜韓｜ポルトガル｜スペイン｜英｜タイ｜ベトナム｜タガログ｜インドネシア｜ネパール

あかるいです《あかるい》 akarui-desu《akarui》
亮｜밝습니다《밝다》｜claro / iluminado｜claro / luminoso｜bright｜สว่าง｜sáng / sáng sủa｜maaliwalas｜terang｜उज्यालो छ <<उज्यालो>>

あたらしいです《あたらしい》 atarashii-desu《atarashii》
新｜새롭습니다《새롭다》｜novo｜nuevo｜new｜ใหม่｜mới｜bago｜baru｜नयाँ छ <<नयाँ>>

アパート apaato
公寓（多指木制的）｜아파트｜apartamento｜apartamento｜apartment｜อพาร์ทเม้นท์｜căn hộ｜apartment｜apartemen di Jepang｜अपार्टमेन्ट

あります《ある》 ari-masu《aru》
有 / 在（表示非动物的存在）｜있습니다《있다》(물건의 존재)｜ter｜haber｜there is (a supermarket in the neighborhood)｜มี｜có (đồ vật)｜mayroong (supermarket na malapit)｜ada (untuk menyatakan keberadaan benda selain manusia dan binatang)｜छ <<छ>>

いいです《いい》 ii-desu《ii》
好｜좋습니다《좋다》｜é melhor (melhor)｜es mejor (mejor)｜nice｜ดี｜tốt / được｜mabuti｜bagus｜ठिक छ <<ठिक>>

うち uchi
家｜집｜minha casa｜mi casa｜home｜บ้าน｜nhà｜bahay｜rumah｜घर

えいがかん eegakan
电影院｜영화관｜cinema｜cine｜movie theatre / cinema｜โรงภาพยนตร์｜rạp chiếu phim｜sinehan｜bioskop｜सिनेमा हल

えき eki
车站｜역｜estação｜estación｜station｜สถานีรถไฟ｜nhà ga / ga｜sakayan ng tren｜stasiun｜स्टेशन

がっこう gakkoo
学校｜학교｜escola｜escuela｜school｜โรงเรียน｜trường học｜paaralan｜sekolah｜विद्यालय (स्कूल)

くらいです《くらい》 kurai-desu《kurai》
暗｜어둡습니다《어둡다》｜escuro｜oscuro｜around (amount of money)｜มืด｜tối / tối tăm｜madilim｜gelap｜अँध्यारो छ <<अँध्यारो>>

こうえん kooen
公园｜공원｜parque｜parque｜park｜สวนสาธารณะ｜công viên｜parke｜taman｜पार्क

こっち kocchi
这边｜이쪽｜este｜este｜here｜ที่นี่｜đằng này / hướng này｜dito｜(yang) ini｜यता (यस)

コンビニ kombini
便利店｜편의점｜loja de conveniência｜tienda de conveniencia｜convenience store｜ร้านสะดวกซื้อ｜cửa hàng tiện lợi｜Konbiniyentong tindahan｜toko kelontong / mini market [buka 24 jam]｜कन्भिनियेन्त स्टोर

じかん jikan
时间｜시간｜hora｜hora｜time｜เวลา｜thời gian｜oras｜waktu｜घण्टा (समय)

スーパー suupaa
超市｜슈퍼｜supermercado｜supermercado｜supermarket｜ซูเปอร์มาร์เก็ต｜siêu thị｜supermarket｜supermarket｜सुपरमार्केट

すみます《すむ》 sumi-masu《sumu》
住｜삽니다《살다》｜morar｜vivir｜live｜อาศัยอยู่｜sinh sống/ở｜manirahan｜tinggal｜बस्छु <<बस्छु> >(घर, ठेगाना)

せまいです《せまい》 semai-desu《semai》
狭窄｜좁습니다《좁다》｜pequeno / estreito｜pequeño / estrecho｜small｜แคบ｜chật hẹp｜masikip｜sempit｜साँगुरो छ <<साँगुरो>>

ちかいです《ちかい》 chikai-desu《chikai》	近｜가깝습니다《가깝다》｜ perto｜cerca｜near / close｜ ใกล้｜gần｜malapit｜dekat｜ नजिक छ <<नजिक>>
ちゅうしゃじょう chuushajoo	停车场｜주차장｜estacionamento｜ aparcamiento｜parking lot｜ ที่จอดรถ｜bãi đậu xe｜ paradahan｜tempat parkir｜ पार्किङ
どうして dooshite	为什么｜어째서｜por que?｜ ¿por qué?｜why｜ทำไม｜ tại sao｜Bakit?｜mengapa｜ किन
とおいです《とおい》 tooi-desu《tooi》	远｜멉니다《멀다》｜ longe｜lejos｜far away｜ ไกล｜xa｜malayo｜jauh｜ टाढा छ <<टाढा>>
どっち docchi	哪边｜어느 쪽｜qual?｜ ¿cuál?｜which｜ที่ไหน｜ bên nào / cái nào / hướng nào｜ Alin?｜yang mana｜ कुन चाहिं
なに nani	什么｜무엇｜o que?｜¿qué?｜ what｜อะไร｜gì｜Ano?｜apa｜ के
のほうが nohooga	相比较时使用。如；比起台湾，东京更冷。たいわんより、とうきょうのほうがさむい。｜～의 쪽이｜ é melhor｜es mejor｜ (this one is better) than (the other)｜ (อันนี้) ～ กว่า｜hơn｜ mas mabuti (ito)｜(yang ini) lebih｜ चाहिं (यो भन्दा त्यो चाहिं हुन्छ)
はい hai	是｜예 / 네｜sim｜sí｜yes｜ ครับ/ค่ะ｜vâng / phải｜Oo｜ya｜ हो / हजुर
パンや pan'ya	面包店｜빵집｜padaria｜ panadería｜bakery｜ ร้านขายขนมปัง｜tiệm bánh mì｜ panaderya｜toko roti｜ बेकरी
びょういん byooin	医院｜병원｜hospital｜hospital｜ hospital｜โรงพยาบาล｜bệnh viện｜ ospital｜rumah sakit｜ अस्पताल
ひろいです《ひろい》 hiroi-desu《hiroi》	宽敞｜넓습니다《넓다》｜ espaçoso｜ancho｜spacious｜ กว้าง｜rộng / rộng rãi｜ malaki / malawak｜luas｜ फराकिलो छ <<फराकिलो>>
ふるいです《ふるい》 furui-desu《furui》	旧｜오래되었습니다《오래되다》｜ velho / antigo｜viejo｜old｜ เก่า｜cũ｜luma｜tua｜ पुरानो छ <<पुरानो>>
べんりです《べんりな》 benri-desu《benrina》	方便｜편리합니다《편리한》｜ conveniente｜conveniente｜ convenient｜สะดวก｜tiện lợi｜ maginhawa｜praktis｜ सुविधाजनक छ <<सुविधाजनक>>
ほしいです《ほしい》 hoshii-desu《hoshii》	想要｜갖고 싶습니다《갖고 싶다》｜ querer｜querer｜want｜อยากได้｜ muốn có｜naisin/gusto｜ingin｜ चाहन्छु <<चाहनु >>
ほんや hon'ya	书店｜서점｜livraria｜librería｜ bookshop｜ร้านขายหนังสือ｜ nhà sách, tiệm sách｜ tindahan ng libro｜toko buku｜ किताब पसल
やちん yachin	房租 / 房费｜집세｜aluguel｜ alquiler｜rent｜ค่าเช่าห้อง｜ tiền thuê nhà｜upa｜uang sewa｜ कोठा भाडा

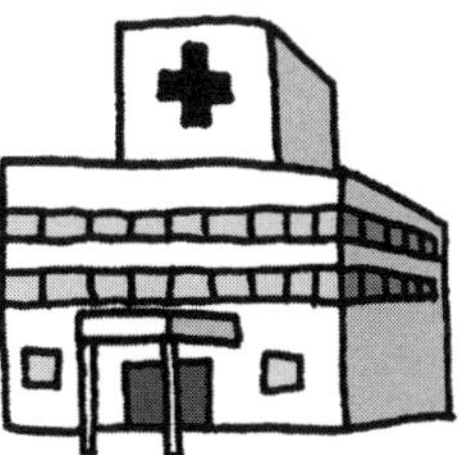

子どもがいつもお世話になっています

11 なんばいのむことができますか？

おしゃべりの流れ

本トピックは、飲みものがテーマです。お酒、コーヒー、お茶……どんな飲みものを飲みながら、どんなことをしますか？　習慣を紹介し合いましょう。

①トップページ（56–57ページ）
56ページのイラストはお酒です。「飲みますか？」「（飲むなら）どれですか？」などと伝え合いましょう。57ページ上段にはソフトドリンクもあります。どこで誰と飲むかも、イラストを見ながら、話し合いましょう。1人でコーヒーを飲む、家族と紅茶を飲む、恋人とワインを飲む、など習慣があれば紹介し合いましょう。

②やってみましょう！（58ページ）
ここではお互いの好きなお酒について話し、それを何杯くらい飲めるか、お互いの限界を伝え合いましょう。お酒が飲めない場合は、コーヒー、紅茶、お茶など好きな飲みものを挙げて、何杯飲むことができるか聞いてみましょう。その際、下段にあるイラストを指差しながら、数え方を確認してみましょう。

③おしゃべりしましょう！（59ページ）
飲酒習慣は国によって違います。外国人参加者の国ではどんなお酒を飲むか、聞いてみましょう。飲まない人には、お酒を飲む友達の話を聞いたり、国で人気がある飲みものを聞いてみましょう。また、飲酒の際のおつまみについても聞いてみましょう。何も食べないかもしれません。日本のおつまみの定番、焼き鳥と枝豆をイラストで載せてあります。

隠れ文法

➡中心となる文法（述部）

A　動詞の非過去形／のむことができます
「飲みます」「食べます」を使って、お酒やおつまみについて紹介しましょう（お酒が飲めない場合はソフトドリンク）。また、「飲むことができます」を使って、酒量について話しましょう。「飲むことができます」の「ことができます」は『これだけ1』の対象外なので、文法項目としては扱わず、ひとかたまりの語彙として扱います。

B　ナ形容詞の非過去形
「好きです」「嫌いです」を使って、飲みものの好み、おつまみの好み、について話しましょう。

➡その他（助詞など）

トップページ
・が（「したじき」での表記「が②」）
「これがすきです」の例において、「これ」はイ・ナ形容詞の目的語を表しています。助詞に気をつけながら、好きなものを伝えあいましょう。

＋で（「したじき」での表記「で①」）
「で①」は動作の場所を表す用法です。「うちで飲みます」のようにお酒をよく飲む場所について話しましょう。

＋と（「したじき」での表記「と①」）
「と①」は、動作に同伴する人を表す用法です。「家族と飲みます」のようにお酒や飲みものを飲むときの同伴者を話しましょう。

やってみましょう！
＋で（「したじき」での表記「で③」）
「で③」は、範囲を表す「で」の用法です。「お酒でなにが好きですか？」のように、「お酒」というカテゴリーの中で何が好きかという話をしましょう。

＋いちばん
「いちばん好きです」のように、好みの飲みものを話しましょう。

＋助数詞：はい
コップやジョッキ、グラスに入った飲みものを数えるときに「はい」を使います。この助数詞は、前に来る数字によって発音が「ぱい」「はい」「ばい」と変化するので習得は大変です。うまく発音できないときは無理に言わせなくてもいいです。

これだけ（記入例）

その日のおしゃべりの内容に合わせて自由に記入しましょう。ローマ字で記入してもかまいません。

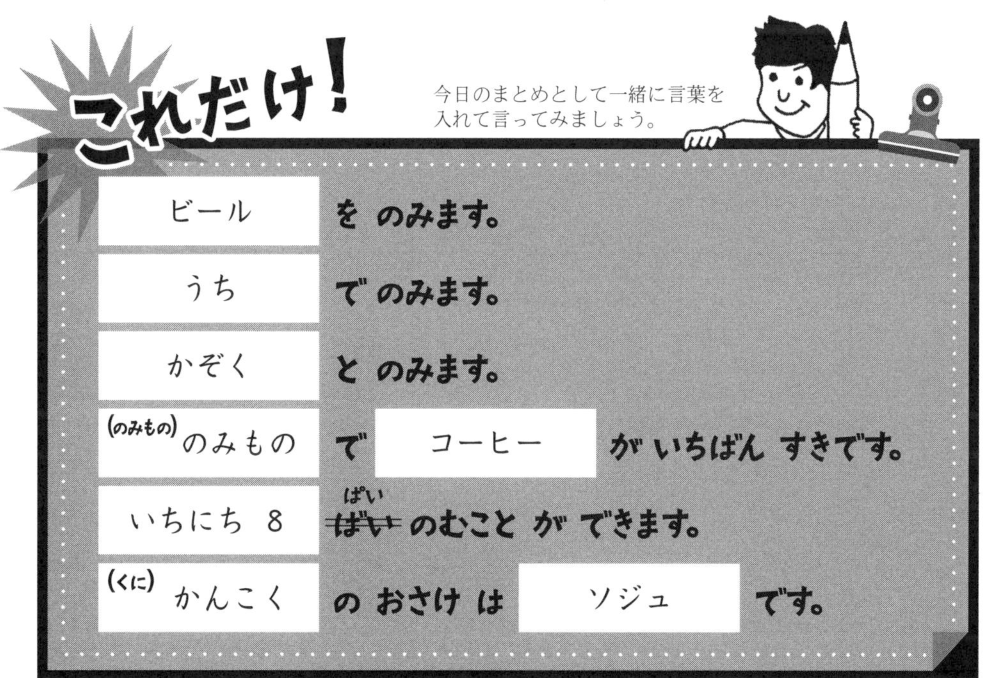

これだけ！
今日のまとめとして一緒に言葉を
入れて言ってみましょう。
ビール を のみます。
うち で のみます。
かぞく と のみます。
(のみもの) のみもの で コーヒー が いちばん すきです。
いちにち 8 ぱい ばい のむこと が できます。
(くに) かんこく の おさけ は ソジュ です。

★1 「のむことができます」という可能を表す文法は『これだけ2』の文法項目なので、のちほど改めて扱います。本トピックではタイトルワードとして翻訳が付いていますので、例外的に語彙として使っています。

語彙表

中 | 韓 | ポルトガル | スペイン | 英 | タイ | ベトナム | タガログ | インドネシア | ネパール

いいえ iie
不 | 아뇨 | não | no | no | ไม่ | không | Hindi | tidak | अहँ

いざかや izakaya
居酒屋 | 일본식술집 | bar japonês | taberna japonesa | Japanese style pub | ร้านเหล้า | quán nhậu | taberna | restoran kedai minum | इजाखाया (रेस्टुरेन्ट)

いちばん ichiban
最 | 가장 | o mais | el mas | the most | อันดับหนึ่ง/(ชอบ)ที่สุด | nhất | pinaka(gusto) | paling | सबैभन्दा

いっしょ issho
一起 | 같이 | juntos | juntos | together | ด้วยกัน | cùng nhau | magkasama | bersama | संगै

ウイスキー uisukii
威士忌 | 위스키 | whisky | whisky | whisky | วิสกี้ | rượu Whisky | whiskey | wiski | व्हिस्की

うち uchi
家 | 집 | minha casa | mi casa | home | บ้าน | nhà | bahay | rumah | घर

えだまめ edamame
毛豆 | 완두콩 | edamame (soja verde) | frijoles de soyas verdes | boiled green soybeans | ถั่วแระ | đậu edamame/ đậu nành Nhật | berdeng patani | kacang edamame | हरियो भट्मास

おさけ o-sake
酒 | 술 | bebida alcoólica | bebida alcohólica | alcoholic beverage | เหล้า | rượu sa kê | alak | minuman alkohol | रक्सी

かいしゃ kaisha
公司 | 회사 | empresa | empresa | company | บริษัท | công ty | kompanya | kantor | अफिस

カクテル kakuteru
鸡尾酒 | 칵테일 | coquetel | cóctel | cocktail | ค็อกเทล | rượu cốc-tai | cocktail | minuman koktail | ककटेल

かぞく kazoku
家人 | 가족 | família | familia | family | ครอบครัว | gia đình | pamilya | keluarga | परिवार

かのじょ kanojo
女朋友 | 여자친구 | namorada | novia | girlfriend | แฟน (หญิง) | cô ấy/bạn gái | nobya | pacar [wanita] | प्रेमिका

かれし kareshi
男朋友 | 남자친구 | namorado | novio | boyfriend | แฟน (ชาย) | bạn trai | nobyo | pacar [laki-laki] | प्रेमी

かんぱい kampai
干杯 | 건배 | saúde | salud | toast | ชนแก้ว | cạn chén/nâng cốc | tagay | tos (ucapan saat bersulang) | चियर्स

こうちゃ koocha
红茶 | 홍차 | chá preto | té negro | black tea | ชาฝรั่ง | trà/hồng trà | itim na tsaa | teh merah | कालो चिया

コーヒー koohii
咖啡 | 커피 | café | café | coffee | กาแฟ | cà phê | kape | kopi | कफि

これ kore
这个 | 이것 | este | esto | this | อันนี้ | cái này | ito | ini | यो

ジュース juusu
果汁 | 주스 | suco | jugo | juice | น้ำผลไม้ | nước trái cây/nước hoa quả | juice | jus | जुस

しょうちゅう shoochuu
烧酒（日本的白酒）| 소주 | shochu | shochu | shochu (a distilled spirit) | เหล้าโชจู | rượu shochu | destiladang alak | shochu [jenis minuman keras Jepang] | स्योउच्यू (जापानिज रक्सी)

すきです《すきな》 suki-desu《sukina》
喜欢 | 좋아합니다《좋아하는》| gostar | gustar | like | ชอบ | thích | gusto | suka | मन पर्छ <<मन पर्नु>>

ソフトドリンク sofutodorinku
不含酒精的饮料 | 음료수 | bebida não alcoólica | bebida no alcohólica | soft drink | เครื่องดื่มที่ไม่ใส่แอลกอฮอล์ | nước ngọt/đồ uống nhẹ | softdrink | minuman ringan [minuman tidak beralkohol] | सफ्ट ड्रिंक्स (जुस)

たべます《たべる》 tabe-masu《taberu》
吃 | 먹습니다《먹다》| comer | comer | eat | กิน/รับประทาน | ăn | kumain (kain) | makan | खान्छु <<खानु>>

だれ dare
谁 | 누구 | quem? | ¿quién? | who | ใคร | ai | Sino? | siapa | को

ちゅうか chuuka
中式料理 / 中餐 | 중화 | comida chinesa | comida china | Chinese | อาหารจีน | món Tàu / Trung Hoa | lutong Intsik | masakan China | चाइनिज खाना

ちゅうごく chuugoku
中国 | 중국 | China | China | China | จีน | Trung Quốc | Tsina | China | चीन

チューハイ chuuhai
碳爽果冰酒 | 츄하이 (술의 일종) | chuhai | chuhai | diluted fruit soda spirits | เหล้าชูไฮ | rượu shochu pha loãng | cocktail na may halong shoochuu | chuhai (jenis minuman keras Jepang, bersoda) | च्यूहाई (जापानिज सोडा भएको रक्सी)

どこ doko
哪里 | 어디 | onde? | ¿dónde? | where | ที่ไหน | đâu / ở đâu | Saan? | (di) mana | कहाँ

ともだち tomodachi
朋友 | 친구 | amigo(a) | amigo(a) | friends | เพื่อน | bạn bè | kaibigan | teman | साथी

どれ dore
哪个 | 어느 것 | qual? | ¿cuál? | which | อันไหน | cái nào | Alin? | yang mana | कुन

なに nani
什么 | 무엇 | o que? | ¿qué? | what | อะไร | gì / cái gì | Ano? | apa | के

なんばい nambai
几杯 | 몇 잔 | quantos copos? | ¿cuántas copas? | how many glasses / cups (of drinks) | กี่แก้ว | mấy ly | Ilang baso? | berapa gelas | कति गिलास

にほんしゅ nihonshu
日本酒 / 清酒 | 청주 | sake | sake | sake (Japanese alcohol) | เหล้าสาเก | rượu Nhật | alak na gawa sa bigas | sake Jepang | निहोनस्यु (जापानिज रक्सी)

のみます《のむ》 nomi-masu《nomu》
喝 | 마십니다《마시다》 | beber / tomar | tomar | drink | ดื่ม | uống | uminom (inom) | minum | पिउँछु <<पिउनु>>

のむことができます《のむことができる》 nomu-koto-ga deki-masu《nomu-koto-ga dekiru》
能喝 | 마실 수 있습니다 | Pode beber | Puede beber | can drink | ดื่มได้ | Có thể uống | Pwede uminom | Bisa minum | पिउन सक्छ

はい hai
杯（量词，指“几杯”） | 잔 | sim | sí | yes | ครับ/ค่ะ | vâng / phải | Oo / Opo | ya | हो / हजुर

バイジュウ baijuu
白酒 | 바이주 (중국술) | vinho chinês | vino chino | Baijiu / Chinese white liquor | เหล้าขาวจีน | rượu baiju (của Trung Quốc) | alak ng Tsina | baiju [minuman keras China] | बाईज्यु (चाइनिज रक्सी)

ビール biiru
啤酒 | 맥주 | cerveja | cerveza | beer | เบียร์ | bia | beer | bir | बियर

ひと hito
人 | 사람 | pessoa | persona | people | คน | người | tao | orang | मानिस / मान्छे

ひとりで hitoride
独自 | 혼자 | sozinho | solo | alone | คนเดียว | một mình | mag-isa | sendiri / seorang diri | एक्लै

ブランデー burandee
白兰地 | 브랜디 | brandy | brandy | brandy | บรั่นดี | rượi Brandi | brandy | brendi | ब्राण्डी

やきとり yakitori
烤鸡肉串 | 닭꼬치 | yakitori | yakitori | grilled chicken skewers | ไก่ย่างสไตล์ญี่ปุ่น | thịt gà nướng | pira-pirasong inihaw na manok | yakitori [sate ayam Jepang] | याकितोरी (जापानिज खाना)

レストラン resutoran
西餐厅 | 레스토랑 | restaurante | restaurante | restaurant | ร้านอาหาร | nhà hàng | karinderya | restoran | रेस्टुरेन्ट

ワイン wain
葡萄酒 | 와인 | vinho | vino | wine | ไวน์ | rượu vang | bino | wine | वाइन्

12 わたしのたいせつなひと[*1]

おしゃべりの流れ

家族、友人などの大切な人を紹介し合いましょう。

①トップページ（60–63ページ）
家族について紹介し合いましょう。「何人ですか？」「兄弟はいますか？」「年齢は？」などと聞いてみましょう。その際、60ページ下段のイラストを指差しながら、数え方を確認しましょう。すでに結婚している人の場合、60ページ中段のイラストを、まだ結婚していない人の場合は、61ページのイラストを使いましょう。
62、63ページは少し踏み込んで、家族について詳しく紹介してみましょう。62ページの上段は、外見を伝えるためのイラストが、下段には特技を伝えるためのイラストがあります。どんな外見で、特技はなんですか？　伝え合いましょう。63ページになると、顔の特徴を伝えるためのイラストも加わります。お互いの家族がどんな顔をしているのか教え合いましょう。

②やってみましょう！（64ページ）
友達、恋人、ペットなど、家族以外の大切な人をここで話題にしましょう。写真があれば写真を見ながら、なければイラストを書いて伝え合いましょう。62、63ページで使った言葉をここでもう一度使って、大切な人の詳しい紹介をしてみましょう。

③おしゃべりしましょう！（65ページ）
ここではもう一度家族の話題に戻ります。携帯電話の中などに写真があれば、それを見ながらおしゃべりしましょう。なければイラストを書いてもいいですね。「お仕事は？」「どこに住んでいますか？」「特徴は？」いろんな情報を伝え合いましょう。このページはトップページの内容と連続しているので、63ページの次に続けてやってもかまいません。

隠れ文法

➡中心となる文法（述部）

A　名詞＋です
「4人です」「妻と息子です」「5歳です」のように家族構成や年齢について話しましょう。

B　イ形容詞／ナ形容詞の非過去形
「かっこいいです」「かわいいです」「目が大きいです」「じょうずです」のように家族の紹介をしましょう。「太っています、やせています」の文法項目「ています」は『これだけ1』では対象外ですが、ひとかたまりの一語としてここでは使いましょう。

➡その他（助詞など）

トップページ
・と（「したじき」での表記「と②」）
「と②」は複数の名詞を併記するときの用法です。「妻と息子と娘」のように、いろいろなものを並べて家族構成について話しましょう。

◆ 助数詞：にん
人を数えるときに使います。「ひとり、ふたり」のように「1、2」のときだけ読み方が変わります。

◆ は（「したじき」での表記「は②」）
「息子はサッカーがじょうずです」「妹は目か大きいです」のように、「は」と「が」が同じ文の中で使われることがあります。「〔人〕は＋〔カラオケ、サッカー、運転、料理〕が＋じょうずです」や「〔人〕は＋〔体の部位〕が～」という構造で、家族について紹介し合ってください。

やってみましょう！
◆ は（「したじき」での表記「は②」）
左と同じです。「友達は髪が短いです」のように紹介しましょう。

おしゃべりしましょう！
◆ に（「したじき」での表記「に②」）
「に②」というのは、存在場所を表す「に」のことです。家族がどこにいるのか話し合いましょう。「～に住んでいます」の「ています」という文法項目は『これだけ1』の対象外です。「住んでいます」というひとかたまりで語彙として扱います。

その日のおしゃべりの内容に合わせて自由に記入しましょう。ローマ字で記入してもかまいません。

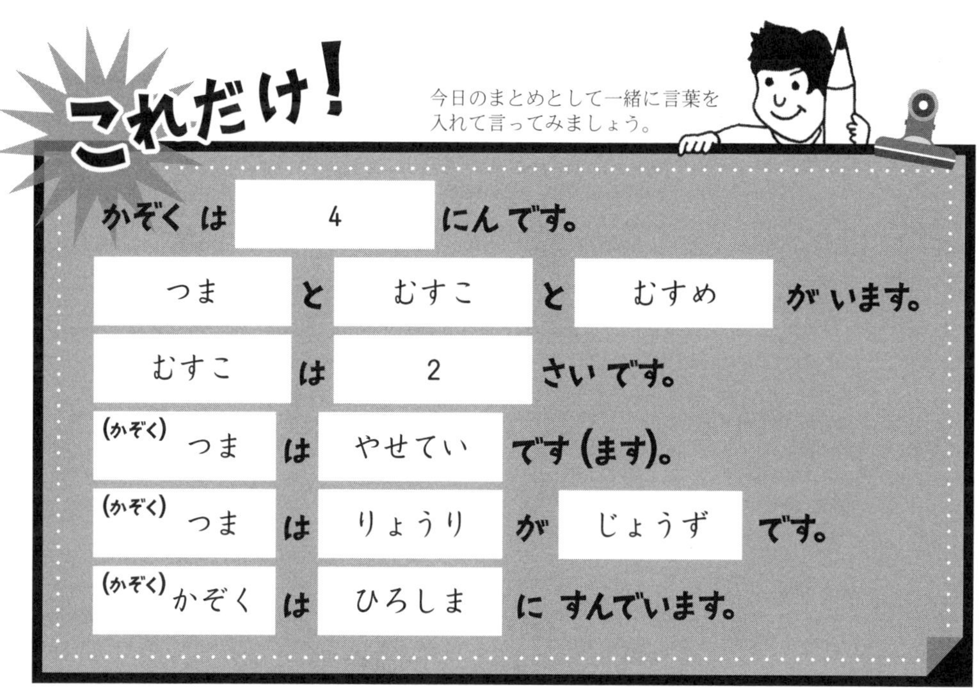

これだけ！
今日のまとめとして一緒に言葉を入れて言ってみましょう。
かぞく は 4 にん です。
つま と むすこ と むすめ が います。
むすこ は 2 さい です。
(かぞく) つま は やせてい です（ます）。
(かぞく) つま は りょうり が じょうず です。
(かぞく) かぞく は ひろしま に すんでいます。

★1 「たいせつなひと」というナ形容詞が名詞を修飾する形は、『これだけ2』の文法項目なので、のちほど改めて扱います。本トピックではタイトルワードとして翻訳が付いていますので、例外的に使っています。

語彙表

中｜韓｜ポルトガル｜スペイン｜英｜タイ｜ベトナム｜タガログ｜インドネシア｜ネパール

います《いる》
i-masu《iru》
有 / 在（表示人或动物的存在）| 있습니다《있다》(사람이나 동물의 존재) | ter (familiares) | tener (familia) | have | มี | có (người, động vật) | mayroong (pamilya) | ada [untuk menyatakan keberadaan manusia dan binatang] | छन् <<छु>>

いもうと imooto
妹妹 | 여동생 | irmã mais nova | hermana menor | younger sister | น้องสาว | em gái | nakababatang kapatid na babae | adik perempuan | बहिनी

うんてん unten
开车 / 驾驶 | 운전 | dirigir | conducir | drive | การขับรถ | lái xe | pagmamaneho | menyetir / mengemudi | गाडी चलाउने

おおきいです《おおきい》
ookii-desu《ookii》
大 | 큽니다《크다》| grande | grande | big | (ตา)โต | to / lớn | malaki | besar | ठूलो छ <<ठूलो>>

おかあさん
o-kaasan
母亲 | 어머니 | mãe | madre | mother | คุณแม่ | mẹ / má | nanay | ibu | आमा

おくに o-kuni
国家（敬语，指对方国家）| 나라 (경어. 상대방의 나라를 가리킴) | (o seu) país (de origem) | (su) país (de origen) | (your) country [honorific] | ประเทศ | đất nước (nói theo kiểu lịch sự) | bansa (mo) | negara [bentuk sopan] | देश

おじいさん
o-jiisan
爷爷 / 姥爷 | 할아버지 | avô | abuelo | grandfather | คุณปู่/คุณตา | ông (nội, ngoại) | lolo | kakek | हजुरबुवा

おしごと
o-shigoto
工作（敬语，指对方工作）| 일 / 직업 (경어. 상대방의 직업을 가리킴) | (o seu) trabalho | (su) trabajo | work | อาชีพ(ของสามีคุณ) | công việc (cách nói lịch sự) | trabaho (mo) | pekerjaan | काम

おっと（ごしゅじん）
otto (goshujin)
丈夫 | 남편 | marido | esposo | husband | สามี | chồng | asawa (lalaki) | suami (suami orang lain) | श्रीमान्

おとうさん
o-toosan
父亲 | 아버지 | pai | padre | father | คุณพ่อ | cha / bố / ba | tatay | ayah | बुवा

おとうと otooto
弟弟 | 남동생 | irmão mais novo | hermano menor | younger brother | น้องชาย | em trai | nakababatang kapatid na lalaki | adik laki-laki | भाई

おにいさん
o-niisan
哥哥 | 형 / 오빠 | irmão mais velho | hermano mayor | elder brother | พี่ชาย | anh trai | kuya | kakak laki-laki | दाई

おねえさん
o-neesan
姐姐 | 누나 / 언니 | irmã mais velha | hermana mayor | elder sister | พี่สาว | chị gái | ate | kakak perempuan | दिदी

おばあさん
o-baasan
奶奶 / 姥姥 | 할머니 | avó | abuela | grandmother | คุณย่า/คุณยาย | bà (nội, ngoại) | lola | nenek | हजुरआमा

かお kao
脸 | 얼굴 | rosto | cara | face | หน้า | mặt / khuôn mặt | mukha | muka | अनुहार

かぞく kazoku
家人 | 가족 | família | familia | family | ครอบครัว | gia đình | pamilya | keluarga | परिवार

かっこいいです《かっこいい》
kakkoii-desu《kakkoii》
帅 | 멋집니다《멋지다》| bonito / cool | guapo | smart | รูปหล่อ | đẹp / hấp dẫn (chỉ ngoại hình) | pogi / gwapo | ganteng / rupawan / keren | राम्रो छ (ह्यन्सम) <<राम्रो>>

かのじょ kanojo 女朋友 | 여자친구 | namorada | novia | girlfriend | แฟน (หญิง) | cô ấy / bạn gái | nobya / girlfriend | pacar [perempuan] | प्रेमिका

かみ（髪）kami 头发 | 머리카락 | cabelo | cabello | hair | ผม | tóc | buhok | rambut | कपाल

カラオケ karaoke 卡拉OK | 노래방 | karaokê | karaoke | karaoke | คาราโอเกะ | karaoke | karaoke | karaoke | काराओके

かれし kareshi 男朋友 | 남자친구 | namorado | novio | boyfriend | แฟน (ชาย) | bạn trai | nobyo / boyfriend | pacar [laki-laki] | प्रेमी

かわいいです《かわいい》kawaii-desu《kawaii》 可爱 | 귀엽습니다《귀엽다》| fofo (a) | bonita | cute | น่ารัก | dễ thương / xinh | cute | lucu / manis / menggemaskan | दाजुभाइ / दिदीबहिनी

きょうだい kyoodai 兄弟 / 姐妹 | 형제 / 자매 | irmãos | hermanos | siblings | พี่น้อง | anh chị em | kapatid | saudara kandung | राम्री / सुन्दर छ <<राम्री / सुन्दर>>

きれいです《きれいな》kiree-desu《kireena》 漂亮 | 아름답습니다《아름다운》| linda | guapa | beautiful | สวย | đẹp | maganda | cantik | राम्री/सुन्दर छ

くち kuchi 嘴 | 입 | boca | boca | mouth | ปาก | miệng / mồm | bibig | mulut | मुख (खाने मुख)

くに kuni 国 | 나라 | país | país | country | ประเทศ | đất nước | bansa | negara | देश

こども kodomo 孩子 | 아이 | criança | niño | child(ren) | ลูก | con cái / trẻ con / con nít | bata | anak | बच्चा

これ kore 这个 | 이것 | este | esto | this | อันนี้ | cái này | ito | ini | यो

サッカー sakkaa 足球 | 축구 | futebol | fútbol | soccer | ฟุตบอล | bóng đá | putbol | sepak bola | फुटबल

サラリーマン sarariiman 工薪人员（主要指男性）| 회사원 | funcionário | empleado | corporate employee | พนักงานกินเงินเดือน | nhân viên công ty | empleyado | pegawai perusahaan | कर्मचारी

しごと shigoto 工作 | 일 / 직업 | trabalho | trabajo | work | งาน | công việc | trabaho | pekerjaan | काम

じょうずです《じょうずな》joozu-desu《joozuna》 (某种技术) 好 | 잘합니다《잘하는》| bom / habilidoso | bueno / habilidoso | good (at cooking) | เก่ง | giỏi / khéo | mahusay | pandai | सिपालु छ <<सिपालु>>

すきです《すきな》suki-desu《sukina》 喜欢 | 좋아합니다《좋아하는》| gostar | gustar | like | ชอบ | thích | gusto | suka | मन पर्छ <<मन पर्नु>>

すんでいます《すむ》sunde-i-masu《sumu》 住 | 살고 있습니다《살다》| morar | vivir | live | อาศัยอยู่ | đang sinh sống / ở | nakatira | tinggal | बस्छु (घर, ठेगाना) <<बस्नु>>

せ se 身高 | 키 | altura | altura | back | ส่วนสูง | dáng | tangkad | tinggi badan | उचाई

たかいです《たかい》takai-desu《takai》 高 | 높다 | alto | alto | tall | สูง | cao | mataas | tinggi | अग्लो <<अग्लो>>

だれ dare 谁 | 누구 | quem? | ¿quién? | who | ใคร | ai | Sino? | siapa | को

ちいさいです《ちいさい》chiisai-desu《chiisai》 小 | 작습니다《작다》| pequeno | pequeño | small | เล็ก | nhỏ / bé | maliit | kecil | सानो छ<<सानो>>

ちゅうごく
chuugoku

中国 | 중국 | China | China | China | จีน | Trung Quốc | Tsina | China | चीन

つま (おくさん)
tsuma (okusan)

妻子 | 아내 | esposa | esposa | wife | ภรรยา | vợ | asawa (babae) | istri (istri orang lain) | श्रीमती

どこ doko

哪里 | 어디 | onde? | ¿dónde? | where | ที่ไหน | đâu/ở đâu/chỗ nào | Saan? | (di) mana | कहाँ

ともだち
tomodachi

朋友 | 친구 | amigo(a) | amigo(a) | friends | เพื่อน | bạn bè | kaibigan | teman | साथी

ながいです
《ながい》
nagai-desu
《nagai》

长 | 깁니다《길다》| comprido | largo | long | ยาว | dài | mahaba | panjang | लामो छ <<लामो>>

なんさい nansai

几岁 | 몇 살 | quantos anos? | ¿cuántos años? | how old | อายุเท่าไร | mấy tuổi | Ilang taon? | berapa tahun [umurnya] | कति वर्ष (उमेर)

なんにん
nan'nin

几个人 | 몇 명 | quantas pessoas? | ¿cuántas personas? | how many people | กี่คน | mấy người | ilang katao | berapa orang | कति जना

はな (鼻) hana

鼻子 | 코 | nariz | nariz | nose | จมูก | mũi | ilong | hidung | नाक

ひくいです
《ひくい》
hikui-desu
《hikui》

矮 | (키가) 작습니다《작다》| baixo | bajo | short (in height) | (ตัว) เตี้ย | thấp | maliit/mababa | rendah/pendek | होचो छ <<होचो>>

ひげ hige

胡子 | 수염 | bigode | bigote | beard | หนวด | râu | bigote | jenggot | दाह्रीजुँगा

ひとり hitori

一个人 | 한 사람 | uma pessoa | una persona | one person | หนึ่งคน | một người | mag-isa | satu orang | एकजना

ふとっています
《ふとる》
futotte-i-masu
《futoru》

胖 | 살쪘습니다《살찌다》| gordo | gordo | fat/overweight | อ้วน | mập/béo | mataba | gemuk | मोटो छ <<मोटाउनु>>

ペット petto

宠物 | 애완동물 | animal de estimação | mascota | pet | สัตว์เลี้ยง | vật nuôi/thú nuôi | alagang hayop | binatang peliharaan | घरपालुवा जनावर

みじかいです
《みじかい》
mijikai-desu
《mijikai》

短 | 짧습니다《짧다》| curto | corto | short | สั้น | ngắn | maikli | pendek | छोटो छ <<छोटो>>

みみ mimi

耳朵 | 귀 | orelha | oreja | ear | หู | tai | tenga | hidung | कान

むすこ musuko

儿子 | 아들 | filho | hijo | son | ลูกชาย | con trai | anak na lalaki | anak laki-laki | छोरा

むすめ musume

女儿 | 딸 | filha | hija | daughter | ลูกสาว | con gái | anak na babae | anak perempuan | छोरी

め me

眼 | 눈 | olho | ojo | eye | ตา | mắt | mata | mata | आँखा

やせています
《やせる》
yasete-i-masu
《yaseru》

瘦 | 날씬합니다《날씬하다》| magro | delgado | thin | ผอม | gầy/ốm | payat | kurus | दुब्लो छ <<दुब्लाउनु>>

りょうり ryoori

饭菜 | 요리 | culinária/comida | cocina/comida | cooking | อาหาร | món ăn/đồ ăn | pagluluto | memasak | खाना

わたし watashi

我 | 저/나 | eu | yo | I | ฉัน/ผม | tôi | ako | saya | म

つまは カラオケが じょうずです。

Column **05**

国語教育と日本語教育

トピック12では、家族のことを伝えるための単語がたくさん出てきます。「かわいいです／かっこいいです」といったイ形容詞、「きれいです／じょうずです」といったナ形容詞を各種使って、家族のことを話してください。このイ形容詞・ナ形容詞という用語は、日本語教育で使われていますが、国語の授業では形容詞・形容動詞と言います。形容動詞は、現代日本語において動詞っぽいふるまいはまったくありません。ですから、この名前で呼ぶと学習者が混乱してしまう可能性があります。そういう経緯で、ナ形容詞となっています。連体修飾のとき「きれいⓝ人」となるからナ形容詞です。イ形容詞は「かわいⓘ人」から命名されています。どちらも形をシンプルに伝えています。

ところが、イ形容詞・ナ形容詞という名前は、連体修飾にしないと命名の理由がわかりません。学習者は形容詞が2種類もあるという点で少し引っかかる方もいますが、さらに名前の由来が意味不明で困るようです。「かわいいです」「きれいです」は、ともに「イ＋です」となっているのです。また、述部だけで見ると「息子です／息子じゃないです」（名詞）と「きれいです／きれいじゃないです」（ナ形容詞）のように、名詞とナ形容詞は同じなのです。これらの問題は『これだけ2』で連体修飾を使うまで解決できません。どうしても気になる学習者がいる場合は、『これだけ2』の「したじき」を見せて、連体修飾（名詞の前に来るとき）の形を理解してもらいましょう。

イ形容詞	ナ形容詞	名詞
かわいいです	きれいです	（これは）息子です
かわいくないです	きれいじゃないです	息子じゃないです
かわいい人	きれいな人	息子の友人

13 テレビばんぐみ

おしゃべりの流れ

テレビ、映画、スポーツ観戦などについておしゃべりしましょう。

①トップページ（66-67ページ）
相手がテレビを見るかどうかを確認した後、どんな番組を見るか質問し合いましょう。テレビを見ない場合、映画、スポーツ観戦、音楽のライブなど、イラストを頼りにいろんな趣味を聞いてみましょう。また、自分の国にいたときは見ていたかどうか、聞いてみるのもいいですね。「いつ見ますか？」「毎日？」「誰と？」67ページにある会話やイラストを基に、話を広げましょう。

②やってみましょう！（68ページ）
ここでは、テーマをスポーツに絞って話し合います。人気があるスポーツは何ですか？　日本の2003年のデータが下段にあります。外国人参加者の出身国ではどうか聞いてみましょう。ベスト3を教えてもらったら、会話例に合わせて、スポーツの人気ランキングを説明し合いましょう。

③おしゃべりしましょう！（69ページ）
ここではテーマをアニメに絞ります。子どものときに見たアニメの話を紹介し合いましょう。「どこの国のアニメですか？」「おもしろかったですか？」「今も人気がありますか？」などと質問してみましょう。お互いにそのアニメの絵を描いてみると盛り上がりますよ。

隠れ文法

➡中心となる文法（述部）

A　動詞（みます／みました／にんきがあります）
「見ます／見ました」を使って、よく見るテレビ、かつてよく見たテレビなどを話し合いましょう。「毎日／いつも」などの頻度副詞も一緒に使いましょう。また、「人気があります」を使って、日本や相手の国で人気がある番組についても話し合いましょう。

B　ナ形容詞の非過去形
「好きです」「嫌いです」を使って、テレビ番組の好みを話しましょう。

➡その他（助詞など）

トップページ
・～から～まで
時間・空間に関して、はじまりとおわりを設定する文法項目です。本トピックでは「7時から9時まで」のようにセットで出てきます。テレビを見る時間帯についておしゃべりしましょう。

・で（「したじき」での表記「で③」）
範囲を表す「で③」は、「日本のテレビで何が好きですか？」のように「日本のテレビ」というカテゴリーの中で何が好きかを伝えるときに使います。

＊が（「したじき」での表記「が②」）
「うたばんぐみがすきです」の例において、「うたばんぐみ」は、イ・ナ形容詞の目的語を表しています（本書コラム「国語教育と日本語教育」p.61 参照）。

＊に（「したじき」での表記「に①」）
「に①」は、時間を表す用法です。「8時に見ます」のように、時間を表す文法項目につけます。「日曜日、月曜日」などにはつけてもいいですが、「今日、明日、毎朝」などにはつけられません。話すときに注意してください。

＊と（「したじき」での表記「と①」）
「と①」は、動作に同伴する人を表す用法です。「家族と見ます」のように、テレビを一緒に見る相手を紹介しましょう。1人で見るときは、「ひとりで」と「で」がつくことに注意してください。

やってみましょう！

＊いちばん
「いちばん人気があります」のように、最も人気があるスポーツについて話し合いましょう。

＊～より～のほうが
比較するときの文法項目です。必ずしもセットで使う必要はありません。「野球よりサッカーのほうが～」のように、比較して自分の国のことを紹介しましょう。

おしゃべりしましょう！

＊～のとき
時間を表す文法項目です。『これだけ1』では、動詞や形容詞が名詞を修飾する形を扱いません。ですから、「～とき」という文法項目は基本的に「名詞（子ども）＋のとき」という形だけ提示しています。小さいときによく見たアニメの話で盛り上げてください。

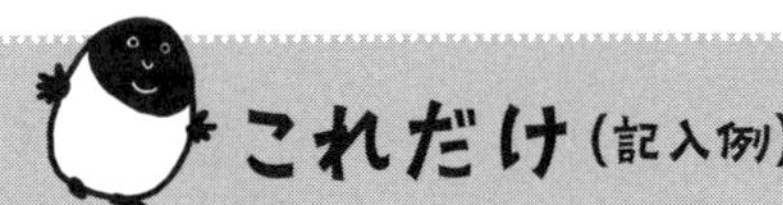

その日のおしゃべりの内容に合わせて自由に記入しましょう。ローマ字で記入してもかまいません。

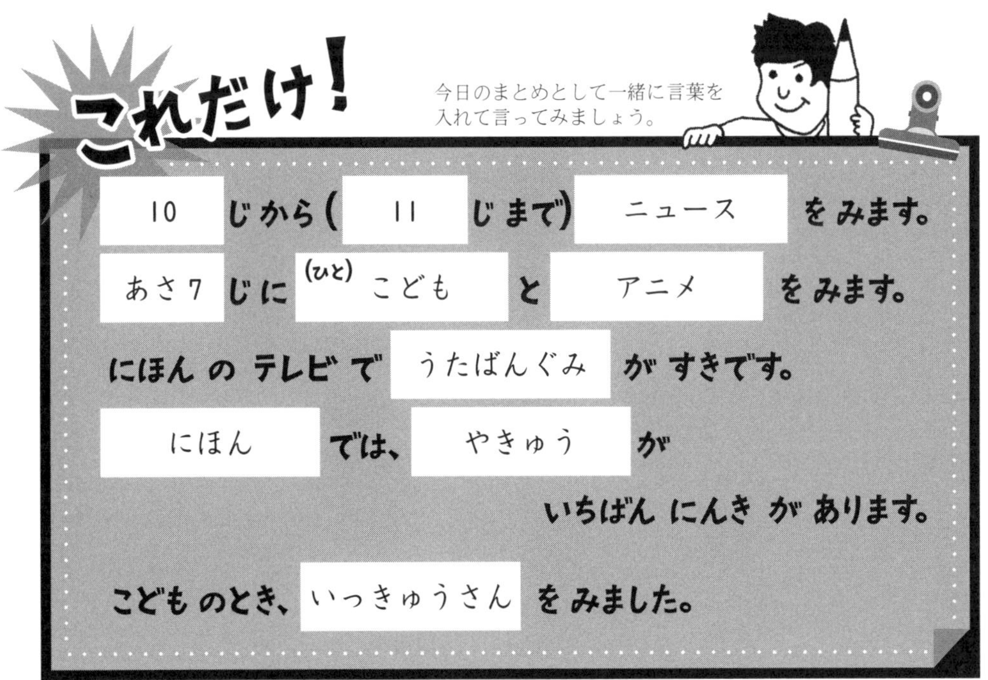

これだけ！
今日のまとめとして一緒に言葉を入れて言ってみましょう。
10 じから（ 11 じまで） ニュース をみます。
あさ7 じに （ひと） こども と アニメ をみます。
にほん の テレビ で うたばんぐみ が すきです。
にほん では、 やきゅう が
いちばん にんき が あります。
こども のとき、 いっきゅうさん をみました。

中 | 韓 | ポルトガル | スペイン | 英 | タイ | ベトナム | タガログ | インドネシア | ネパール

アニメ anime	动漫 | 애니메이션 | desenho animado | anime | animation | อนิเมะ/การ์ตูนอนิเมชั่นญี่ปุ่น | phim hoạt hình | kartun | anime / animasi khas Jepang | कार्टुन
アメリカ amerika	美国 | 미국 | Estados Unidos | Estados Unidos | The United States / The U.S. | อเมริกา | nước Mỹ | Amerika | Amerika | अमेरिका
あります《ある》 ari-masu《aru》	有 / 在（表示非动物的存在）| 있습니다《있다》(물건의 존재) | ter (popularidade) | tener (popularidad) | be (popular) | เป็นที่ (นิยม) | có (đồ vật) | mayroon (popularidad) | ada [untuk menyatakan keberadaan benda selain manusia dan binatang] | छ <<छ>>
いいえ iie	不 | 아니요 | não | no | no | ไม่ | không | Hindi | tidak | अहँ
いちばん ichiban	最 | 가장 | o mais | el mas | the most | ที่สุด | nhất | pinaka (popular) | paling | सबैभन्दा
うたばんぐみ utabangumi	歌曲节目 | 가요 프로그램 | programa de música | programa de música | music program | รายการเพลง | chương trình ca nhạc | Programa ng kantahan | acara lagu-lagu | गीत संगीत कार्यक्रम
えいが eega	电影 | 영화 | filme | película | movie | ภาพยนตร์ | phim ảnh | sine | film | सिनेमा
おかあさん o-kaasan	母亲 | 어머니 | mãe | madre | mother | คุณแม่ | mẹ / má | nanay | ibu | आमा
おくに o-kuni	国家（敬语，指对方国家）| 나라（경어. 상대방의 나라를 가리킴）| (o seu) país (de origem) | (su) país (de origen) | (your) country [honorific] | ประเทศ | đất nước (nói theo kiểu lịch sự) | bansa (mo) | negara [bentuk sopan] | देश
おっと（ごしゅじん） otto (goshujin)	丈夫 | 남편 | marido | esposo | husband | สามี | chồng | asawa (lalaki) | suami (suami orang lain) | श्रीमान् (लोग्न)
かぞく kazoku	家人 | 가족 | família | familia | family | ครอบครัว | gia đình | pamilya | keluarga | परिवार
くに kuni	国 | 나라 | país | país | country | ประเทศ | đất nước | bansa | negara | देश
こいびと koibito	恋人 | 연인 | namorado(a) | novios | lover | แฟน | người yêu | kasintahan | pacar / kekasih | प्रेमी
こども kodomo	孩子 | 아이 | criança | niño | child(ren) | ลูก | con cái / trẻ con / con nít | kabataan | anak | बच्चा
サッカー sakkaa	足球 | 축구 | futebol | fútbol | soccer | ฟุตบอล | bóng đá | putbol | sepak bola | फुटबल
すきです《すきな》 suki-desu《sukina》	喜欢 | 좋아합니다《좋아하는》| gostar | gustar | like | ชอบ | thích | gusto | suka | मन पर्छ <<मन पर्नु>>
スポーツばんぐみ supootsubangumi	体育节目 | 스포츠 프로그램 | programa de esportes | programa de deportes | sports program | รายการกีฬา | chương trình thể thao | Programa ng palaro | acara olah raga | खेलकुद कार्यक्रम
すもう sumoo	相扑 | 스모 | sumo | sumo | sumo (Japanese traditional wrestling) | ซูโม่ | môn võ Sumo của Nhật | sumo | Sumo | सुमो (जापानीज कुस्ती खेल)
それ sore	那个 | 그것 | esse | eso | that | สิ่งนั้น | đó / cái đó | iyan | itu | त्यो

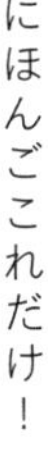

たっきゅう takkyuu
乒乓球 | 탁구 | tênis de mesa | tenis de mesa | table-tennis | ปิงปอง | bóng bàn | ping-pong | tenis meja / pingpong | टेबलटेनिस

テレビ terebi
电视 | 텔레비전 | televisão | televisor | television | โทรทัศน์ | ti vi | telebisyon | televisi | टेलिभिजन (टिभी)

てんきよほう tenkiyohoo
天气预报 | 일기예보 | previsão do tempo | pronóstico del tiempo | weather forecast | พยากรณ์อากาศ | dự báo thời tiết | ulat-panahon | prakiraan cuaca | मौसमी विवरण

ときどき tokidoki
有时 | 가끔 | às vezes | a veces | sometimes | บางที | đôi khi / thỉnh thoảng | paminsan-misan | kadang-kadang | कहिले काहीं

なに nani
什么 | 무엇 | o que? | ¿qué? | what | อะไร | gì / cái gì | Ano? | apa | के

にほん nihon
日本 | 일본 | Japão | Japón | Japan | ญี่ปุ่น | Nhật Bản | bansang Hapon | Jepang | जापान

ニュース nyuusu
新闻 | 뉴스 | noticiário | noticia | news program | ข่าว | tin tức | balita | berita | समाचार

にんき ninki
人气 | 인기 | popular | popular | popularity | ความนิยม | được yêu thích / ưa chuộng | kilala / popular | popularitas | लोकप्रिय

のとき notoki
~的时候 | ~때 | quando | cuando | when ~ | เมื่อ ~ | khi / lúc | noong (bata ako) | pada waktu / di saat | बेलामा

のほうが nohooga
相比较时使用。如；比起台湾，东京更冷。たいわんより、とうきょうのほうがさむい。 | ~의 쪽이 | mais (popular) que... | más (popular) que... | (soccer is) more (popular) than (baseball) | (อันนี้) ~ กว่า | hơn | mas (popular ang soccer) sa (baseball) | (yang ini) lebih | चाहिं (यो भन्दा त्यो चाहिं लोकप्रिय छ)

はい hai
是 | 예 / 네 | sim | sí | yes | ครับ/ค่ะ | vâng / phải | Oo / Opo | ya | हो / हजुर

バスケ basuke
篮球 | 농구 | basquetebol | baloncesto | basketball | บาสเกตบอล | bóng rổ | basketball | bola basket | बास्केटबल

ひとりで hitoride
独自 | 혼자 | sozinho | solo | alone | คนเดียว | một mình | mag-isa | sendiri / seorang diri | एक्लै

まいあさ maiasa
每天早上 | 매일 아침 | todas as manhãs | todas las mañanas | every morning | ทุกเช้า | mỗi sáng | tuwing umaga | setiap pagi | प्रत्येक बिहान

まいしゅう maishuu
每个星期 | 매주 | todas as semanas | todas las semanas | every week | ทุกสัปดาห์ | mỗi tuần | linggo-linggo | setiap minggu | प्रत्येक हप्ता

まいばん maiban
每天晚上 | 매일 밤 | todas as noites | todas las noches | every night | ทุกคืน | mỗi tối | gabi-gabi | setiap malam | प्रत्येक बेलुका

みます《みる》 mi-masu《miru》
看 | 봅니다《보다》 | assistir / ver | ver | watch | ดู | xem / nhìn | manood | melihat / menonton | हेर्छु <<हेर्नु>>

やきゅう yakyuu
棒球 | 야구 | beisebol | béisbol | baseball | เบสบอล | bóng chày | baseball | bisbol | बेसबल

りょうりばんぐみ ryooribangumi
烹饪节目 | 요리 프로그램 | programa de culinária | programa de cocina | cooking show | รายการทำอาหาร | chương trình nấu ăn | programang pagluluto | acara masak-masak | खाना पकाउने कार्यक्रम

わたし watashi
我 | 저 / 나 | eu | yo | I | ฉัน,ผม | tôi | ako | saya | म

14 それ、いいですね！

おしゃべりの流れ

お互いの持ちものに注目しておしゃべりしましょう。

①トップページ（70–71ページ）
71ページのイラストは褒めるポイントです。参考にしながら、相手のものや自分のものを指して、褒めてみましょう。70ページ上段、中段のイラストにいろんな褒め言葉があるので、それらを使ってみましょう。またそのとき、下段の指示詞のイラストも参考にしてください。褒めたら、「いつ（買いましたか）？」「どこで？」「高かったですか？」など、聞いてみましょう。

②やってみましょう！（72ページ）
ここのテーマは車とファッションです。3つの車、3つの服から、好きなものを伝え合いましょう。「どうして（選んだ理由）？」「同じようなものを持っている？」などと聞いてみましょう。カタログなどがあれば、見ながらやると盛り上がりますよ。

③おしゃべりしましょう！（73ページ）
イラストにある‘にほんのうち’‘にほんのたべもの’をテーマに、いいところと悪いところを両方出す形で感想を言い合いましょう。その他‘スーパー’‘レストラン’‘私のうち’‘我が家の料理’などなど、お互いの興味に合わせて、どんどんテーマを広げていってください。悪いところは少なめにして、いいところをなるべく広げることが楽しむポイントです。

隠れ文法

➡中心となる文法（述部）

A　イ形容詞／ナ形容詞の非過去形
「いいですね」「かわいいですね」「大きいですね」「きれいですね」などを使いながら、相手の持ちものを褒めましょう。また、日本の食べものなどについて、いい点とよくない点を挙げる活動にも使いましょう。

B　名詞＋です
「車ですね」「バッグですね」のように名詞を使って、相手の持ちものやカタログ、雑誌にあるものを日本語でどう言うか確認しましょう。

➡その他（助詞など）

トップページ
・指示詞：これ／それ
相手の持ちものをほめる際には「それ」、自分の持ちものを説明する際には「これ」と、使い分けを示しながら、お互いの持ちものについて話しましょう。

・ね
「いいですね」のように、お互いが共感できるであろうという予測があるときに使ってください。「服ですね」「バッグですね」のように、ものの名前を一度確認したいときにも使えます。

✦ で（「したじき」での表記「で①」）

「で①」は動作の場所を表す用法です。「日本で買いました」のように、買った場所がどこかを説明してください。

やってみましょう！

✦ は（「したじき」での表記「は②」）

「わたしはこれが欲しいです」「わたしはこれが好きです」のように、「は」と「が」が同じ文の中で使われることがあります。本トピックでは「わたしはこれが欲しいです／好きです」という形で、自分の好みを語りましょう。

✦ たぶん

「たぶん、日本の車です」のように、不確定な内容を話すときに「たぶん」を使って話しましょう。『これだけ1』では「と思う／らしい／ようだ」のような推量を表す文末形式がありません。ですから「たぶん」をつけることで推量であることを伝えます。

その日のおしゃべりの内容に合わせて自由に記入しましょう。ローマ字で記入してもかまいません。

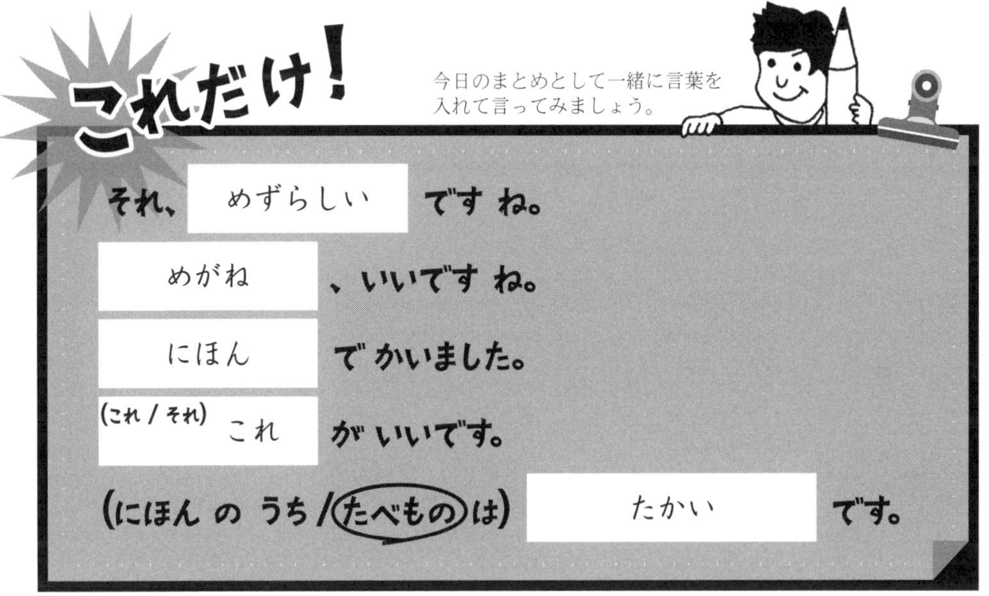

これだけ！
今日のまとめとして一緒に言葉を
入れて言ってみましょう。
それ、めずらしい ですね。
めがね 、いいですね。
にほん でかいました。
（これ／それ） これ がいいです。
（にほん の うち／たべもの は） たかい です。

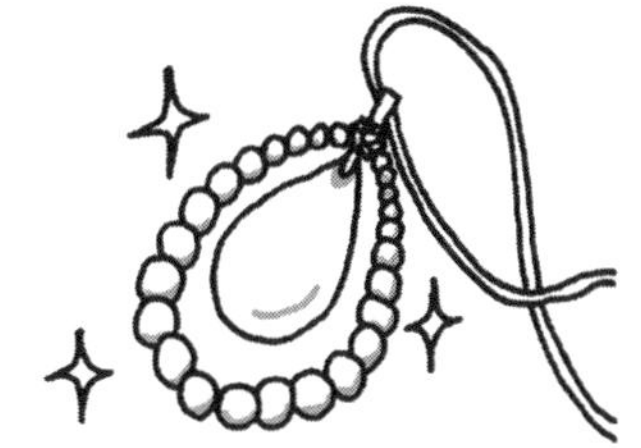

中｜韓｜ポルトガル｜スペイン｜英｜タイ｜ベトナム｜タガログ｜インドネシア｜ネパール

ありがとう（ございます） arigatoo (gozaimasu)
谢谢｜고마워(고맙습니다)｜obrigado (a)｜gracias｜thank you very much｜ขอบคุณ｜xin cảm ơn｜(Maraming) salamat｜terima kasih (Arigatougozaimasu lebih sopan)｜धन्यवाद

あれ are
那个｜저것｜aquilo / aquele｜aquél｜that｜อันโน้น｜kia / cái kia｜iyon｜itu｜त्यो / ऊ त्यो

いいです《いい》 ii-desu《ii》
好｜좋습니다《좋다》｜bom / legal｜bueno｜nice｜ดี｜tốt / được｜mabuti / OK｜bagus/oke｜राम्रो छ (ठिक) <<राम्रो (ठिक)>>

うち uchi
家（本课指房子）｜집｜minha casa｜mi casa｜home｜บ้าน｜nhà｜tahanan｜rumah｜घर

おいしいです《おいしい》 oishii-desu《oishii》
好吃 / 好喝｜맛있습니다《맛있다》｜gostoso｜rico｜delicious｜อร่อย｜ngon｜masarap｜enak｜मिठो छ <<मिठो>>

おもしろいです《おもしろい》 omoshiroi-desu《omoshiroi》
有趣｜재미있습니다《재미있다》｜divertido / interessante｜divertido / interesante｜interesting｜สนุก/ตลกดี｜thú vị / hấp dẫn / hay｜nakakatawa / nakakaaliw｜menarik / lucu｜रमाइलो छ <<रमाइलो>>

かいます《かう》 kai-masu《kau》
买｜삽니다《사다》｜comprar｜comprar｜buy｜ซื้อ｜mua｜bumili (bili)｜membeli｜किन्छु <<किन्नु>>

かっこいいです《かっこいい》 kakkoii-desu《kakkoii》
帅｜멋집니다《멋지다》｜bonito / cool｜guapo｜cool｜เท่｜đẹp, hấp dẫn (chỉ ngoại hình) / đẹp trai｜Pogi / gwapo｜keren｜राम्रो छ (शानदार) <<राम्रो (शानदार)>>

かわいいです《かわいい》 kawaii-desu《kawaii》
可爱｜귀엽습니다《귀엽다》｜fofo (a)｜bonita｜cute｜น่ารัก｜dễ thương/xinh｜cute｜manis / lucu｜राम्री छ (हिसी परेको) <<राम्री (हिसी परेको)>>

きれいです《きれいな》 kiree-desu《kireena》
干净 / 漂亮｜예쁩니다《예쁜》｜bonito (a)｜hermoso｜beautiful｜สวย｜đẹp (sạch)｜maganda｜bersih｜राम्रो छ <<राम्रो>>

くつ kutsu
鞋｜신발｜sapatos｜zapatos｜shoes｜รองเท้า｜giày｜sapatos｜sepatu｜जुत्ता

くるま kuruma
车｜차（자동차）｜carro｜carro｜car / vehicle｜รถยนต์｜xe hơi｜sasakyan｜mobil｜गाडी (मोटर)

これ kore
这个｜이것｜este/isto｜esto｜this｜อันนี้｜cái này｜ito｜ini｜यो

シャツ shatsu
衬衣 / 衬衫｜셔츠｜camisa｜camisa｜shirts｜เสื้อเชิ้ต｜áo sơ mi｜kamiseta｜baju kemeja｜कमिज

スカーフ sukaafu
围巾｜스카프｜cachecol｜pañuelo de cuello｜scarf｜ผ้าพันคอ｜khăn quàng cổ｜bandana｜skarf｜स्काफ

せまいです《せまい》 semai-desu《semai》
窄｜좁습니다《좁다》｜pequeno / estreito｜pequeño / estrecho｜narrow｜แคบ｜hẹp / chật hẹp｜masikip｜sempit｜साँगुरो छ <<साँगुरो>>

そうです soo desu
是的｜그렇습니다｜bom｜bueno｜that's right｜ใช่แล้ว (เป็นอย่างนั้น)｜đúng vậy｜Oo nga｜ya begitu｜अँ (पछाडी ねसंग जोडिएर आएको खण्डमा [अँ ～] विचार गरिराखेको अवस्था हुन्छ)

それ sore
那个｜그것｜esse / sso｜eso｜that｜อันนั้น｜đó / cái đó｜iyan｜itu｜त्यो

たかいです《たかい》 takai-desu《takai》
贵｜비쌉니다《비싸다》｜caro｜caro｜expensive｜แพง｜mắc / đắt｜mahal｜mahal｜महँगो छ <<महँगो>>

たぶん tabun
大概 | 아마 | talvez | tal vez | maybe | คงจะ | có lẽ | baka | mungkin | शायद

たべもの tabemono
食品 | 음식 | comida | comida | food | ของกิน | món ăn / đồ ăn | pagkain | makanan | खानेकुरा

デパート depaato
百货商店 | 백화점 | shopping center | almacenes | department store | ห้างสรรพสินค้า | cửa hàng bách hóa | department store | departemen store | डिपार्टमेन्ट स्टोर

とけい tokee
表 / 钟 | 시계 | relógio | reloj | watch | นาฬิกา | đồng hồ | relos | jam | घडी

どこ doko
哪里 | 어디 | onde? | ¿dónde? | where | ที่ไหน | đâu / chỗ nào | Saan? | (di) mana | कहाँ

とても totemo
非常 | 매우 | muito | muy | very | ~มาก | rất | napaka(cute) | sangat / ～ sekali | एकदम

どれ dore
哪个 | 어느 것 | qual? | ¿cuál? | which | อันไหน | cái nào | alin | yang mana | कुन

なつ natsu
夏天 | 여름 | verão | verano | summer | ฤดูร้อน | mùa hè | tag-init | musim panas | गर्मी महिना

にほん nihon
日本 | 일본 | Japão | Japón | Japan | ญี่ปุ่น | Nhật Bản | bansang Hapon | Jepang | जापान

バッグ baggu
（妇女用）手提包 | 가방 | bolsa | bolso | bag | กระเป๋า | túi xách | bag | tas | झोला

ふく fuku
衣服 | 옷 | roupa | ropa | clothes | เสื้อผ้า | quần áo | damit | baju / pakaian | लुगा

ぼうし booshi
帽子 | 모자 | chapéu | sombrero | hat | หมวก | nón / mũ | sumbrero | topi | टोपी

ほしいです《ほしい》 hoshii-desu《hoshii》
想要 | 갖고 싶습니다《갖고 싶다》 | querer | querer | want | อยากได้ | muốn có | Naisin/kailangan | ingin / mau | चाहन्छु<<चाहनु>>

めがね megane
眼镜 | 안경 | óculos | lentes | glasses | แว่นตา | mắt kính | Salamin sa mata | kaca mata | चस्मा

めずらしいです《めずらしい》 mezurashii-desu《mezurashii》
罕见 | 드뭅니다《드물다》 | raro | raro | rare | แปลกใหม่ | hiếm / ít có | hindi pangkaraniwan | langka | अनौठो, नौलो छ <<अनौठो, नौलो>>

やすいです《やすい》 yasui-desu《yasui》
便宜 | 쌉니다《싸다》 | barato | barato | cheap | ถูก | rẻ | mura | murah | सस्तो छ <<सस्तो>>

わすれます《わすれる》 wasure-masu《wasureru》
忘记 | 잊어버립니다《잊어버리다》 | esquecer | olvidar | forget | ลืม | quên | kalimutan | lupa | बिर्सिन्छ <<बिर्सिनु>>

わたし watashi
我 | 저 / 나 | eu | yo | I | ฉัน/ผม | tôi | ako | saya | म

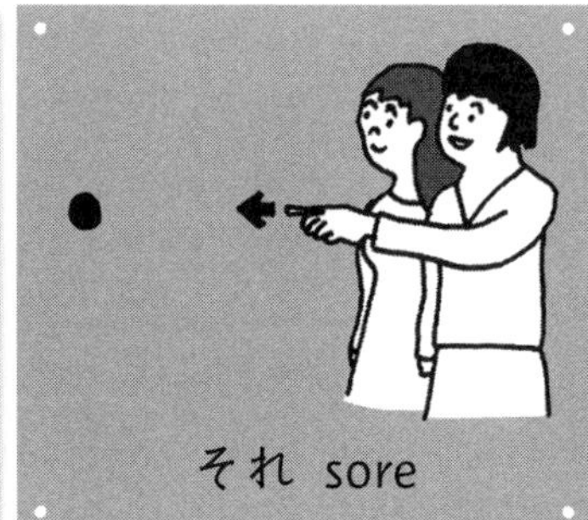

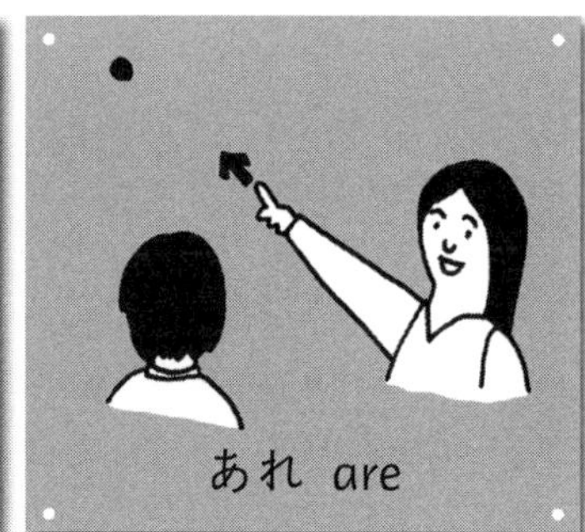

15 かいもの

おしゃべりの流れ

本トピックのテーマは買いものです。よく行くお店やよく買うものについておしゃべりしましょう。

①トップページ（74-75ページ）
74ページのイラスト上段・中段は、お店の種類です。74ページの下段から75ページの上段にかけて、物のイラストがあります。指を差しながら、どこで、何を買うのか、お互いに紹介し合いましょう。75ページ下段のイラストを用いて、誰と買いものに行くのかも話し合ってみましょう。その際、「いつも」「ときどき」のような頻度副詞を一緒に使うと話題は広がります。単に買いものの話で終わるのではなく、お互いの生活習慣（昼型／夜型？毎日買い出し／週末まとめ買い？　近くのコンビニ／遠くのスーパー？）が見えてくるとおもしろいですね。

②やってみましょう！（76ページ）
ここでは2択を基におしゃべりします。①のテーマは、牛乳のような腐りやすいものをまとめ買いするかどうかです。嗜好だけでなく家族構成や経済感覚などが絡んでくる2択です。理由も聞いてみましょう。②はパソコン。高くても移動に便利なものがよいか、移動しにくくても見やすいものがいいか話し合いましょう。他にもいろんなテーマが下段の「おしゃべりのコツ」にあります。

③おしゃべりしましょう！（77ページ）
最近行った買いものについて、「何を買いましたか？」「いつ？」「どこへ行きましたか？」「誰と？」などとおしゃべりしましょう。欲しいものの話題になってもいいですね。このページはトップページの内容と連続しているので、75ページの次に続けてやってもかまいません。

隠れ文法

➡中心となる文法（述部）

A　動詞の非過去形・過去形
「行きます」「買います」などを使って、日頃の買いもの場所や買うものについて話しましょう。また、「行きました」「買いました」などで最近買いものに行ったときの話をしましょう。

B　イ形容詞の非過去形
76ページの「やってみましょう！」の活動で、「高いです」「多いです」「おいしいです」「べんりです」のように物の評価をしながら、自分が買うもの・買いたいものの理由などを話しましょう。

➡その他（助詞など）

トップページ
- に（「したじき」での表記「に③（へ）」）

「に③（へ）」は行き先を表す用法です。「へ」と同じ意味なので括弧の中に入れてあります。「100円ショップに（へ）行きます」のように、よく行く場所を話しましょう。

＊ で（「したじき」での表記「で①」）

「で①」は動作の場所を表す用法です。「ドラッグストアで食べものを買います」のようによく行く買いもの場所について話しましょう。

＊ と（「したじき」での表記「と①」）

「と①」は、動作に同伴する人を表す用法です。「家族と行きます」のように、買いものに同伴する人について話をしましょう。

やってみましょう！

＊ どうしてですか？　～ですから

『これだけ1』では「どうしてですか？」をひとかたまりの文法項目として使います。選択肢の中から自分が選んだものの理由をお互いに聞いてみましょう。

おしゃべりしましょう！

＊ に（「したじき」での表記「に①」）

「に①」は、時間を表す用法です。「金曜日に行きました」のように、買いものに行った日を話しましょう。「日曜日、月曜日」などにはつけてもいいですが、「昨日」などにはつけられません。話すときに注意してください。

＊ と（「したじき」での表記「と②」）

「と②」は複数の名詞を併記するときの用法です。「服と靴」のように、複数の買いものをしたときは、これを使って相手に伝えましょう。

＊ なにも～ないです

『これだけ1』では、この形でひとかたまりとして示します。何も買わなかったなら、「何も買いませんでした」のように話しましょう。

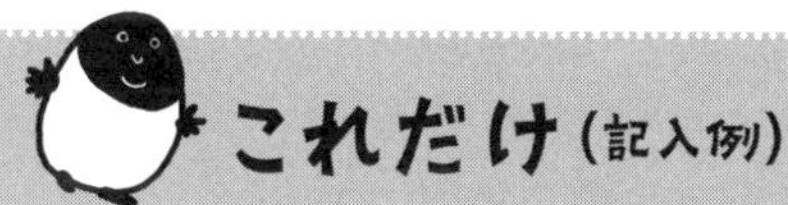

その日のおしゃべりの内容に合わせて自由に記入しましょう。ローマ字で記入してもかまいません。

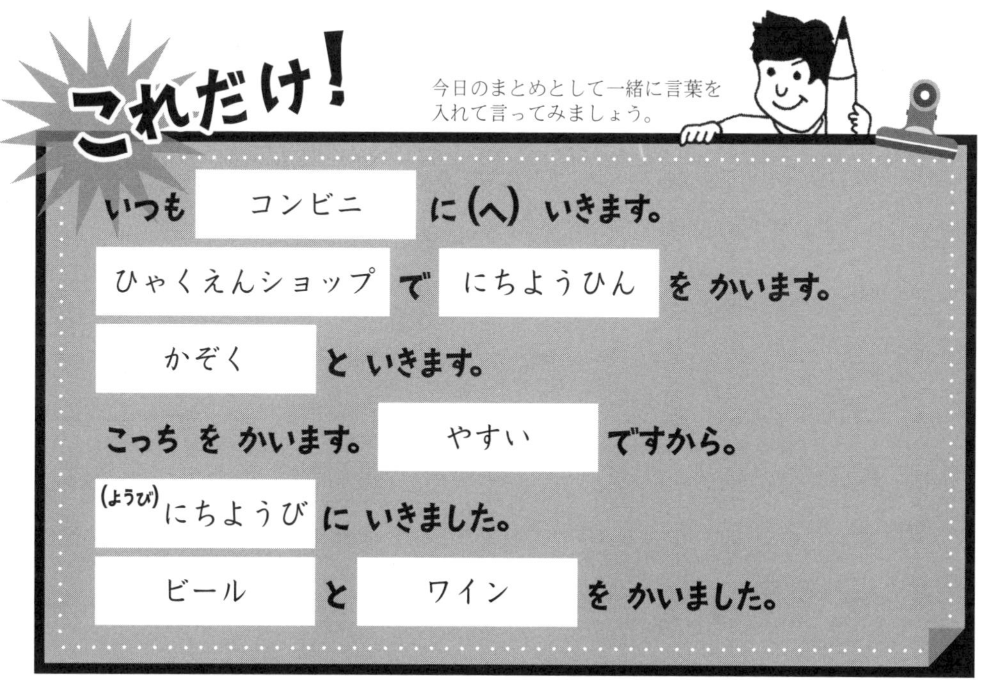

これだけ！
今日のまとめとして一緒に言葉を入れて言ってみましょう。
いつも コンビニ に（へ） いきます。
ひゃくえんショップ で にちようひん を かいます。
かぞく と いきます。
こっち を かいます。 やすい ですから。
（ようび）にちようび に いきました。
ビール と ワイン を かいました。

語彙表

中 | 韓 | ポルトガル | スペイン | 英 | タイ | ベトナム | タガログ | インドネシア | ネパール

いきます《いく》 iki-masu《iku》	去 | 갑니다《가다》| ir | ir | go | ไป | đi | pumunta | pergi | जान्छ <<जानु>>
いつ itsu	什么时候 | 언제 | Quando? | ¿Cuándo? | when | เมื่อไร | khi nào/bao giờ | Kailan? | kapan | कहिले
いつも itsumo	总是 | 언제나 | sempre | siempre | always | เสมอ | luôn luôn | lagi | selalu | सँधै / जहिले पनि
かいます《かう》 kai-masu《kau》	买 | 삽니다《사다》| comprar | comprar | buy | ซื้อ | mua | bumili (bili) | membeli | किन्छ <<किन्नु>>
かいもの kaimono	购物 | 쇼핑 | compras | compras | shopping | การซื้อของ | mua sắm | pamimili | belanja | किनमेल
かぞく kazoku	家人 | 가족 | família | familia | family | ครอบครัว | gia đình | pamilya | keluarga | परिवार
かのじょ kanojo	女朋友 | 여자친구 | namorada | novia | girlfriend | แฟน (หญิง) | cô ấy/bạn gái | nobya / girlfriend | pacar [perempuan] | प्रेमिका
かれし kareshi	男朋友 | 남자친구 | namorado | novio | boyfriend | แฟน (ชาย) | bạn trai | nobyo / boyfriend | pacar [laki-laki] | प्रेमी
きんようび kin'yoobi	星期五 | 금요일 | sexta-feira | viernes | Friday | วันศุกร์ | thứ sáu | Biyernes | Jumat | शुक्रवार
くすり kusuri	药 | 약 | remédio | medicina | medicine | ยา | thuốc (chữa bệnh) | gamot | obat | औषधि
くつ kutsu	鞋 | 신발 | sapatos | zapatos | shoes | รองเท้า | giày | sapatos | sepatu | जुत्ता
こっち kocchi	这边 | 이쪽 | aqui | aquí | here | อันนี้ | cái này | dito | (yang) ini | यो चाहिं
コンビニ kombini	便利店 | 편의점 | loja de conveniência | tienda de conveniencia | convenience store | ร้านสะดวกซื้อ | cửa hàng tiện lợi | Konbinyenteng tindahan | toko kelontong / mini market [buka 24 jam] | कन्भिनियेन्त स्टोर
じはんき jihanki	自动贩卖机 | 자동판매기 | máquina automática de vendas | expendedora automática | vending machine | ตู้ขายอัตโนมัติ | máy bán hàng tự động | Nagbebentang makina | mesin penjual otomatis | भेन्डिङ्ग मेसिन
スーパー suupaa	超市 | 슈퍼 | supermercado | supermercado | supermarket | ซูเปอร์มาร์เก็ต | siêu thị | supermarket | supermarket | सुपरमार्केट
そっち socchi	那边 | 그쪽 | aí | ahí | there | อันนั้น | cái kia | diyan | (yang) itu | त्यो चाहिं
たかいです 《たかい》 takai-desu 《takai》	贵 | 비쌉니다《비싸다》| caro | caro | expensive | แพง | mắc/đắt | mahal | mahal | महँगो छ <<महँगो>>
たべもの tabemono	食品 | 음식 | comida | comida | food | ของกิน | món ăn/đồ ăn | pagkain | makanan | खानेकुरा
だれ dare	谁 | 누구 | quem? | ¿quién? | who | ใคร | ai | Sino? | siapa | को

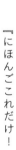

デパート depaato 百货商店 | 백화점 | loja de departamento | almacenes | department store | ห้างสรรพสินค้า | cửa hàng bách hóa | Departamentong tindahan | departemen store | डिपार्टमेन्ट स्टोर

どうして dooshite 为什么 | 어째서 | por que? | ¿por qué? | why | ทำไม | tại sao | Bakit? | mengapa | किन

ときどき tokidoki 有时 | 가끔 | às vezes | a veces | sometimes | บางที | thỉnh thoảng / đôi khi | paminsan-minsan | kadang-kadang | कहिले काहीं

どこ doko 哪里 | 어디 | onde? | ¿dónde? | where | ที่ไหน | đâu / chỗ nào | Saan? | (di) mana | कहाँ

どっち docchi 哪边 | 어느 쪽 | qual? | ¿cuál? | which | อันไหน | cái nào / bên nào / phía nào... | Alin? | yang mana | कुनचाहिं

ともだち tomodachi 朋友 | 친구 | amigo(a) | amigo(a) | friend(s) | เพื่อน | bạn bè | kaibigan | teman | साथी

ドラッグストア doraggusutoa 药店 | 약국 | farmácia | farmacia | drug store / pharmacy | ร้านขายยา | tiệm thuốc | botika | toko obat | औषधि पसल

なに nani 什么 | 무엇 | o que? | ¿qué? | what | อะไร | gì / cái gì | Ano? | apa | के

なにも～ませんでした nani-mo~masen-deshita 什么也没～ | 아무것도 ～지 않았습니다 | não (comprei) nada | no (compré) nada | did not (buy) anything | ไม่ได้ ～ อะไรเลย | đã không ~ gì cả | tidak ～ apa-apa | केहि पनि

にちようひん nichiyoohin 日用品 | 생활용품 | mercadorias de necessidades diárias | mercancía de necesidades diarias | daily necessities | ของใช้ประจำวัน | đồ dùng hằng ngày | kagamitan sa bahay | barang kebutuhan sehari-hari | दैनिक आवश्यकताहरु

のとき notoki ～的时候 | ～때 | quando | cuando | when ～ | เวลา ～ | khi / lúc | tuwing (mamimili) | pada waktu / di saat / kalau ～ | बेलामा (केहि गर्ने बेलामा)

のみもの nomimono 饮料 | 음료 | bebida | bebida | drinks | เครื่องดื่ม | đồ uống | inumin | minuman | पिउने कुरा

ひとりで hitoride 独自 | 혼자 | sozinho | solo | alone | คนเดียว | một mình | mag-isa | sendiri / seorang diri | एक्लै

ひゃくえんショップ hyakuenshoppu 百円店 | 백엔 숍 | loja de 100 ienes | tienda de cien yenes | 100-yen store | ร้านร้อยเยน | cửa hàng 100 yên | 100 yen shop | toko 100 yen [toko serba 100 yen] | ह्याकु येन सप (सय येनको सामान पाइने पसल)

ふく fuku 衣服 | 옷 | roupa | ropa | clothes | เสื้อผ้า | quần áo | damit | baju / pakaian | लुगा

ドラッグストアは最近、何でも売っていますね。

16 びっくりしました！

おしゃべりの流れ

日本に来てびっくりしたことがテーマです。

①トップページ（78-80ページ）
まずは78ページのイラストを見ながら、何かびっくりしたことはないか聞いてみましょう。イラストにないものでも、思いついたら教えてもらいましょう。79ページ上段には自然災害や事故のイラストがあります。テレビや新聞で見てびっくりした経験があれば、伝え合いましょう。その時の感想を下段のイラストで話し合いましょう。
80ページからテーマが公共交通機関に変わります。上段のイラストから1つ選んで、感想を聞いてみましょう。「早さは？」「値段は？」「きれい？」などとおしゃべりしましょう。

②やってみましょう！（81ページ）
81ページは、テーマが自販機と100円ショップです。自販機や100円ショップで売っているものを紹介しましょう。いろんなものが売られていますね。みなさんの教室の近くにちょっとびっくりするようなものはありませんか？　自販機の欄のイラストには、生花、パン、生卵、ラーメンがありますが、すべて実際に販売されています。

③やってみましょう！・おしゃべりしましょう！
（82-83ページ）
ここはゴミの出し方がテーマです。まずは住んでいる地域のゴミ出しルールを確認しながら、82ページの空欄を埋めていきましょう。その地域の分別表があれば見てもいいです。その際、83ページにある会話を参考に、質問してみましょう。82ページの左の列にあるモデルを参考にして、「同じですね」「違いますね」とおしゃべりしましょう。参加者が違う地域から来ている場合、お互いのルールを比べてみてもおもしろいですよ。

隠れ文法

➡中心となる文法（述部）

A　イ形容詞・ナ形容詞の非過去形・過去形
びっくりしたことの理由を伝え合うときに、「多いです／高いです／怖かったです／きれいでした」などを使ってみましょう。

B　動詞の過去形
「びっくりしました」「見ました」などを使って、何に驚いたのかを伝え合いましょう。

➡その他（助詞など）

トップページ
- ～のとき

時間を表す文法項目です。「お花見のとき」「ラッシュのとき」のように名詞と接続して、驚いた経験を話し合いましょう。

- どうしてですか？　～ですから

『これだけ1』では「どうしてですか？」をひと

かたまりの文法項目として示します。驚いた理由をお互いに聞いてみましょう。

◆ で（「したじき」での表記「で②」）

「で②」は手段・媒介を表す用法です。本トピックでは、「テレビ」「しんぶん」といった情報媒体を説明したいときに使いましょう。

◆ は（「したじき」での表記「は②」）

「日本は電車が安いです」のように、「は」と「が」が同じ文の中で使われることがあります。本トピックでは、日本の交通手段を話すときにこの形を使いましょう。

◆ より

比較するときの文法項目です。「のほうが」とセットで使うこともありますが、本トピックは「より」だけです。「日本より安いです」のように、物価について話し合いましょう。

やってみましょう！（81ページ）

◆ に（「したじき」での表記「に②」）

「に②」というのは、存在場所を表す用法です。「100円ショップに～があります」のように、いろいろなお店を入れて、そこに売っているものを聞き合いましょう。

◆ たぶん

不確定な内容を話すときに使います。お店に売っているかどうか、はっきりは断定できないとき、「たぶん、あります」と伝えましょう。

おしゃべりしましょう！

◆ に（「したじき」での表記「に①」）

「に①」は、時間を表す用法です。「金曜日に出します」のように、ゴミ出しの曜日を確認しましょう。「日曜日、月曜日」などにはつけてもいいですが、「今日、明日」などにはつけられません。話すときに注意してください。

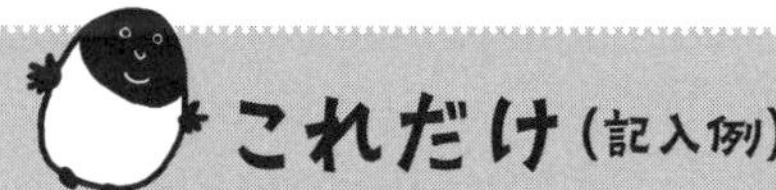

その日のおしゃべりの内容に合わせて自由に記入しましょう。ローマ字で記入してもかまいません。

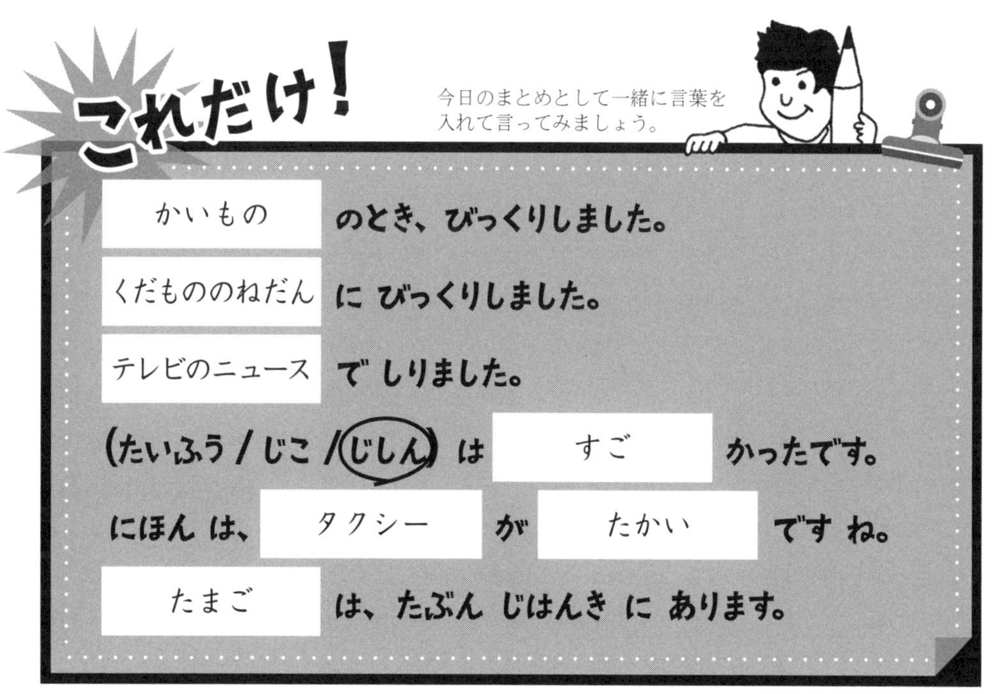

これだけ！
今日のまとめとして一緒に言葉を入れて言ってみましょう。
かいもの のとき、びっくりしました。
くだもののねだん に びっくりしました。
テレビのニュース で しりました。
（たいふう／じこ／じしん）は すご かったです。
にほん は、タクシー が たかい です ね。
たまご は、たぶん じはんき に あります。

中 | 韓 | ポルトガル | スペイン |
英 | タイ | ベトナム | タガログ |
インドネシア | ネパール

ありまず《ある》
ari-masu《aru》

有 / 在（表示非动物的存在）|
있습니다《있다》(물건의 존재) |
ter | haber |
have (flowers in a vending machine) |
มี | có (đồ vật) |
mayroong (bulaklak) | ada |
छ <<छ>>

おおいです
《おおい》
ooi-desu《ooi》

多 | 많습니다《많다》| muito |
mucho | many / much | เยอะ |
nhiều | marami | banyak |
धेरै छ <<धेरै>>

おそいです
《おそい》
osoi-desu
《osoi》

慢 | 늦습니다《늦다》|
lento | lento | slow | ช้า |
chậm / trễ | mabagal | lambat |
ढिला छ <<ढिला>>

おなじです
《おなじ》
onaji-desu《onaji》

相同 | 같습니다《같은》|
igual | igual | the same |
เหมือนกัน | giống nhau |
pareho | sama |
एउटै हो (उस्तै हो) <<एउटै (उस्तै)>>

かみ（紙）kami

纸 | 종이 | papel | papel | paper |
กระดาษ | giấy | papel | kertas |
कागज

かようびkayoobi

星期二 | 화요일 | terça-feira |
martes | Tuesday | วันอังคาร |
thứ ba | Martes | Selasa |
मंगलवार

カンkan

易拉罐 / 金属罐 | 깡통 |
lata | lata | can | กระป๋อง |
lon / vỏ lon | lata | kaleng |
टिन (क्यान)

きたないです
《きたない》
kitanai-desu
《kitanai》

脏 | 더럽습니다《더럽다》|
sujo | sucio | dirty | สกปรก |
dơ / bẩn | madumi | kotor |
फोहोर छ <<फोहोर>> (राम्रो छैन)

きれいです
《きれいな》
kiree-desu
《kireena》

干净 | 깨끗합니다《깨끗한》|
limpo | limpio | clean |
สะอาด | sạch | malinis | bersih |
सफा छ <<सफा>> (राम्रो छ)

きんようび
kin'yoobi

星期五 | 금요일 | sexta-feira |
viernes | Friday | วันศุกร์ |
thứ sáu | Biyernes | Jumat |
शुक्रवार

くだもの
kudamono

水果 | 과일 | frutas | frutas |
fruits | ผลไม้ | trái cây / hoa quả |
prutas | buah-buahan |
फलफूल

げつようび
getsuyoobi

星期一 | 월요일 | segunda-feira |
lunes | Monday | วันจันทร์ |
thứ hai | Lunes | Senin |
सोमवार

ゴミgomi

垃圾 | 쓰레기 | lixo |
basura | trash | ขยะ |
rác | basura | sampah |
फोहोर

ゴミだし
gomidashi

扔垃圾 | 쓰레기 버리기 |
jogar o lixo fora / tirar o lixo |
tirar la basura |
taking out the trash | การทิ้งขยะ |
việc đổ rác | pagtapon ng basura |
buang sampah |
फोहोर फाल्ने

こわいです
《こわい》
kowai-desu
《kowai》

可怕 | 무섭습니다《무섭다》|
medo | miedo | scary |
น่ากลัว / รู้สึกหวาดกลัว |
sợ | nakakatakot |
menyeramkan / menakutkan / takut |
डर लाग्छ <<डर>>

しげんshigen

资源 | 자원 | material reciclável |
material reciclable | resources |
ทรัพยากร | tài nguyên |
papel na basura |
sumber daya / bisa didaur ulang |
रिसाकल (रिसाकल योग्य फोहोर)

じこjiko

事故 | 사고 | acidente | accidente |
accident | อุบัติเหตุ | tai nạn / sự cố |
aksidente | kecelakaan |
दुर्घटना

じしんjishin

地震 | 지진 | terremoto |
terremoto | earthquake |
แผ่นดินไหว | động đất |
lindol | gempa bumi |
भूइंचालो

じはんき jihanki
自动贩卖机 | 자동판매기 | máquina automática de vendas | expendedora automática | vending machine | ตู้ขายอัตโนมัติ | máy bán hàng tự động | Nagbebentang makina | mesin penjual otomatis | भेन्डिङ मेसिन

しります《しる》 shiri-masu《shiru》
知道 | 압니다《알다》| saber | enterarse | know | รู้ | biết | alam | tahu | थाहा पाउछु (जानकारी प्राप्त गर्नु)

しんかんせん shinkansen
新干线 | 신칸센 | trem-bala | shinkansen | bullet train | รถไฟชินคันเซ็น | tàu cao tốc / tàu Shinkansen | Balang tren | shinkansen | बुलेट ट्रेन

しんぱいです《しんぱいな》 shimpai-desu《shimpaina》
担心 | 걱정됩니다《걱정되는》| preocupar-se | preocuparse | worried | เป็นห่วง | lo lắng | nag-aalala | khawatir | चिन्ता लाग्छ <<चिन्ता>>

しんぶん shimbun
报纸 | 신문 | jornal | periódico | newspaper | หนังสือพิมพ์ | báo / báo chí | dyaryo | koran | पत्रिका

すいようび suiyoobi
星期三 | 수요일 | quarta-feira | miércoles | Wednesday | วันพุธ | thứ tư | Miyerkules | Rabu | बुधवार

すくないです《すくない》 sukunai-desu《sukunai》
（量）少 | 적습니다《적다》| pouco | poco | small in quantity | น้อย | ít | kakaunti | sedikit | थोरै छ <<थोरै>>

すごいです《すごい》 sugoi-desu《sugoi》
了不得 | 대단합니다《대단하다》| incrível | sorprendido | incredible | ยอดเยี่ยม/น่าทึ่ง | tuyệt vời/ làm sửng sốt/ đáng kinh ngạc | grabe / kahanga-hanga | hebat / luar biasa | आश्चर्यजनक छ (अचम्म हुनु) <<आश्चर्यजन क (अचम्म)>>

そうです soo desu
是的 | 그렇습니다 | sim | entiendo | that's right | ใช่ | đúng vậy | Oo nga | (ya) begitulah | हो

たいふう taifuu
台风 | 태풍 | tufão | tifón | typhoon | ไต้ฝุ่น | bão | bagyo | angin topan | टाइफु (हुरी बतास)

たいへんです《たいへんな》 taihen-desu《taihen'na》
费力 / 辛苦 | 힘듭니다《힘든》| trabalhoso | mucho trabajo | difficult / hard | ยุ่งยาก | vất vả | mahirap | berat / susah | गाह्रो छ <<गाह्रो>>

たかいです《たかい》 takai-desu《takai》
贵 | 비쌉니다《비싸다》| caro | caro | expensive | แพง | mắc / đắt | mahal | mahal | महँगो छ <<महँगो>>

タクシー takushii
出租车 | 택시 | táxi | taxi | taxi | แท็กซี่ | tắc xi | taksi | taksi | ट्याक्सी

だします《だす》 dashi-masu《dasu》
～出（提出，交出，拿出等。本课指扔出）| 냅니다《내다》| tirar (o lixo) | tirar (la basura) | take (the trash) out | เอา ～ ไป (ทิ้ง) | bỏ / đổ | ilabas (labas) | mengeluarkan / membuang | फाल्छु <<फाल्नु>>

たぶん tabun
大概 | 아마 | talvez | tal vez | maybe | คงจะ | có lẽ | baka / siguro | mungkin | शायद

ちがいます《ちがう》 chigai-masu《chigau》
不对 | 아닙니다《아니다》| não / não é | no / no es | different | ไม่ใช่ | không đúng / khác | hindi / magkaiba | berbeda / bukan | होइ न<<होइन / फरक>>

ちゅうごく chuugoku
中国 | 중국 | China | China | China | จีน | Trung Quốc | Tsina | China | चीन

テレビ terebi
电视 | 텔레비전 | televisão | televisor | television | โทรทัศน์ | ti vi | telebisyon | televisi | टेलिभिजन (टिभी)

でんしゃ densha
电车 | 전차 | trem | tren | train | รถไฟ | tàu điện | tren | kereta | रेल / ट्रेन

どうして dooshite
为什么 | 어째서 | por que? | ¿por qué? | why | ทำไม | tại sao | Bakit? | mengapa | किन

なに nani	什么 | 무엇 | o que? | ¿qué? | what | อะไร | gì/cái gì | Ano? | apa | के
なまゴミ namagomi	(含水分的) 食品垃圾 | 음식물 쓰레기 | lixo orgânico | basura orgànica | raw garbage | ขยะเปียก | rác tươi | Sariwang basura | sampah basah dari bahan mentah | फोहोर मैला (भान्छा आदिबाट आउने फोहोर)
なんようび nan'yoobi	星期几 | 무슨 요일 | que dia da semana? | ¿qué día de la semana? | which day | วันอะไร | thứ mấy | Aling araw? | hari apa | कुन बार
にほん nihon	日本 | 일본 | Japão | Japón | Japan | ญี่ปุ่น | Nhật Bản | bansang Hapon | Jepang | जापान
ニュース nyuusu	新闻 | 뉴스 | noticiário | noticia | News TV program | ข่าว | tin tức | balita | berita | समाचार
ねだん nedan	价格 | 가격 | preço | precio | price | ราคา | giá cả | presyo | harga | मूल्य
バス basu	公共汽车 | 버스 | ônibus | autobús | bus | รถเมล์ | xe buýt | bus | bis | बस
はな（花）hana	花 | 꽃 | flor | flor | flower | ดอกไม้ | hoa | bulaklak | bunga | फूल
はやいです《はやい》 hayai-desu《hayai》	(速度) 快 | 빠릅니다《빠르다》| rápido | rápido | fast | เร็ว | nhanh/sớm | mabilis | cepat | छिटो छ (गति)
びっくりします《びっくりする》 bikkuri-shi-masu《bikkuri-suru》	吓一跳 | 놀랍니다《놀라다》 | assustar-se/surpreender-se/ficar surpreso | sorprendido | surprised | ตกใจ | ngạc nhiên/kinh ngạc | magulat | terkejut/kaget | अचम्म लाग्छ <<अचम्म हुनु>>
ひと hito	人 | 사람 | pessoa | persona | people | คน | người | tao | orang | मानिस / मान्छे
ひゃくえんショップ hyakuenshoppu	百元店 | 백엔 숍 | loja de 100 ienes | tienda de cien yenes | 100-yen store | ร้านร้อยเยน | cửa hàng 100 yên | 100 yen shop | toko 100 yen [toko serba 100 yen] | ह्याकु येन सप (सय येनको सामान पाइने पसल)
ビン bin	瓶 | 병 | garrafa | botella | glass bottle | ขวด | chai/ lọ thủy tinh | bote | botol | बोतल
ファッション fasshon	时尚 | 패션 | moda | moda | fashion | แฟชั่น | thời trang | moda/fashion | fashion | फेसन
ペットボトル pettobotoru	塑料瓶 | 페트병 | garrafa pet | botella de plástico | plastic bottle | ขวดพลาสติก | chai nhựa | Plastic na bote | botol plastik | प्लास्टिक बोतल
ほん hon	书 | 책 | livro | libro | book | หนังสือ | sách | aklat | buku | किताब
ほんとう hontoo	真 / 真实 | 정말 | verdade | verdad | really | จริง | thật | totoo/talaga | benar/betul | साच्चै
みます《みる》 mi-masu《miru》	看 | 봅니다《보다》 | assistir/ver | ver | watch | ดู | xem/nhìn | manood | melihat/menonton | हेर्छु <<हेर्नु>>
もくようび mokuyoobi	星期四 | 목요일 | quinta-feira | jueves | Thursday | วันพฤหัสบดี | thứ năm | Huwebes | Kamis | बिहिवार
やすいです《やすい》 yasui-desu《yasui》	便宜 | 쌉니다《싸다》 | barato | barato | cheap | ถูก | rẻ | mura | murah | सस्तो छ <<सस्तो>>
ラッシュ rasshu	上下班高峰 | 러시아워 | hora de pico | hora punta | rush hour | ช่วงเร่งด่วนที่ผู้คนเดินทางไปและกลับจากที่ทำงาน | giờ cao điểm | Mabilisang oras | jam padat | भीड

Column 06

英語学と日本語学

トピック16では百円ショップの話が出てきます。外国人参加者が今欲しいものを聞きだせると語彙の勉強にもなりますし実用的なやりとりになります。「ああ、それなら百円ショップにありますよ」とか、「ないかもしれません」などというやりとりを想定しています。「〇〇が欲しいです／好きです」などという発話は、おしゃべりの基本とも言えます。比較的簡単な文法で次の発話を誘発しやすいからです。

さて、「欲しいです／好きです」の品詞はなんでしょうか。「欲しくない」と活用するため、「欲しい」はイ形容詞です。「好きじゃないです／好きな人」と活用するため「好き」はナ形容詞です。英語から見ると「want ／ like」は動詞と習っているので、不思議に思われるかもしれません。品詞は言語ごとに形から規定されるので、英語と日本語の品詞が異なっていて当然なんですが、ほとんどは同じです。一部だけ異なるため理解が難しいのかもしれません。

「欲しいです／好きです」は「〇〇が」を付加して目的語を表します。英語の文法が頭にある日本人参加者は、形容詞に目的語がつくことに違和感を覚えるかもしれません。また国語の文法の記憶がある日本人参加者は、「〇〇が」は主語だと習っているので、ひっかかるかもしれません。願望や好みに関する発話は使用頻度が高く、これらの表現は教室内で何回も出てくると思います。日本語の形容詞は目的語を取り「〇〇が」で表すというルールは日本語学を客観的に映し出す鏡です。

17 わたしのへや

おしゃべりの流れ

今住んでいる部屋がテーマです。部屋にあるもの、欲しいものなどについておしゃべりしましょう。

①トップページ（84–85ページ）
84ページに部屋にありそうなものをイラストで提示しています。お互いの部屋にあるもの・ないものを確認しましょう。85ページ上段には、和室と洋室のイラストがあります。「（あなたの）部屋はどちらですか？」「どちらが好きですか？」「どうしてですか？」などと話し合いましょう。部屋にあるものについて言葉がわからないときは、質問してもらいましょう。日本語教室に置いてある備品を確認してみてもいいですね。下段は位置関係を表す言葉がイラストで示してあります。必要に応じて使い、「テレビの横にCDプレーヤーがあります。」のように、どこに何があるか、お互いに伝え合いましょう。

②やってみましょう！（86ページ）
ここは部屋の見取り図を描いておしゃべりする活動です。自分の部屋や自宅のリビングを描いてみましょう。描けたら、何があるか、何が欲しいか、お互いに伝え合いましょう。

③おしゃべりしましょう！（87ページ）
テーマは冷暖房器具です。「冬は何を使いますか？」「夏は何ですか？」イラストを見ながら、今使っているもの、好きなもの、欲しいものなどについて話し合いましょう。イラストにないものは名前を教えてあげましょう。

隠れ文法

➡中心となる文法（述部）

A　動詞（あります／います／かいました）
部屋にあるもの、（ペットがいる場合は）部屋にいるもの、買ったものについて話しましょう。

B　イ形容詞／ナ形容詞／〜たいです　非過去形
「欲しいです」「好きです」「買いたいです」などのように、部屋に欲しいものや好みについて話し合いましょう。

➡その他（助詞など）[★2]

トップページ

・に（「したじき」での表記「に②」）
わたしの部屋がトピックなので、「部屋に」という文法項目を使って、部屋に存在するものについて、話し合いましょう。

・と（「したじき」での表記「と②」）
「いすとテーブル」のように部屋にあるものを列挙しましょう。「と②」は複数の名詞を併記するときの用法です。

◆ が（「したじき」での表記「が②」）

「和室が好きです」のように好みを話し合いましょう。この文法項目において、「和室」は、イ・ナ形容詞の目的語を表しています。（本書コラム「国語教育と日本語教育」p.61 参照）。

◆ で（「したじき」での表記「で②」）

「で②」は手段・媒介を表す用法です。本トピックでは、「これはにほんごでなんですか？」のような言い方を例示しています。他の「で②」の用法と違うように見えますが、基本的には、同じ媒介を表す文法項目です。

やってみましょう！

◆ に（「したじき」での表記「に②」）

左と同じで場所を表す助詞です。「どこにありますか？」「ここにあります」といったやりとりで使います。

◆ が（「したじき」での表記「が②」）

左と同じです。「部屋に○○がほしいです」のように願望を伝えます。

おしゃべりしましょう！

◆ ～より～のほうが

比較するときの文法項目です。必ずしもセットで使う必要はありません。本トピックの例では「エアコンよりせんぷうきのほうがすきです」のようにセットで出ています。

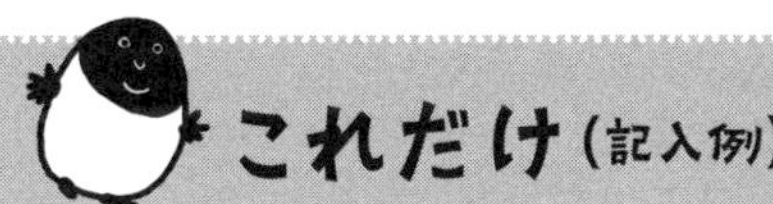

その日のおしゃべりの内容に合わせて自由に記入しましょう。ローマ字で記入してもかまいません。

これだけ！
今日のまとめとして一緒に言葉を入れて言ってみましょう。
へや に CD プレーヤー と パソコン が あります。
テレビ も あります。
これ は にほんご で、たたみ です。
ソファ を かいたいです。
とけい が ほしいです。
でんきストーブ より こたつ のほうが すきです。

中 | 韓 | ポルトガル | スペイン | 英 | タイ | ベトナム | タガログ | インドネシア | ネパール

CDプレーヤー CD pureeyaa
CD播放器 | CD플레이어 | aparelho de CD | aparato de CD | CD player | เครื่องเล่นซีดี | máy CD | CD player | CD player | CD प्लेयर

あたたかいです《あたたかい》 atatakai-desu《atatakai》
暖和 | 따뜻합니다《따뜻하다》| quentinho | calentar | warm | อบอุ่น | ấm áp | mainit-init | hangat | न्यानो छ <<न्यानो>>

あります《ある》 ari-masu《aru》
有 / 在（表示非动物的存在）| 있습니다《있다》(물건의 존재) | ter | haber | there is (a television in my flat) | มี | có (đồ vật) | mayroong (telebisyon) | ada [untuk menyatakan keberadaan benda selain manusia dan binatang] | छ <<छ>>

いいえ iie
不 | 아뇨 | não | no | no | ไม่ | không | Hindi | tidak | अहँ

いす isu
椅子 | 의자 | cadeira | silla | chair | เก้าอี้ | cái ghế | upuan | kursi | मेच

いつ itsu
什么时候 | 언제 | quando? | ¿cuándo? | when | เมื่อไร | khi nào/bao giờ | Kailan? | kapan | कहिले

いっかい ikkai
一楼 | 일층 | primeiro andar | planta baja | first | ชั้นหนึ่ง | tầng trệt | unang palapag / first floor | lantai satu | पहिलो तल्ला (भुइँ तल्ला)

いぬ inu
狗 | 개 | cachorro | perro | dog | หมา | con chó | aso | anjing | कुकुर

います《いる》 i-masu《iru》
有 / 在（表示人或动物的存在）| 있습니다《있다》(사람이나 동물의 존재) | ter (um cachorro no apartamento) | haber (un perro en el apartamento) | there is (a dog in my flat) | มี | có (người, động vật) | mayroong (aso) | ada [untuk menyatakan keberadaan manusia dan binatang] | छ <<छ>>

うしろ ushiro
后面 / 后边 | 뒤 | atrás | atrás | behind | ข้างหลัง | phía sau | likod | belakang | पछाडी

エアコン eakon
空调 | 에어컨 | ar-condicionado | aire acondicionado | air-conditioner | แอร์ | máy điều hòa không khí | aircon | AC | एयर कंडीशनर

カーテン kaaten
窗帘 | 커튼 | cortina | cortina | curtain | ม่าน | rèm cửa / rèm che | kurtina | tirai / gorden | पर्दा

かいます《かう》 kai-masu《kau》
买 | 삽니다《사다》| comprar | comprar | buy | ซื้อ | mua | bumili | membeli | किन्छु <<किन्नु>>

かがみ kagami
镜子 | 거울 | espelho | espejo | mirror | กระจกเงา | gương soi | salamin | cermin | ऐना

ガス gasu
煤气 | 가스 | gás | gas | gas | แก๊ส | khí gas | gas | gas | ग्याँस

こたつ kotatsu
（取暖用的）被炉 | 코타츠（이불을 덮은 낮은 탁자 아래에 넣는 난방기구）| kotatsu | kotatsu | a low table with a heater undernearth and covered by a quilt | โต๊ะโคทัตสึ | lò sưởi để dưới bàn | mababang mesa na may heater sa ilalim | kotatsu [meja rendah penghangat kaki] | कोताचु (जापानी शैलीको होचो टेबल)

これ kore
这 / 这个 | 이것 | este / isto | esto | this | อันนี้ | cái này | ito | ini | यो

すいどう suidoo
自来水 | 수도 | água potável | agua potable | water tap | น้ำประปา | nước máy | tubig gripo | air ledeng | धारा

すきです《すきな》 suki-desu《sukina》
喜欢 | 좋아합니다《좋아하는》| gostar | gustar | like | ชอบ | thích | gusto | suka | मन पर्छ <<मन पर्नु>>

せんぷうき sempuuki
电风扇 | 선풍기 | ventilador | ventilador | fan | พัดลม | quạt máy | bentilador | kipas angin | पंखा

そと soto
外面 / 外边 | 밖 | fora | fuera | outside | ข้างนอก | bên ngoài | labas | luar | बाहिर

ソファ sofaa
沙发 | 소파 | sofá | sofá | sofa | โซฟา | ghế sô pha | sopa | sofa | सोफा

だいどころ daidokoro
厨房 | 부엌 | cozinha | cocina | kitchen | ครัว | nhà bếp | kusina | dapur | भान्छा

つくえ tsukue
书桌 | 책상 | escrivaninha | escritorio | desk | โต๊ะ | bàn học/ bàn làm việc | eskritoryo | meja | मेच

テーブル teeburu
餐桌 | 테이블 | mesa | mesa | table | โต๊ะ | cái bàn | mesa | meja | टेबल

テレビ terebi
电视 | 텔레비전 | televisão | televisor | television | โทรทัศน์ | ti vi | telebisyon | televisi | टेलिभिजन (टिभी)

でんき denki
电/电灯 | 전기 | luz | luz | light | ไฟฟ้า | đèn điện | ilaw | listrik | बत्ति

でんきストーブ denkisutoobu
电炉 | 전기 난로 / 스토브 | aquecedor elétrico | estufa eléctrica | electronic heater | เครื่องทำความร้อนไฟฟ้า | lò sưởi điện | electronic heater | pemanas listrik | बत्तिबाट चल्ने हिटर

ドア doa
门 | 문 | porta | puerta | door | ประตู | cửa | pintuan | pintu | ढोका

とけい tokee
表 | 시계 | relógio | reloj | clock | นาฬิกา | đồng hồ | orasan | jam | घडी

どこ doko
哪里 | 어디 | onde? | ¿dónde? | where | ที่ไหน | đâu/chỗ nào | Saan? | (di) mana | कहाँ

どっち docchi
哪边 | 어느 쪽 | qual? | ¿cuál? | which | อันไหน | cái nào/bên nào/phía nào... | Alin? | yang mana | कुन चाहिं

となり tonari
旁边 | 옆 | do lado | de lado | next to (somebody / something) | ข้างๆ | bên cạnh | katabi | sebelah | संगै (छेउ)

なか naka
里面/里边 | 안 | dentro | dentro | inside | ข้างใน | bên trong | loob | dalam | भित्र

なに nani
什么 | 무엇 | o que? | ¿qué? | what | อะไร | gì/cái gì | Ano? | apa | के

なんですか？ nan desu-ka?
是什么？ | 무엇입니까？ | o que é? | ¿qué es? | what is it? | อะไร | là gì? | Ano ito (sa Nihongo)? | ～ apa? | के हो ? (के भन्छ ?)

にほんご nihongo
日语 | 일본어 | japonês | japonés | Japanese | ภาษาญี่ปุ่น | tiếng Nhật | wikang Hapon | bahasa Jepang | जापानी भाषा

のほうが nohooga
相比较时使用。如；比起台湾，东京更冷。たいわんより、とうきょうのほうがさむい。 | ～의 쪽이 | preferir / (gosto) mais de...do que... | preferir / me (gusta) mas de... | prefer (fan) to (air-conditioner) | (อันนี้) ～ กว่า | hơn | mas (gusto ang bentilador) sa (aircon) | (yang ini) lebih | चाहिं (यो भन्दा यो चाहिं मनपर्छ)

はい hai
是 | 예 / 네 | sim | sí | yes | ครับ/ค่ะ | vâng/phải | Oo | ya | हजुर (छ)

パソコン pasokon
电脑 | 컴퓨터 | computador | computadora | personal computer | คอมพิวเตอร์ | máy tính cá nhân | kompyuter | komputer / PC | कम्प्यूटर

ベッド beddo
床 | 침대 | cama | cama | bed | เตียง | giường | kama | ranjang / tempat tidur | ओछ्यान (बेड)

へや heya
房间 | 방 | quarto | cuarto | flat / room | ห้อง | phòng/buồng | kwarto | kamar | कोठा

ベランダ beranda
阳台 | 베란다 | sacada / varanda | balcón | balcony | ระเบียง | ban công | balkonahe | beranda | बरन्डा

ほしいです《ほしい》 hoshii-desu《hoshii》
想要｜갖고 싶습니다《갖고 싶다》｜querer｜querer｜want｜อยากได้｜muốn có｜gusto｜ingin / mau｜चाहन्छु <<चाहनु>>

まえ mae
前边 / 前面｜앞｜frente｜frente｜front｜ข้างหน้า｜phía trước｜harap｜depan｜अगाडी

まど mado
窗户｜창문｜janela｜ventana｜window｜หน้าต่าง｜cửa sổ｜bintana｜jendela｜झ्याल

ようしつ yooshitsu
西式房间｜서양식 방｜quarto em estilo ocidental｜cuarto de estilo occidental｜western style room｜ห้องสไตล์ตะวันตก｜phòng kiểu Tây｜Kwarto estilong kanluran｜kamar gaya Barat｜युरोप शैली कोठा

わしつ washitsu
日式房间｜일본식 방｜quarto em estilo japonês｜cuarto de estilo japonés｜Japanese style room｜ห้องสไตล์ญี่ปุ่น｜phòng kiểu Nhật｜Kwarto estilong hapon｜kamar gaya Jepang｜जापानी शैली कोठा

最近の電気ストーブはあたたかいですね。

にほんご
これだけ!2
NIHONGO KOREDAKE

1 りょこう

おしゃべりの流れ

国内、国外いろんな場所を想像しながら、旅行をテーマにおしゃべりを楽しみましょう。

①トップページ（10–13ページ）
10–11ページは日本国内の旅行がテーマです。行ったことがある場所を聞いたら、「どうやって行きましたか？」「どんな場所でしたか？」「何を食べましたか？」「どうでしたか？（おもしろかったです／楽しかったです／疲れました）」などと話し合いましょう。スマホがある人は、地図を開いて詳しい場所を確認しましょう。地域ごとに有名な旅行スポットがあります。そういう話に広げてもいいですね。
12–13ページでは海外旅行がテーマになります。国内同様、行ったことがある場所を聞いたら、「どうやって行きましたか？」「どんな場所でしたか？」「何を食べましたか？」「どうでしたか？」などと話し合いましょう。外国人参加者の母国での旅行について、話してもいいですね。海外に行くと日本とは違う食べものに興味が向かうのではないかと考え、食べもののイラストを挙げています。南国のフルーツ、国による主食の違いなど話題は広がります。

②やってみましょう！（14ページ）
次の旅行計画を立てましょう。表を埋めながら、お互いの行きたい場所を聞き合いましょう。その場所を選んだ理由、そこですることなどを聞いてみましょう。

③おしゃべりしましょう！（15ページ）
ここでは少し視点を変えて、旅行に行くときに持っていくものがテーマです。「身軽に移動する人」とか「やたら荷物が多い人」などの旅行スタイルの話、旅先での便利グッズの話など、リストを作って話すとゆっくりおしゃべりできます。

隠れ文法

➡中心となる文法

ここでは、今までの旅行体験、そのとき行った場所やその感想などについて伝えるための文法がテーマです。

A （た形）＋たことがあります
以下のテーマに沿って、旅行体験を話してください。

- 今まで行ったところ「行ったことがあります／行きました」
- 食べたもの「食べたことがあります／食べました」
- 見たもの「見たことがあります／見ました」

B 〔た形・辞書形・ない形〕＋とき、
「〜に（へ）行ったとき、食べたとき、見たとき……」など、旅行についてのおしゃべりを展開するときに使ってください。「旅行に行ったとき何をしましたか？」「次行くときは何をしたいですか？」のように使えます。

➡ その他

トップページ・やってみましょう！

・けど／でも、

「楽しかったけど、疲れました」「新幹線は早いけど、高いですね」「遠かったです。でも、きれいでした」のように、旅行の感想を言うとき、「けど」や「でも」を使ってみてください。『これだけ2』では逆接を表す言葉として「けど」「でも」を採用しています。

・〔ナ形容詞・イ形容詞〕＋名詞

旅行先を表現するときに、「きれいな街／静かな街／高い山／美しい海」など、形容詞の連体修飾を使ってみましょう。旅先では「冷たいビール／おいしい料理／新鮮なくだもの／かわいい犬」など、いろんなものに触れる機会があるはずです。

やってみましょう！・おしゃべりしましょう！

・（「ます」の形）＋たいんですが、

「沖縄に行きたいんですが、高いですか？」のように、話の前置きを言う際、「たいんですが、」を使います。外国人参加者の出身国に合わせて「〇〇（相手の出身国・地域）に行きたいんですが、……」と聞いてみてもいいですね。

・どうして〜んですか？　〜んです

『これだけ2』では、理由を問うとき「どうして〜んですか？」と質問します。答えるときも「〜んです」となります。ここでは「どうして沖縄に行きたいんですか？」「どうしてまくらを持って行くんですか？」のように、相手の話で気になったところについて質問してみましょう。

その日のおしゃべりの内容に合わせて自由に記入しましょう。ローマ字で記入してもかまいません。

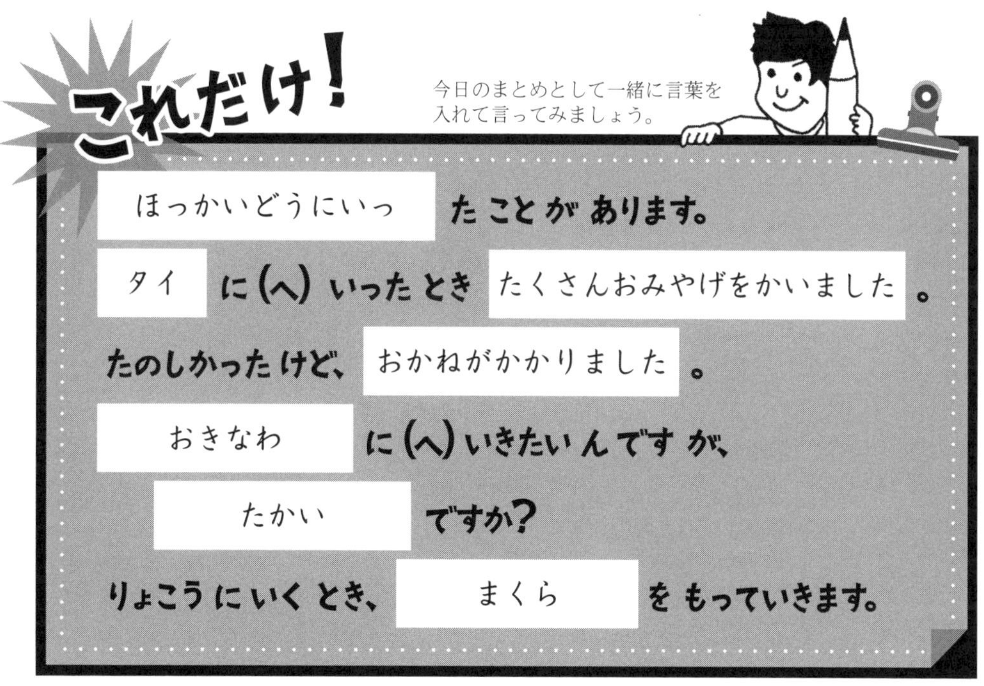

これだけ！
今日のまとめとして一緒に言葉を入れて言ってみましょう。
ほっかいどうにいっ たことがあります。
タイ に(へ)いったとき たくさんおみやげをかいました 。
たのしかったけど、おかねがかかりました 。
おきなわ に(へ)いきたいんですが、
たかい ですか？
りょこうにいくとき、まくら をもっていきます。

語彙表

中 | 韓 | ポルトガル | スペイン | 英 | タイ | ベトナム | タガログ | インドネシア | ネパール

いいです《いい》
好 | 좋습니다《좋다》 | bom | es bueno | good / nice | ดี | tốt / được | mabuti / OK lang | bagus | राम्रो छ <<राम्रो>>

いきます《いく》
去 | 갑니다《가다》 | ir | ir | go | ไป | đi | pumunta (punta) | pergi | जान्छु <<जानु>>

いつ
什么时候 | 언제 | quando? | ¿cuándo? | when | เมื่อไร | khi nào / bao giờ | Kailan? | kapan | कहिले

いつも
总是 | 언제나 | sempre | siempre | always | เสมอ | luôn luôn | lagi | selalu | सँधै / जहिले पनि

います《いる》
有 / 在（表示人或动物的存在）| 있습니다《있다》(사람이나 동물의 존재) | ter (muitas pessoas) | tener (muchas personas) | there are (many people) | มี/อยู่ | có (người, động vật) | mayroong (maraming tao) | ada [untuk menyatakan keberadaan manusia dan binatang] | छ / छुं <<छ / छुं>>

いろいろです《いろいろな》
各种各样 | 가지각색입니다《가지각색인》 | vários | varios | many / different | หลากหลาย | nhiều thứ / nhiều loại | iba-iba | bermacam-macam | बिभिन्न छ <<बिभिन्न>>

うみ
海 | 바다 | mar | mar | ocean | ทะเล | biển | dagat | laut | समुद्र

えはがき
明信片 | 그림엽서 | cartão postal | tarjeta postal | picture postcard | โปสการ์ด | bưu ảnh | kartolina | kartu pos bergambar | पोष्टकार्ड

おいしいです《おいしい》
好吃 / 好喝 | 맛있습니다《맛있다》 | gostoso | rico | delicious | อร่อย | ngon | masarap | enak | मिठो छ <<मिठो>>

おおぜい
很多（指人）| 많은 사람 | muita gente | mucha gente | big crowd of people | คนเยอะ | đông người | napakarami | banyak | धेरै जना

おきなわ
冲绳 | 오키나와（沖縄）| Okinawa | Okinawa | Okinawa | โอกินาว่า | Okinawa | Okinawa | Okinawa | ओकिनावा (ठाउँको नाम)

おみやげ
礼物（土特产）| 선물 | souvenir | recuerdo | souvenir | ของฝาก | quà lưu niệm | pasalubong | oleh-oleh | उपहार

おもいです《おもい》
重 | 무겁습니다《무겁다》 | pesado | pesado | heavy | หนัก | nặng | mabigat | berat | भारी / गह्रौं छ <<गह्रौं>>

およぎます《およぐ》
游 | 헤엄칩니다《헤엄치다》 | nadar | nadar | swim | ว่ายน้ำ | bơi / bơi lội | lumangoy (langoy) | berenang | पौडी खेल्छु <<पौडिनु>>

かいます《かう》
买 | 삽니다《사다》 | comprar | comprar | buy | ซื้อ | mua | bumili (bili) | membeli | किन्छु <<किन्नु>>

きって
邮票 | 우표 | selo | estampilla | stamp | แสตมป์ | tem thư | selyo | perangko | हुलाक टिकट

きめます《きめる》
决定 | 결정합니다《결정하다》 | decidir | decidir | decide | ตัดสินใจ | quyết định | magpasiya | memutuskan | निर्णय गर्छु <<निर्णय गर्नु>>

きれいです《きれいな》
漂亮 | 아름답습니다《아름다운》 | bonito | bonito | beautiful / pretty | สวย | đẹp | maganda | bagus / indah | राम्रो / सुन्दर छ <<राम्रो / सुन्दर>>

くだもの
水果 | 과일 | frutas | frutas | fruits | ผลไม้ | trái cây / hoa quả | prutas | buah-buahan | फलफूल

くまもと
熊本（地名）| 쿠마모토（熊本）| Kumamoto | Kumamoto | Kumamoto | คุมาโมโตะ | Tỉnh Kumamoto | Kumamoto | Kumamoto | कुमामोटो (ठाउँको नाम)

けしき
景色 | 경치 | paisagem | paisaje | scenery / landscape | วิว | phong cảnh | tanawin | pemandangan | दृश्य

ごはん
饭 | 밥 | arroz cozido | arroz cocido | meal | ข้าว | cơm | pagkain | nasi | भात

じぶん
自己 | 자기 | meu / eu | mi / yo | oneself | ตัวเอง | mình / bản thân mình | sarili | sendiri | आफु

しゃしん
相片 | 사진 | foto | foto | photograph | รูปถ่าย | hình / ảnh | litrato | foto | फोटो

しんかんせん
新干线 | 신칸센 | trem-bala | shinkansen | bullet train | รถไฟชินคันเซ็น | tàu cao tốc / tàu Shinkansen | Balang tren | shinkansen | बुलेट ट्रेन

しんせつです《しんせつな》
亲切 / 热情 | 친절합니다《친절하다》 | atencioso (a) / gentil | amable | nice | ใจดี | tử tế / tốt bụng | Kagandahang loob | ramah | भलादमी / दयालु छ <<भलादमी / दयालु>>

せまいです《せまい》
窄 | 좁습니다《좁다》 | pequeno / estreito | pequeño / estrecho | narrow | แคบ | chật / hẹp | makitid | sempit | साँगुरो छ <<साँगुरो>>

そこ
那里 | 거기 | aí | ahí | there | ที่นั่น | nơi đó / chỗ đó | diyan | sana / situ | त्यहाँ

タイ
泰国 | 태국 | Tailândia | Tailandia | Thailand | ประเทศไทย | Thái Lan | Taylandis | Thailand | थाईल्यान्ड

たかいです《たかい》
贵 | 비쌉니다《비싸다》 | caro | caro | expensive | แพง | mắc / đắt | mahal | mahal | महँगो छ <<महँगो>>

だから
所以 | 그러니까 | por isso | por eso | therefore / so | เพราะฉะนั้น | bởi vậy / bởi thế / vì vậy | kaya | karena | त्यसैले

たくさん
很多 | 많이 | muitos | muchos | many / much | มากมาย | nhiều | marami | banyak | धेरै / विभिन्न

だします《だす》
～出（提出，交出，拿出等。本课指邮出）| 냅니다《내다》 | enviar | enviar | send | ส่ง | gửi | ilabas | mengirim | पठाउँछु <<पठाउनु>>

たのしいです《たのしい》
愉快 | 즐겁습니다《즐겁다》 | divertido | divertido | enjoyable / fun | สนุก | vui | nakakatuwa | menyenangkan | रमाईलो छ <<रमाईलो>>

たべもの
食品 | 음식 | alimentos | alimentos | food | ของกิน | thức ăn / đồ ăn | pagkain | makanan | खानेकुरा / खाना

ちょっと
有点儿 | 조금 | um pouco | un poco | a little | นิดหน่อย | một chút | konti | sedikit | थोरै / अलिकति / एक्कैछिन

つかれます《つかれる》
累 | 지칩니다《지치다》 | cansar | cansarse | get tired | เหนื่อย | mệt | mapagod | capek | थाकिन्छ <<थाकिनु>>

つぎ
下一次 / 下一个 | 다음 | próxima vez | próxima vez | next | คราวหน้า | tiếp theo | kasunod | berikutnya / yang akan datang | अर्को

でも
但是 | 그러나 | mas | pero | but | แต่ | nhưng | pero / ngunit | tetapi | भएपनि / तरपनि

どう
怎样 / 如何（例如本课中どうでしたか：(旅行) 怎么样啊？）| 어떻게 | como? | ¿cómo? | how | (เป็น) อย่างไร | như thế nào | Kumusta (ang Beijing) ? | bagaimana | कस्तो

どうして
为什么 | 어째서 | por que ...? | ¿por qué ...? | why | ทำไม | tại sao | Bakit? | mengapa | किन

どこ
哪里 | 어디 | onde? | ¿dónde? | where | ที่ไหน | đâu / nơi nào | Saan? | (di) mana | कहाँ / कता

とても
非常 | 매우 | muito | muy | very / so | มาก | rất | napaka(saya) | sangat | धेरै

とります（撮）《とる》
拍照 | (사진을) 찍습니다《찍다》| tirar foto | sacar foto | take (picture) | ถ่าย (รูป) | chụp (ảnh) / quay (phim) | kumuha (ng litrato) | mengambil | फोटो खिच्छु (खिच्नु) <<खिच्नु>>

なつ
夏天 | 여름 | verão | verano | summer | ฤดูร้อน | mùa hè | tag-init | musim panas | गर्मी महिना

なに
什么 | 무엇 | o que? | ¿qué? | what | อะไร | gì / cái gì | Ano? | apa | के

なんで
为什么 | 왜 / 어째서 | como? | ¿cómo? | why | อย่างไร | bằng gì | Paano (ka pumunta)? | mengapa | के बाट

にぎやかです《にぎやかな》
热闹 | 번화합니다《번화하다》| animado / movimentado | animado | bustling / lively | คึกคัก | náo nhiệt / nhộn nhịp | abala | ramai | हुलमुल / चहलपहल छ <<हुलमुल / चहलपहल>>

バス
公共汽车 | 버스 | ônibus | autobús | bus | รถเมล์ | xe buýt | bus | bis | बस

パスタ
意大利面 | 파스타 | macarrão | pasta | pasta | พาสต้า | mì ý | pasta | pasta | पास्ता (नुडल, चाउचाउ)

はやいです《はやい》
快 | 빠릅니다《빠르다》| rápido | rápido | fast | เร็ว | nhanh / sớm | mabilis | cepat | छिटो छ <<छिटो>>

パン
面包 | 빵 | pão | pan | bread | ขนมปัง | bánh mì | tinapay | roti | रोटी

ひこうき
飞机 | 비행기 | avião | avión | airplane | เครื่องบิน | máy bay | eroplano | pesawat terbang | हवाइजहाज

ひと
人 | 사람 | pessoa | persona | people | คน | người | tao | orang | मानिस / मान्छे

ペキン
北京 | 베이징 | Pequim | Pekín | Beijing | ปักกิ่ง | Bắc Kinh | Beijing | Beijing | पेकिङ (ठाउँको नाम)

ほっかいどう
北海道 | 홋카이도（北海道）| Hokkaido | Hokkaido | Hokkaido | ฮอกไกโด | Hokkaido | Hokkaido | Hokkaido | होक्काइडो (ठाउँको नाम)

まくら
枕头 | 베개 | travesseiro | almohada | pillow | หมอน | gối | unan | bantal | तकिया / सिरानी

また
又 | 또 | outra vez | otra vez | again | อีก | lại | ulit | lagi | फेरी

まだ
还 | 아직 | ainda | todavía | still | ยัง | chưa | hindi pa | belum | अझै

まち
街市 | 거리 | cidade | ciudad | city / town | เมือง | thành phố / khu phố | bayan | kota | शहर

みち
道 | 길 | rua | calle | road | ถนน | con đường | daan | jalan | बाटो / सडक

みます《みる》
看 | 봅니다《보다》| assistir / ver | ver | see | ดู | nhìn / ngắm / xem | makita | melihat | हेर्छु <<हेर्नु>>

もちます《もつ》
拿 | 듭니다《들다》| levar | llevar | carry | เอา (ไป) | mang / cầm / nắm | magdala (dala) | membawa | बोक्छु <<बोक्नु>>

ようい
准备 | 준비 | preparação | preparación | preparation | การเตรียม | chuẩn bị | maghanda | persiapan | तयारी

りょこう
旅行（名词）| 여행 | viagem | viaje | travel / trip | การท่องเที่ยว | du lịch | paglalakbay | jalan-jalan / berwisata | भ्रमण / यात्रा

りょこうします《りょこうする》
去旅行 | 여행합니다《여행하다》| viajar | viajar | travel | ท่องเที่ยว | đi du lịch | maglakbay | jalan-jalan / berwisata | भ्रमण / यात्रा गर्छु <<भ्रमण / यात्रा गर्नु>>

わたし
我 | 저 / 나 | eu | yo | I | ฉัน / ผม | tôi | ako | saya | म

Column 07

文法解説が効果的になる条件

『これだけ1』のトピック8のところで、文法は表に出してはいけないというコラム（p.41）を書きました。表には出さないのですが、質問を受けたときにさらっと答えるのならかっこいいと思います。信頼関係の構築にもなるでしょう。一方、聞かれてもいないのに文法解説をすることにどんな意義があるのでしょうか。

日本語の文法構造を知っていることと、日本語を使いこなすことは違います。これは運転に例えると、車の操作方法を座学で学んでも、実際に運転できないということになります。つまり知識として知っていることと、その知識を運用する能力は違うのです。前者を宣言的知識、後者を手続き的知識と言いますが、現在両者が別物であることはわかっています。

なお、第二言語習得研究の成果としては、簡単に説明できる文法規則なら教えると効果があることもわかっています。文法解説は3分くらいにまとめろと言われますが、名言だと思います。『これだけ1』で採用しているマス形は、非常にシンプルで、簡単に説明ができます。動詞の末尾に、「ます／ました／ません／ませんでした」をくっつけるだけです。一方、て形のルールはどうでしょうか。「動詞がⅠグループの時、マスの着前に［イ・チ・リ］が来るときは［ッテ］になり、［ビミニ］が来るときは［ンデ］になり、［キ］のときは［イテ］になるんですが、［行きます］は例外で［って］になります……（まだルールは続きます）」なんていうルール、複雑だと思いませんか？ 一読してすっと理解した人はどれくらいいるのでしょうか。これらに時間をかけてゆっくり教えたとしても学習者は使えるようにはなりません（もちろん、日本人参加者は知っておいて損はないと思いますが）。

ですから、て形など動詞の活用が出てくる『これだけ2』では、作り方ルールは掲載していません。ただ、動詞の活用一覧（テキスト pp.94-95）を見れば、自分の使いたい動詞の活用が一目でわかります。さらに、「したじき」を見てもらうと、活用の全パターンが出ているので、そこからルールを抽出することはできます。教育的には、外国人参加者が自分で分析して考える過程も非常に重要です。

2 しょうらい の ゆめ

おしゃべりの流れ

将来の夢、目標はなんですか？　またそのために何をしていますか？　そんなテーマでおしゃべりを楽しんでください。

①トップページ（16-17ページ）
16ページには、様々な職業・身分に関する語彙がイラストとして並んでいます。「〇〇さんの夢は？」「子供の時の夢は？」それらの話題を「〜になることです」を使って話しましょう。17ページになると、さらにいろんな夢や目標がイラストに出てきます。「結婚すること」「マイホームを建てること」「フルマラソンを走ること」など、イラストに動詞を補って使いましょう。そのあとで、現在、夢や目標に向かって何をしているのか、お互いに話し合いましょう。家族の夢や、小さかった頃の夢など、視点を変えることで、おしゃべりを盛り上げることができます。

②やってみましょう！（18ページ）
枠の中に、今の私の状況と理想の私の状況をそれぞれ書き込みます。「どうしてそれが理想なんですか？」「理想のために何をしていますか？」「小さいとき（若いとき）、どんな理想を持っていましたか？」など、話を広げてみましょう。

③おしゃべりしましょう！（19ページ）
ここでは少し視点を変えて、慣習や願掛けがテーマです。例えばイラストにあるおせち料理には、様々な意味があります。「海老は？」「数の子は？」「黒豆は？」「かまぼこは？」日本のことを少し紹介したら、相手の国にも似たような慣習がないか聞いてみましょう。恋愛成就や合格祈願のためにどんな願掛けをするか？　など19ページのおしゃべりのコツを見ながら、話を広げてください。

隠れ文法

➡中心となる文法

将来の夢や目標、またそのために現在行っていることを伝えるための文法がテーマです

A　〜は、〜（辞書形）＋ことです
「ゆめは通訳になることです」の下線部に様々な職業名を入れて将来の話をしたり、「ゆめはマイホームを建てることです」のように、下線部に具体的な目標を入れて、話しましょう。

B　〜ように／ために
「結婚することができるように、……」「マラソン大会に出るために、……」などを用いて、目的や目標を伝え合いましょう。両者は同じ意味ですが、使い方が異なります。ない形・〜できる・〜なる・無意志動詞（‘降る’のような人間の意志が関わりにくい動詞）は、「〜ように」と一緒に使われます。その他の意志動詞は「〜ために」と一緒に使います。使い方の説明は不要ですが、いろいろな例を示しながら、お互いの目的や目標について話し合いましょう。

C （て形）＋ています

「貯金しています」「毎日走っています」のように、現在行っていることを話しましょう。Bで伝えた将来の目的や目標のために、現在努力していることはどんなことですか？ 「なにもしていません」ということもありますね。昔がんばっていたことを話し合っても盛り上がります。その場合は、「〜していました」という形になります。

➡ その他

トップページ

⋆ （辞書形）＋ことができます

将来の夢や目標を語るとき、‘できるようになりたいこと’はなんですか？ 「結婚することができるように」「英語を話すことができるように」「マイホームを建てることができるように」のように、自分の望むことを説明しましょう。

やってみましょう！

⋆ 〜ので

「今太っているので、やせたいです」のように、理由を述べながら説明しましょう。「今お金がないので、将来大金持ちになりたいです」という文は、「今お金がありません。だから、将来大金持ちになりたいです」のように‘だから’を用いて言い換えても大丈夫です。

おしゃべりしましょう！

慣習・願掛けを説明するには、「鬼（不幸）が来ないように豆をまきます」「合格できるように絵馬を書きます」のように‘中心となる文法’Bを使います。子どものときにがんばっていたことも同様に、「背が高くなるように、毎日牛乳を飲みました」という言い方ができます。

⋆ 〔ナ形容詞・イ形容詞〕＋なります

将来の夢や目標を語るとき、「背が高くなるように」「腕が細くなるように」「スマートになるように」「元気になるように」など‘ある状態への変化’を願うことがあります。どんな状態になることを望んでいますか？

その日のおしゃべりの内容に合わせて自由に記入しましょう。ローマ字で記入してもかまいません。

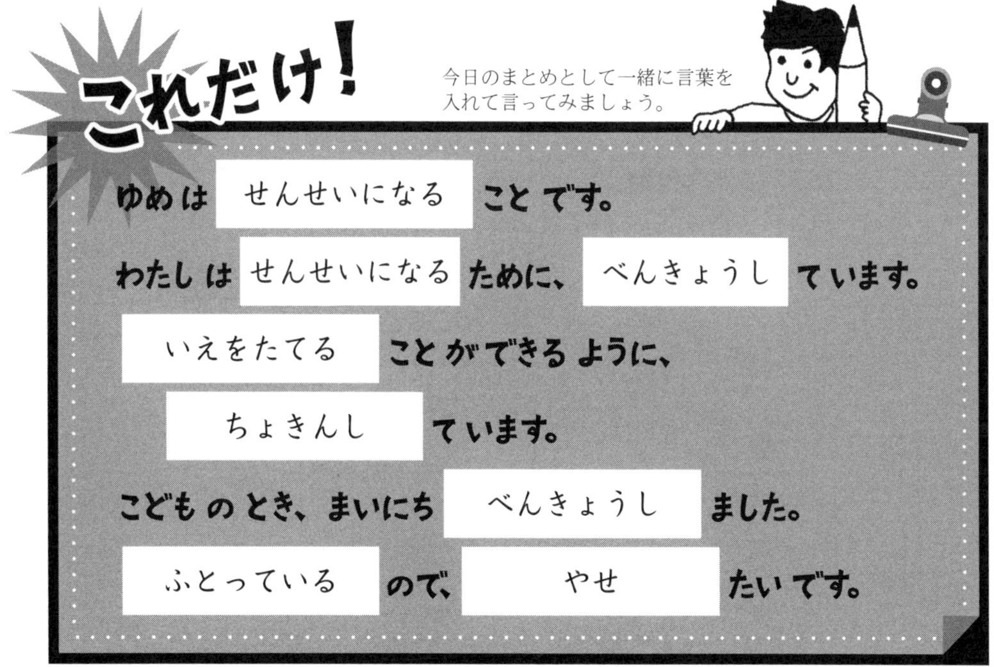

これだけ！
今日のまとめとして一緒に言葉を入れて言ってみましょう。
ゆめは せんせいになる ことです。
わたしは せんせいになる ために、べんきょうし ています。
いえをたてる ことができるように、
ちょきんし ています。
こどものとき、まいにち べんきょうし ました。
ふとっている ので、やせ たいです。

ネタ帳 01

人気職業の今昔

将来の夢を話すのが、トピック2の話題ですが、小学生の夢も少し覗いてみましょう。第一生命が毎年公開している『大人になったらなりたいもの』(ウェブで閲覧可能)より1990年と2020年の比較をしてみます。男の子の1位が象徴的で、スポーツ選手から会社員へと変化しています。外国人参加者の国と比較すると面白いと思います。ウェブ上に外国のデータがあるならいっしょに調べて、翻訳してもらったりすればきっと盛り上がります。そもそも「生命保険の会社が子どもの夢を調査するのはなんでかな?」などということもおしゃべりのネタとしてはおもしろいですよ。

小学生の人気職業

	男の子	女の子
1990 年	野球選手 警察官・刑事 おもちゃ屋さん サッカー選手 パイロット	保育園・幼稚園の先生 お菓子屋さん 学校の先生 看護師さん お花屋さん
2020 年	会社員 Youtuber サッカー選手 ゲーム制作 野球選手	パティシエ 教師・教員 幼稚園の先生・保育士 会社員 マンガ家

語彙表

中 | 韓 | ポルトガル | スペイン |
英 | タイ | ベトナム | タガログ |
インドネシア | ネパール

いしゃ
医生 | 의사 | médico | médico |
doctor | หมอ | bác sĩ | doktor |
dokter |
डाक्टर

いま
现在 | 지금 | agora | ahora | now |
ตอนนี้ | bây giờ | ngayon |
sekarang |
अहिले

うちゅうりょこう
宇宙旅行 | 우주여행 |
viagem espacial | viaje espacial |
space travel | การท่องเที่ยวจักรวาล |
du lịch vũ trụ | lakbay pangkalawakan |
wisata luar angkasa |
अन्तरिक्षको यात्रा / भ्रमण

おかねもち
有钱人 | 부자 | pessoa rica |
persona rica | rich people | คนรวย |
nhà giàu / người giàu | mayaman |
orang kaya | धनि

おさけ
酒 | 술 | bebida alcoólica |
bebida alcohólica | liquor / alcohol |
เหล้า | rượu sa kê | alak | sake |
रक्सी

おしょうがつ
新年 / 元旦 | 설날 | Ano Novo |
Año Nuevo | New Year | วันปีใหม่ |
Tết | Bagong Taon | Tahun Baru |
नयाँ वर्ष

おせちりょうり
过元旦吃的食品 | 신년 음식 |
Osechi | Osechi |
traditional New Year dishes |
อาหารโอเซะจิ | món ăn ngày Tết |
espesyal na pagkain sa Bagong Taon |
hidangan untuk perayaan Tahun Baru |
ओसेचि रियोउरि (जापानमा नयाँ वर्षमा खाइने बिशेष प्रकारको खानेकुरा)

かいしゃ
公司 | 회사 | empresa | empresa |
company | บริษัท | công ty |
kompanya | kantor | कार्यालय

かしゅ
歌手 | 가수 | cantor | cantante |
singer | นักร้อง | ca sĩ | mang-aawit |
penyanyi | गायक

かずのこ
干青鱼子 | 말린 청어알 |
ovas de arenque |
huevas de arenque | herring roe |
ไข่ปลาเฮอร์ริ่ง | trứng cá trích |
herring roe | sejenis telur ikan |
खाजुनोको (बिशेष प्रकारको माछाको अन्डा)

ぎゅうにゅう
牛奶 | 우유 | leite | leche | milk |
นมวัว | sữa bò | gatas | susu | दूध

けっこん
结婚（名词）| 결혼 | casamento |
casamiento | marriage | การแต่งงาน |
việc kết hôn | kasal | pernikahan |
बिहे / बिवाह

けっこんします
《けっこんする》
结婚（动词）|
결혼합니다《결혼하다》| casar-se |
casarse | get married | แต่งงาน |
kết hôn | magpakasal | menikah |
बिहे / बिवाह गर्छु <<बिहे / बिवाह गर्नु>>

けんきゅうしゃ
研究人员 | 연구자 | pesquisador |
investigador | researcher | นักวิจัย |
nhà nghiên cứu | tagapagsaliksik |
peneliti | अनुसन्धानकर्ता / अन्वेषक

こども
孩子 | 아이 | criança | niño |
child(ren) | ลูก |
con cái / trẻ con / con nít |
bata | anak | बच्चा

じぶん
自己 | 자기 | meu / eu | mi / yo |
oneself | ตัวเอง |
mình / bản thân mình |
sarili | sendiri | आफु

しゅふ
家庭主妇 | 주부 | dona de casa |
ama de casa | housewife | แม่บ้าน |
bà nội trợ | pangtahanan |
ibu rumah tangga | गृहिणी

しょうらい
将来 | 장래 | futuro | futuro |
future | อนาคต | tương lai |
kinabukasan | masa depan |
भविष्य

スポーツせんしゅ
运动员 | 스포츠 선수 | atleta |
deportista | athlete | นักกีฬา |
vận động viên thể thao | atleta |
atlet olah raga | खेलाडी

せ
身高 / 个子 | 키 | altura | altura |
back | ส่วนสูง | dáng | taas |
tinggi badan | उचाई

せかいりょこう
环游世界 | 세계여행 | viagem pelo mundo | viaje por el mundo | world tour | การท่องเที่ยวรอบโลก | du lịch vòng quanh thế giới | paglalakbay sa iba't ibang bansa | wisata keliling dunia | विश्व भ्रमण / यात्रा

せんせい
老师 | 선생님 | professor | profesor | teacher | ครู | thầy giáo/cô giáo | guro | guru | शिक्षक

たかいです《たかい》
高 / 贵（本课指费用高）| 비쌉니다《비싸다》| alto | alto | tall | สูง | cao | matangkad/mataas | tinggi | अग्लो छ<<अग्लो>>

たくさん
很多 | 많이 | muito | mucho | many/much | เยอะ | nhiều | madami | banyak | धेरै

たてます《たてる》
建 | (집을) 짓습니다《짓다》| construir | construir | build | ปลูก (บ้าน) | xây (nhà…) | magtayo | membangun | घर बनाउछु <<घर बनाउनु>>

たべます《たべる》
吃 | 먹습니다《먹다》| comer | comer | eat | กิน/รับประทาน | ăn | kumain (kain) | makan | खान्छु <<खानु>>

ちょきんします《ちょきんする》
存钱（动词）| 저금합니다《저금하다》| fazer poupança | ahorrar | save money | เก็บเงิน | để dành tiền/tiết kiệm tiền | mag-ipon | menabung | पैसा जम्मा / वचत गर्छु <<पैसा वचत / जम्मा गर्नु>>

つうやく
（口头）翻译 | 통역 | intérprete | intérprete | interpreter | ล่าม | thông dịch/thông dịch viên/phiên dịch | tagapag-salin sa ibang wika | penerjemah | भाषाको अनुवाद

でます《でる》
参加 | 참가합니다《참가하다》| participar | participar | participate (in marathon) | เข้าร่วม | tham dự | sumali (sali) | tampil/ikut | भाग लिन्छु <<भाग लिनु>>

なに
什么 | 무엇 | o que? | ¿qué? | what | อะไร | gì/cái gì | Ano? | apa | के

なります《なる》
成为 | 됩니다《되다》| ficar…/tornar-se | quedarse…/volverse | become | จะเป็น ~ | trở nên/trở thành | maging (matangkad) | menjadi | हुन्छु / बन्छु <<हुनु / बन्नु>>

のみます《のむ》
喝 | 마십니다《마시다》| beber | beber | drink | ดื่ม | uống | uminom (inom) | minum | पिउँछु <<पिउनु>>

はしります《はしる》
跑 | 뜁니다《뛰다》| correr | correr | run | วิ่ง | chạy | tumakbo (takbo) | berlari | दौडिन्छु <<दौडिनु>>

ふとります《ふとる》
发胖 | 살찝니다《살찌다》| engordar | engordarse | gain weight | อ้วน | béo/mập | tumaba | gemuk | मोटाउँछु <<मोटाउनु>>

フルマラソン
（全程）马拉松 | 마라톤 | maratona | maratón | full marathon | ฟูลมาราธอน | cuộc đua ma-ra-tông chạy đủ 42.195 km | kumpletong marathon | maraton penuh | लामो म्याराथन दौड

べんきょうします《べんきょうする》
学习 | 공부합니다《공부하다》| estudar | estudiar | study | เรียนหนังสือ | học | mag-aral | belajar | पढ्छु (अध्ययन गर्छु) <<पढ्नु / अध्ययन गर्नु>>

ほいくし
保育员 | 보육교사 | educador infantil | maestro(a) de guardería | day care worker | ผู้ดูแลเด็ก | giáo viên nhà trẻ/người trông trẻ | Taga-pangalaga | pengasuh anak di tempat penitipan anak | चाइल्डकेयर गर्ने व्यक्ति / बच्चाको हेरविचार गर्ने व्यक्ति

まいにち
每天 | 매일 | todos os dias | todos los días | every day | ทุกวัน | mỗi ngày/hằng ngày | araw-araw | setiap hari | प्रत्येक दिन

マイホーム	特指拥有产权的房子 | 마이 홈 | casa própria | mi casa | owned house | บ้านของตัวเอง | nhà riêng của mình | sariling bahay | rumah sendiri | आफ्नो घर
やせます《やせる》	瘦（动词）| 여윕니다《여위다》| emagrecer | adelgazarse | lose weight | ผอมลง | gầy/ốm | pumayat | kurus | दुब्लो हुन्छु <<दुब्लाउनु>>
ゆめ	梦 / 梦想 | 꿈 | sonho | sueño | dream | ฝัน | giấc mơ/ước mơ | panaginip | cita-cita | सपना
りそう	理想 | 이상 | ideal | ideal | ideal | อุดมคติ | lý tưởng | uliran | ideal / yang diangan-angankan | कल्पना / काल्पनिक
れんしゅうします《れんしゅうする》	练习 | 연습합니다《연습하다》| praticar | practicar | practice | ฝึกซ้อม | luyện tập | mag-ensayo | berlatih | अभ्यास गर्छु <<अभ्यास गर्नु>>
わたし	我 | 저 / 나 | eu | yo | I | ฉัน | tôi | ako | saya | म

ぶり（出世魚）、えび、くろまめ、かずの子、
こぶまき、紅白かまぼこ、くりきんとん……

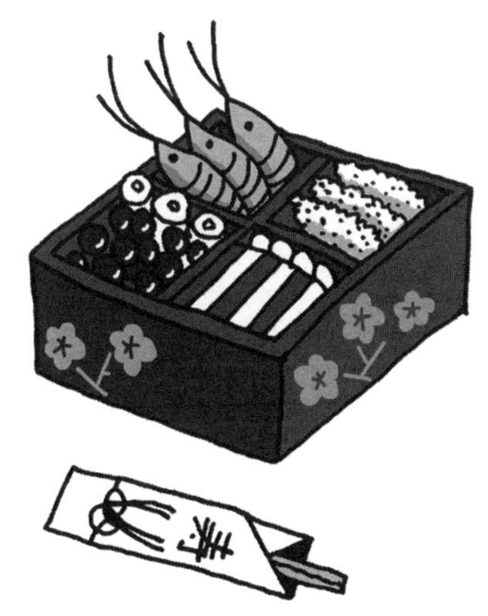

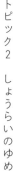

やすみのひ

おしゃべりの流れ

休みの日の過ごし方がテーマです。どのように過ごしたいか、お互いに話し合ってみましょう。

①トップページ（20–21ページ）
20ページには、場所や行為に関するイラストがあります。休みの日に行きたい場所、したいことを話し合いましょう。続いて21ページはレクリエーション活動がイラストで紹介されています。どんなことをしたいのか、話し合いましょう。また、それらが可能な場所、禁止の場所について話を展開しましょう。

②やってみましょう！（22ページ）
休みの日にすることを周りに聞いて、「プールに（へ）いきます」の下の空欄にあと3つ追加しましょう。「墓地に行きます」のような、ちょっと変わったことをする人がいると、おしゃべりは盛り上がります。皆さんの趣味や活動などを少し披露しても、楽しいかもしれません。そして、それらをするかどうか周りに聞いて、○、△、×をつけましょう。最後に各自、一緒に遊んでみたい人を選んでください。その理由も述べましょう。

③おしゃべりしましょう！（23ページ）
23ページのデート計画をじっくり見てください。ここは、「自分だったらどうするか？」「これは変じゃないか？」という‘つっこみ’を入れる活動です。「集合・解散の時間設定はどうですか？」「こんなデートがしたいですか？」など自由に話し合いましょう。このデートの後、2人はうまくいくのでしょうか。予想してください。

隠れ文法

➨中心となる文法

休みの日に行きたい場所、そこでやりたいことについて話すための文法がテーマです。

A　（た形）＋たり、〜（た形）＋たり、
“たり”は必ず2回使う必要はありません。「公園に行ったり（、買いものに行ったり）したいです」「映画館に行ったり（、ショッピングモールに行ったり）したいです」のように、休みの日に行きたい場所を列挙しましょう。自分が住んでいる街の近くにある有名な場所を入れて、「東京タワーに行ったり（、浅草に行ったり）したいです」「宮島に行ったり（、原爆ドームを見たり）したいです」のように固有名詞で話すと、おしゃべりは広がります。

B　（た形）＋たら、
「公園に行ったら、バーベキューをしたいです」「池に行ったら、ボートに乗りたいです」などを用いて、ある場所に行ったら、何をしたいか、話し合いましょう。「遊園地に行ったら何をしますか？」「友達の家に行ったら何をしますか？」など考えて話を広げましょう。

➡ その他

トップページ

✦（「ます」の形）＋ましょう

相手を何かに誘うときに使います。「こんど公園に行きましょう」「一緒にサッカーしましょう」のように、教室外の活動へと広げる工夫が大切です。

やってみましょう！

理由を述べるために、以下の文法を使います。

✦ ～んです

原因や理由を表します。「プールによく行きます。大好きなんです」のようにあとから理由を追加して言いたいときに使いましょう。

✦ ～ので、

一緒に遊んでみたい人は誰ですか？「パーティが好きなので、〇〇さんがいいです」のように、一緒に遊びたい人の名前と、その理由を言いましょう。「パーティが好きです。だから、〇〇さんがいいです」のように‘だから’で言い換えてもかまいません。

おしゃべりしましょう！

✦（て形）＋て／てから、

いくつかの出来事を連続して紹介したいときに使います。「私だったら散歩をして（から）、映画を見たいです」「私だったらお酒を飲んで（から）、カラオケに行きたいです」などのように、自分なりの計画を代案として提示しましょう。

その日のおしゃべりの内容に合わせて自由に記入しましょう。ローマ字で記入してもかまいません。

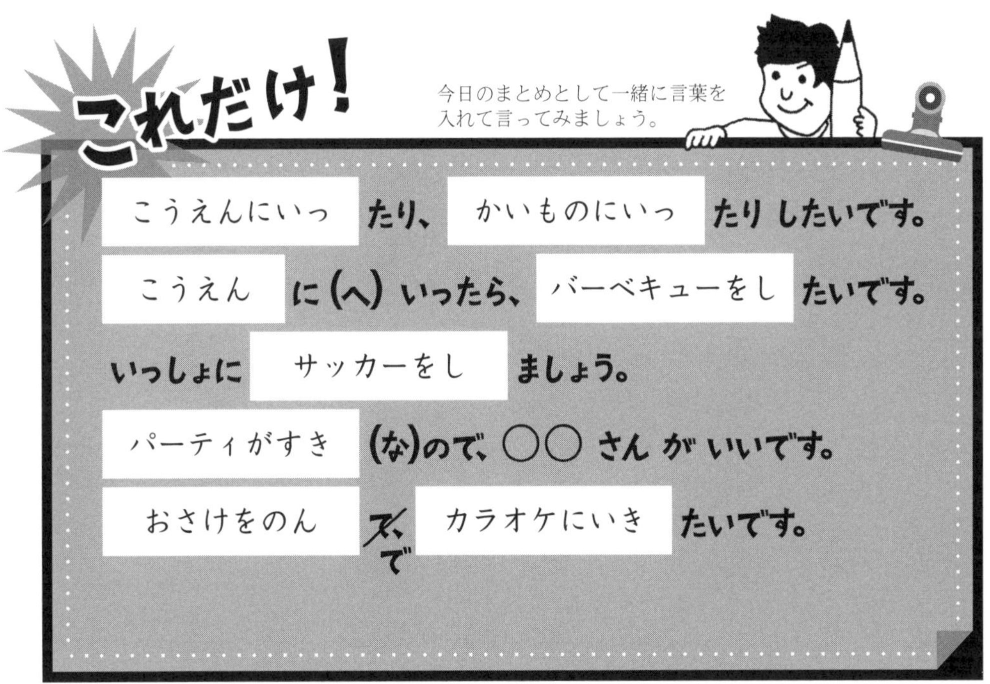

これだけ！
今日のまとめとして一緒に言葉を入れて言ってみましょう。
こうえんにいっ たり、 かいものにいっ たり したいです。
こうえん に（へ） いったら、 バーベキューをし たいです。
いっしょに サッカーをし ましょう。
パーティがすき （な）ので、〇〇 さん が いいです。
おさけをのん て で カラオケにいき たいです。

ネタ帳 02

自由時間の過ごし方

トピック3「やすみのひ」では、余暇の過ごし方についておしゃべりすることを期待しています。参考までに、日本の若者の自由時間の過ごし方を見ながら感想を言い合いましょう。「若者は世界共通ですね〜」となるかもしれませんし、日本独特の文化が見つかるかもしれません。

若者（15歳〜19歳）の自由時間の過ごし方（2013）

男	女
1　テレビゲーム（家で）	1　カラオケ
2　ジョギング・マラソン	2　SNS、ツイッターなど
3　トランプ・オセロなど	3　映画（テレビを除く）
4　カラオケ	4　ファッション（楽しみとして）
5　映画（テレビを除く）	5　音楽鑑賞

イベントとして自由時間に行う活動を聞いたアンケートも紹介します。こちらは若者に限定せず、参加した人の数をまとめています。まずは自分の活動を振り返ってデータと比較してみてください。データはどちらも『表とグラフでみる日本のすがた2015』（矢野恒太郎記念会）から引用しています。

自由時間に行う活動への参加人数ランキング（15歳以上：2013年）

1　国内旅行
2　ドライブ
3　外食
4　映画
5　アウトレットモールなど

中 | 韓 | ポルトガル | スペイン | 英 | タイ | ベトナム | タガログ | インドネシア | ネパール

あいます《あう》
会见 / 见面 | 만납니다《만나다》| encontrar-se | encontrarse | meet | (นัด) พบกัน | gặp | magkita | bertemu | भेट गर्छु <<भेट्नु>>

アクションえいが
动作片 | 액션 영화 | filme de ação | película de acción | action movie | หนังแอ็คชั่น | phim hành động | aksyon na sine | film laga | एक्शन सिनेमा / फिल्म

いいえ
不 | 아니요 | não | no | no | ไม่ | không | Hindi | tidak | होईन

いいです《いい》
好 | 좋습니다《좋다》| boa ideia! | ¡buena idea! | nice | ดี | tốt / được | mabuti | bagus / indah | हुन्छ <<हो>>

いきます《いく》
去 | 갑니다《가다》| ir | ir | go | ไป | đi | pumunta | pergi | जान्छु <<जानु>>

いけ
水池 | 연못 | lagoa | laguna | pond | บ่อ | cái ao | lawa | kolam | पोखरी

いざかや
居酒屋 | 일본식 술집 | bar japonês | taberna japonesa | Japanese style pub | ร้านเหล้า | quán nhậu | taberna | restoran kedai minum | इजाकाया (रेस्टुरेन्ट)

いっしょ
一起 | 같이 | juntos | juntos | together | ด้วยกัน | cùng nhau | magkasama | bersama | संगै

いつも
总是 / 经常 | 언제나 | sempre | siempre | always | เสมอ | luôn luôn | lagi | selalu | सँधै / जहिले पनि

うち
家 | 집 | casa | casa | home | บ้าน | nhà | bahay | rumah | घर

えいが
电影 | 영화 | filme | película | movie | ภาพยนตร์ | phim ảnh | sine | film | सिनेमा / फिल्म

えき
车站 | 역 | estação | estación | station | สถานีรถไฟ | nhà ga / ga | sakayan ng tren | stasiun | स्टेशन

おさけ
酒 | 술 | bebida alcoólica | bebida alcohólica | alcoholic beverage / Japanese sake | เหล้า | rượu / rượu sa kê | alak | sake | रक्सी

およぎます《およぐ》
游泳 | 헤엄칩니다《헤엄치다》| nadar | nadar | swim | ว่ายน้ำ | bơi / bơi lội | lumangoy (langoy) | berenang | पौडी खेल्छु <<पौडिनु>>

かいます《かう》
买 | 삽니다《사다》| comprar | comprar | buy | ซื้อ | mua | bumili (bili) | membeli | किन्छु <<किन्नु>>

かいもの
购物 | 쇼핑 | compras | compras | shopping | การซื้อของ | mua sắm | pamimili | belanja | किनमेल

かえります《かえる》
回去 (回来) | 돌아갑니다《돌아가다》| regressar / voltar | regresar | go back | กลับ | về / trở về | umuwi (uwi) | pulang | फर्कन्छु <<फर्कनु>>

カラオケ
卡拉OK | 노래방 | karaokê | karaoke | karaoke | คาราโอเกะ | karaoke | karaoke | karaoke | खाराओके / काराओके

きらいです《きらいな》
讨厌 / 不喜欢 | 싫어합니다《싫어하는》| não gostar/odiar | no me gusta | hate / dislike | ไม่ชอบ | ghét | ayaw / hindi gusto | tidak suka | मन पर्दैन <<मन नपर्ने>>

けいかく
计划 | 계획 | plano | plan | plan | แผนการ | kế hoạch | plano | rencana | योजना

こうえん
公园 | 공원 | parque | parque | park | สวนสาธารณะ | công viên | parke | taman | पार्क

こんど
下一回 / 下一次 | 다음에 | um dia | un día | next time | คราวหน้า | lần tới / lần sau | sa susunod | lain kali | पछि / फेरी

サッカー
足球 | 축구 | futebol | fútbol | soccer | ฟุตบอล | bóng đá | putbol | sepak bola | फुटबल

さむいです《さむい》
冷 | 춥습니다《춥다》| frio | frio | cold | หนาว | rét/lạnh | malamig | dingin | जाडो / ठण्डी छ <<जाडो / ठण्डी>>

さんぽ
散步（名词）| 산보 | passeio | paseo | a walk | การเดินเล่น | việc đi dạo | lakad | jalan-jalan santai cari angin | घुमघाम

さんぽします《さんぽする》
散步（动词）| 산보합니다《산보하다》| passear | pasear | go for a walk | เดินเล่น | đi dạo | maglakad | berjalan-jalan santai cari angin | घुम्न जान्छु <<घुमघाम गर्नु>>

ジム
健身房 | 헬스장 | academia de ginástica | gimnasio | gym | ฟิตเนส | phòng tập thể dục | gym | pusat kebugaran | जिम

すいぞくかん
水族馆 | 수족관 | aquário | acuario | aquarium | พิพิธภัณฑ์สัตว์น้ำ | thủy cung | aquarium | akuarium besar / sea world | एकोरियम

すきです《すきな》
喜欢 | 좋아합니다《좋아하는》| gostar | gustar | like | ชอบ | thích | gusto | suka | मन पर्छ <<मन पर्नें>>

ぜんぜん
根本（不～）| 전혀 | nunca | nunca | (do) not (go) at all | ไม่เลย | hoàn toàn (không ~) | hindi talaga | sama sekali | पटक्कै

だいすきです《だいすきな》
超喜欢 | 대단히 좋아합니다《대단히 좋아하는》| gosto muito | me gusta mucho | like ～ very much | ชอบมาก | rất thích | gustung-gusto | suka sekali | अति/एकदम मन पर्छ <<अति/एकदम मन पर्नें>>

タクシー
的士 | 택시 | táxi | taxi | taxi | แท็กซี่ | tắc xi | taksi | taksi | ट्याक्सी

だめです《だめな》
不可以 / 不行 | 안됩니다《안되는》| não se pode | no se puede | not okay / no | ไม่สามารถทำได้ | không được / không được phép | hindi pwede | tidak boleh | हुन्दैन <<नहुने>>

チケット
票 | 티켓 | bilhete / passagem | billete | ticket | ตั๋ว | vé | tiket | tiket | टिकट

デート
约会 | 데이트 | encontro | cita | date | เดท | hẹn hò | tipanan | kencan | मन पर्ने मान्छे संग घुम्न जानु

でも
但是 / 可是 | 그러나 | mas | pero | but | แต่ | nhưng | ngunit | tetapi | तर

でんしゃ
电车 | 전철 | trem | tren | train | รถไฟ | tàu điện | tren | kereta | रेल / ट्रेन

どう
怎么 | 어떻게 | que tal? | ¿qué te parece? | how | อย่างไร | như thế nào | kumusta | bagaimana | कस्तो

ときどき
有时 | 가끔 | às vezes | a veces | sometimes | บางที | đôi khi / thỉnh thoảng | pamisan-minsan | kadang-kadang | कहिले काहीं

どこ
哪里 | 어디 | onde? | ¿dónde? | where | ที่ไหน | đâu / chỗ nào | Saan? | (di) mana | कता / कहाँ

ともだち
朋友 | 친구 | amigo(a) | amigo(a) | friends | เพื่อน | bạn bè | kaibigan | teman | साथी

ないです《ない》
没有 | 없습니다《없다》| não ter | no hay | there is no (train) | ไม่มี | không có | wala | tidak ～ | छैन

のみます《のむ》
喝 | 마십니다《마시다》| beber | beber | drink | ดื่ม | uống | uminom (inom) | minum | पिउँछु <<पिउनु>>

語	訳
のります《のる》	乗 | 탑니다《타다》| subir / embarcar | Subir | take / ride | นั่ง / ขึ้น (รถ) | lên (tàu, xe...) | sumakay (sakay) | naik | चढ्छु <<चढ्नु>>
パーティ	（宴会，晚会等交际性的）集会 | 파티 | festa | fiesta | party | ปาร์ตี้ | buổi tiệc | salu-salo / party | pesta | पार्टी
バーベキュー	野外烧烤 | 바베큐 | churrasco | parrillada | barbecue | บาร์บีคิว | tiệc thịt nướng ngoài trời | barbecue / inihaw | barbeque | बार्बेक्यु
はい	是 | 예 / 네 | sim | sí | yes | ครับ / ค่ะ | vâng, phải | Oo | ya | हुन्छ
はなび	焰火 | 불꽃 | fogos de artifício | fuegos artificiales | fireworks | ดอกไม้ไฟ | pháo hoa / pháo bông | paputok | kembang api | आतिशबाजी / फायर वोर्क
ハンバーガー	汉堡包 | 햄버거 | hambúrguer | hamburguesa | hamburger | แฮมเบอร์เกอร์ | món bánh ham bơ gơ | hamburger | hamburger | हान्बर्ग
ひ	～日（如；休息日）| ～날 | dia | día | day | วัน | ngày | araw | api | दिन
ひるごはん	午饭 | 점심 | almoço | almuerzo | lunch | อาหารกลางวัน | bữa trưa / cơm trưa | tanghalian | makan siang | दिउँसोको खाना / भोजन
プール	游泳池 | 수영장 | piscina | piscina | swimming pool | สระว่ายน้ำ | bể bơi | pool | kolam renang | स्वीमिङ्ग पुल
ふゆ	冬天 | 겨울 | inverno | invierno | winter | ฤดูหนาว | mùa đông | tag-lamig | musim dingin | जाडो याम
プラネタリウム	天象仪 | 플라네타륨 | planetário | planetario | planetarium | ท้องฟ้าจำลอง | Nhà mô hình vũ trụ, cung thiên văn | planetarium | planetarium | प्रानेतारिम / तारामंडल
ボート	小艇 / 小船 | 보트 | bote | bote | boat | เรือ | thuyền có tay chèo | bangka | perahu | डुंगा
みます《みる》	看 | 봅니다《보다》| assistir / ver | ver | see, watch | ดู | xem, nhìn, ngắm | manood | melihat, menonton | हेर्छु <<हेर्नु>>
やすみ	休息 | 쉬는 날 | descanso | descanso | holiday | (วัน) หยุด | sự nghỉ ngơi | pahinga / walang pasok | libur | बिदा / छुट्टि
ゆうえんち	游乐场 | 놀이공원 | parque de diversão | parque de atracciones | amusement park | สวนสนุก | công viên giải trí | amusement park | taman rekreasi | मनोरञ्जन पार्क
よく	经常 | 잘 | frequentemente | frecuentemente | often | บ่อย | thường hay | madalas | sering | धेरै
わたし	我 | 저 / 나 | eu | yo | I | ฉัน/ผม | tôi | ako | saya | म

みんなで騒ぎたいですね。

4 りそうのひと

おしゃべりの流れ

「家族や友達はどんな人？」「理想の人はどんな人？」自分の周りにいる人間を紹介し合うのが、この課のテーマです。

①トップページ（24-25ページ）
24ページのイラストは、比較的基本的な人間描写のための形容詞が挙がっています。家族や友達などはどんな人ですか？　紹介し合いましょう。そして、25ページに入ると少し細かい特徴を表す形容詞がたくさん出てきます。これらも追加して、理想の人について語りましょう。その理由についても聞いてみましょう。理想の上司など、「おしゃべりのコツ」を見ながら話を広げましょう。

②やってみましょう！（26ページ）
イラストには、対照的なペアが2人ずつ描かれています（例：派手な人⇔地味な人）。どちらにもよさがある、一長一短の性格をペアにしています。「理想の自分はどっち？」「恋人だったら？」「父親だったら？」といろんな状況でおしゃべりしましょう。なぜそれを選んだのか、理由についても話し合うと盛り上がります。

③おしゃべりしましょう！（27ページ）
恋人、家族、友達、好きな有名人、誰でもいいので写真（スマホの中に入っていることもあります）や似顔絵を元におしゃべりします。ここでは、どんな人ですかという特徴・外見・性格に関するものから始めて、その人とどんなことを一緒にするのか、かつてはどんなことを一緒にしたのかと広げていくと盛り上がります。その人と自分との関係を伝え合いましょう。

隠れ文法

➡中心となる文法

人の特徴・外見・性格について述べる文法がテーマです。

A 〔ナ形容詞・イ形容詞〕＋名詞
「どんな人ですか？」という質問に対して、「かっこいい人」「かわいい人」「元気な人」「まじめな人」などと、名詞を形容詞で修飾しながら話しましょう。イ形容詞やナ形容詞といった細かい文法用語の説明はしなくても大丈夫です。イラストを指差しながら、そのまま読めば連体修飾の形になります。外国人参加者が気になる場合は、「したじき」を見せてあげてください。

B 〜んです
理想の人について「お父さんです」のような答えになった場合、理由を聞いて見ましょう。「まじめな人が好きなんです」「料理がじょうずな人がいいんです」のような言い方で理由を説明してもらいます。

➡ その他

トップページ
その他は特にないので、'中心となる文法'を活用して、周りの人や理想の人についていろんなパターンで描写してみましょう。

やってみましょう！
✦ ～けど
「頭がよくないけど面白い人」「料理が下手だけどまじめな人」のように、ちょっと込み入った性格を説明するときに使います。

✦ ～ですから／んです
どうしてその人を選んだのか、理由を述べましょう。「わたしはまじめですから」「わたしはまじめなんです」のように、後から理由を追加する言い方です。

おしゃべりしましょう！
✦ (て形) ＋て／てから、
「散歩をして、映画を見ます」「お酒を飲んで(から)、カラオケに行きます」などのように、いくつかの出来事を連続して紹介したいときに使います。

✦ (た形) ＋たり、～ (た形) ＋たり、
「公園に行ったり、買いものに行ったりします」「映画館に行ったり、ショッピングモールに行ったりします」のように、一緒にすることをいくつか列挙するときに使います。「公園に行ったりします」のように単独で使ってもOKです。

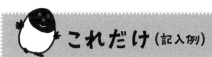

その日のおしゃべりの内容に合わせて自由に記入しましょう。ローマ字で記入してもかまいません。

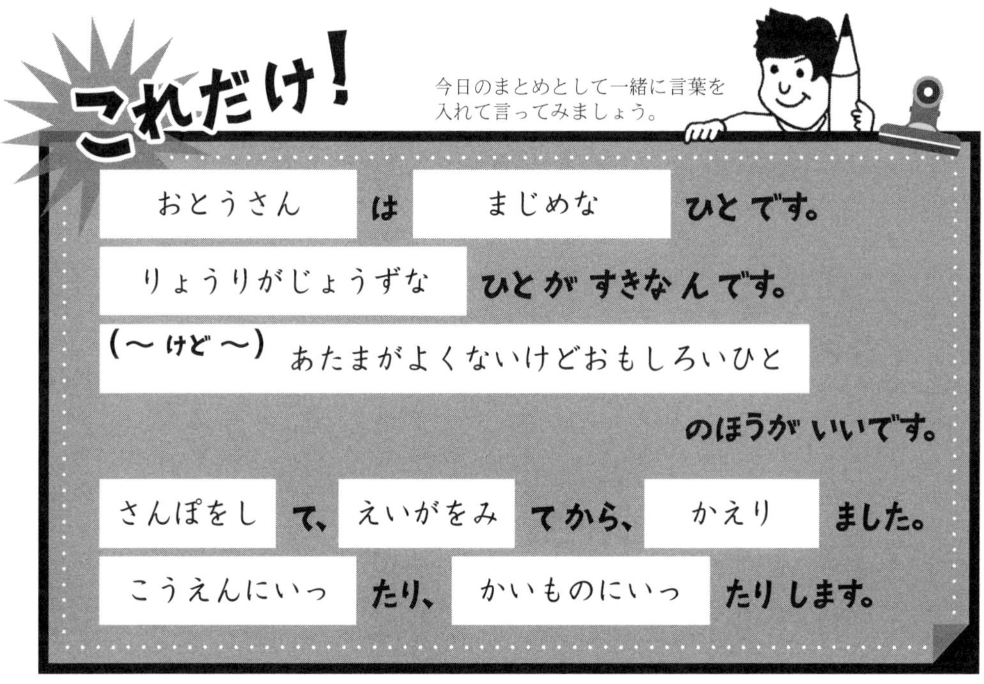

これだけ！
今日のまとめとして一緒に言葉を入れて言ってみましょう。
おとうさん は まじめな ひと です。
りょうりがじょうずな ひとが すきなんです。
(～けど～) あたまがよくないけどおもしろいひと のほうが いいです。
さんぽをし て、えいがをみ てから、かえり ました。
こうえんにいっ たり、かいものにいっ たり します。

語彙表

中 | 韓 | ポルトガル | スペイン | 英 | タイ | ベトナム | タガログ | インドネシア | ネパール

あたま
头 | 머리 | cabeça | cabeza | head | หัว | đầu | ulo | kepala | टाउको (あたまがいい बुद्धिमानी /चलाख)

あまり
不怎么 | 별로 | não muito | no mucho | not very / not so much | ไม่ค่อย~ | (không) lắm | hindi gaanong (matangkad) | tidak begitu | तेती धेरै

いいです《いい》
好 | 좋습니다《좋다》| bom | bueno | nice | ดี | tốt / được | mabuti | ideal / bagus | हुन्छ <<हो>>

いきます《いく》
去 | 갑니다《가다》| ir | ir | go | ไป | đi | pumunta (punta) | pergi | जान्छु <<जानु>>

いっしょ
一起 | 같이 | juntos | juntos | together | ด้วยกัน | cùng nhau | magkasama | bersama | संगै

いつも
总是 / 经常 | 언제나 | sempre | siempre | always | เสมอ | luôn luôn | lagi | selalu | सँधै / जहिले पनि

うた
歌 | 노래 | canção | canción | song | เพลง | bài hát | kanta | lagu | गीत

おかあさん
妈妈 | 어머니 | mãe | madre | mother | คุณแม่ | mẹ / má | nanay | ibu | आमा

おかねもち
富豪 / 有钱人 | 부자 | rico | gente rica | rich people | คนรวย | nhà giàu / người giàu | mayaman | orang kaya | धनि

おとうさん
爸爸 | 아버지 | pai | padre | father | คุณพ่อ | cha / bố / ba | tatay | ayah | बुबा

おもしろいです《おもしろい》
有趣 | 재미있습니다《재미있다》| engraçado / interessante | gracioso / interesante | interesting / funny | สนุกสนาน/น่าสนใจ | thú vị / hấp dẫn / hay | nakakaaliw | menarik / lucu | रमाइलो छ <<रमाइलो>>

かいもの
购物 | 쇼핑 | compras | compras | shopping | การซื้อของ | mua sắm | pamimili | belanja | किनमेल

かっこいいです《かっこいい》
帅 | 멋집니다《멋지다》| bonito / cool | bonito | cool | หล่อ/เท่ | đẹp (trai) / ngầu | may dating | tampan | राम्रो छ (हान्सम) <<राम्रो>>

かみ
头发 | 머리카락 | cabelo | cabello | hair | ผม | tóc | buhok | rambut | केश / कपाल

カラオケ
卡拉OK | 노래방 | karaokê | karaoke | karaoke | คาราโอเกะ | karaoke | karaoke | karaoke | खाराओके / काराओके

かわいいです《かわいい》
可爱 | 귀엽습니다《귀엽다》| fofo (a) | bonita | cute | น่ารัก | dễ thương / xinh | cute | manis / lucu | राम्री छ <<राम्री सुन्दरता>>

きれいです《きれいな》
漂亮 / 干净（本课指漂亮）| 아름답습니다《아름다운》| lindo(a) | lindo(a) | beautiful | สวย | đẹp | maganda | cantik | राम्रो / सुन्दर छ <<राम्रो / सुन्दर>>

ゲーム
游戏 | 게임 | vídeo game | videojuego | game | เกม | trò chơi điện tử | video game | game / permainan | गेम

げんきです《げんきな》
好（身体状况或精神状况）| 건강합니다《건강한》| bem / saudável | bien / saludable | healthy / in good spirits / energetic | ร่าเริง | khỏe / mạnh khỏe | malusog / walang sakit | enerjik / sehat | सन्चै छ <<सन्चै>>

こいびと
恋人 | 연인 | namorado(a) | novio(a) | partner / girlfriend / boyfriend | แฟน | người yêu | kasintahan | pacar / kekasih | प्रेमी

こうこう	高中 | 고등학교 | ensino médio | escuela secundaria | high school | โรงเรียนมัธยมปลาย | trường cấp 3 | Pinaka-mataas na paaralan | SMA | उच्च विद्यालय
こども	孩子 | 아이 | criança | niño | child(ren) | เด็ก | con cái / trẻ con / con nít | bata | anak | बच्चा
この	这～ | 이 | este(a) | esta | this | -นี้ | này | ito | ini | यो
サッカー	足球 | 축구 | futebol | fútbol | soccer | ฟุตบอล | bóng đá | putbol | sepak bola | फुटबल
さんぽします《さんぽする》	散步 (动词) | 산책합니다《산책하다》| passear | pasear | go for a walk | เดินเล่น | đi dạo | lumakad (lakad) | jalan-jalan santai cari angin | घुमघाम गर्न जान्छु <<घुमघाम गर्नु>>
じみです《じみな》	朴素 / 不华丽 | 수수합니다《수수한》| simples | sencilla | plain | เรียบๆ | giản dị / mộc mạc / đơn giản | simple | sederhana / tidak mencolok | साधारण छ <<साधारण>>
しゅじん	丈夫 | 남편 | meu marido | mi esposo | husband | สามี | chồng | asawa (lalaki) | suami | श्रीमान
じょうずです《じょうずな》	(某种技术) 好 | 능숙합니다《능숙한》| bom / habilidoso | bueno / habilidoso | good (at playing soccer) | เก่ง | giỏi / khéo | magaling | pandai | सिपालु छ <<सिपालु>>
しょくじ	吃饭 | 식사 | refeição | comida | meal | การรับประทานอาหาร | bữa ăn / việc dùng bữa | pagkain | makan | खाना
しんせつです《しんせつな》	亲切 | 친절합니다《친절한》| atencioso (a) / gentil | amable | kind / gentle / nice | ใจดี | tử tế / tốt bụng | mabait | ramah | भलादमी / दयालु छ <<भलादमी / दयालु>>
すきです《すきな》	喜欢 | 좋아합니다《좋아하는》| gostar | gustar | like | ชอบ | thích | gusto | suka | मन पर्छ <<मन पर्ने>>
せ	身高 / 个子 | 키 | altura | altura | back / height | ส่วนสูง | dáng | taas | tinggi badan | उचाई
セクシーです《セクシーな》	性感 | 섹시합니다《섹시한》| sexy | sexy | sexy | เซ็กซี่ | khêu gợi / gợi cảm | seksi | seksi | सुन्दरी छ <<सुन्दरता>>
たかいです《たかい》	高 | (키가) 큽니다《크다》| alto | alto | tall | สูง | cao | matangkad / mataas | tinggi | महँगो छ <<महँगो>>
つまらないです《つまらない》	无聊 | 재미없습니다《재미없다》| chato | aburrido | boring (person) | น่าเบื่อ | nhàm chán / tẻ nhạt / không thú vị | nakakainip / nakakabagot | membosankan | नरमाइलो छ <<नरमाइलो>>
どちら	哪～ | 어느 쪽 | qual? | ¿cuál? | which | (คน)ไหน | người nào / cái nào... | Alin? | yang mana | कता / कुन
とても	非常 | 매우 | muito | muy | very | มาก | rất | napaka(siryoso) | sangat | एकदम
どんな	什么样的 | 어떤 | que tipo de | que tipo de | what kind of | แบบไหน | như thế nào | Anong klaseng (tao?) | seperti apa / yang bagaimana | कस्तो
ながいです《ながい》	长 | 깁니다《길다》| comprido | largo | long | ยาว | dài | mahaba | panjang | लामो छ <<लामो>>
はじめて	初次 / 头一次 | 처음 | pela primeira vez | por primera vez | for the first time | เป็นครั้งแรก | lần đầu | una | pertama kali | पहिलो चोटी पटक
はでです《はでな》	(服装，打扮等) 鲜艳 / 华丽 | 화려합니다《화려한》| chamativo / extravagante | llamativa | flashy / showy / flamboyant | ฉูดฉาด / สะดุดตา | lòe loẹt / sặc sỡ | magara / matingkad | mencolok | चम्किलो / झकिझकाउ छ <<चम्किलो / झकिझकाउ>>

ひくいです 《ひくい》	（身高）矮｜(키가) 작다｜baixo｜bajo｜short｜(ตัว) เตี้ย｜thấp｜mababa｜rendah｜होचो छ <<होचो>>
ひと	人｜사람｜pessoa｜persona｜people｜คน｜người｜tao｜orang｜मानिस / मान्छे
へたです 《へたな》	（某种技术）差｜서툽니다《서투른》｜não ser bom (em algo)｜no ser bueno (en algo)｜bad at｜ไม่เก่ง｜dở/vụng/không giỏi｜hindi magaling (sa pagluluto)｜tidak pandai｜नराम्रो नमिलेको छ /सिपालु छैन <<सिपालु नभएको>>
ベッカム	贝克汉姆（足球运动员）｜베컴（축구선수）｜Beckham｜Beckham｜Beckham｜เบคแฮม｜David Beckham｜David Beckham｜David Beckham｜बेक्कम (प्रख्यात फुटबल खेलाडी)
まじめです 《まじめな》	认真 / 诚实 / 老实｜성실합니다《성실한》｜sério｜serio｜serious｜เอาจริงเอาจัง(จริงจัง)｜nghiêm túc｜siryoso｜rajin / serius｜मेहनती / सोझ्रा छ <<मेहनती / सोझा>>
みじかいです 《みじかい》	短｜짧습니다《짧다》｜curto｜corto｜short｜สั้น｜ngắn｜maikli｜pendek｜छोटो छ <<छोटो>>
りそう	理想｜이상｜ideal｜ideal｜ideal｜อุดมคติ｜lý tưởng｜uliran｜ideal｜कल्पना / काल्पनिक
りょうり	饭菜｜요리｜culinária｜cocina｜cooking｜อาหาร｜việc nấu ăn｜pagluto｜masak｜खानेकुरा
わがままです 《わがままな》	任性｜제멋대로입니다《제멋대로인》｜egoísta｜egoísta｜selfish｜เอาแต่ใจตัวเอง｜ích kỷ / ương ngạnh｜makasarili｜egois｜स्वार्थी छ <<स्वार्थी>>
わたし	我｜저 / 나｜eu｜yo｜I｜ฉัน / ผม｜tôi｜ako｜saya｜म

あせってはいけませんよ。

Column 08

学習動機

地域日本語教室の外国人参加者はどういう動機で日本語を学ぶのでしょうか（すべての人が日本語を学ぶために教室に来ているわけではありませんが）。日本にあこがれて学ぶ統合的動機付けか、仕事で使うために学ぶ道具的動機付けかという二分類が初期の研究では盛んでした。どちらが重要かと言われてもはっきりした結論がでなかったのですが、確かに両者はどちらも大事ですし、はっきり区別もしにくいと思います。

動機付けには、「勉強しよう！」という最初のとっかかりと、開始後の継続する努力を分けて考える必要があります。各地方自治体の外国人調査を見ると、「日本語を学びたい」という外国人が大多数を占めますが、実際に教室に行く人はわずかで、継続する人はさらに少数です。地域日本語教室で1年間継続して通っている人なんてどれくらいいるでしょうか。大事な自分の時間を削ってでも勉強時間を確保することができる人は本当にすごい人です。

ドイツやオランダは、在留資格と連動させて言語習得の圧力をかけています。ちゃんと勉強しないと帰国させますよ、という手段です。こういうものを外発的動機付けと言います。反対に、自分で学ぼうという意思を持っていることを内発的動機付けと言います。実はこの外発的動機付けは、地域日本語教室においてかなり大事ではないかと思っています。少なくとも教室に来て勉強しなければならないという動機付けにはなります（海外の例を見ると、来るだけ来て真剣にやらない人がいることもわかっていますが）。

言語習得にはセンスもあるので、ドイツ・オランダ型を一律に適応するとかわいそうなことになりますし、在留資格を絡めるのは倫理的な問題もあります。ただ、現在外国人住民が日本語教室に通う動機付けが全体として非常に低いのは確かです。外国人参加者は継続して来ないという前提で、教室の運営方法を考えるべきではないでしょうか。

5 たのしかったこと／たいへんだったこと

おしゃべりの流れ

最近印象に残っている出来事はなんですか？　自分の体験の中から、そのときの気持ちを伝え合います。

①トップページ（28–29ページ）
28ページのイラストには、まず気持ちを表す言葉（「楽しかった／うれしかった／おもしろかった」）があります。これらの体験を語りましょう。また、それに関係しそうな出来事も、いくつかイラストに挙がっています。29ページになると、気持ちを表す言葉がまた増えます。「困った／びっくりした／悲しかった／失敗した／大変だった」の5つです。ゆっくり考えれば、いろんな体験が頭に浮かぶのではないでしょうか。お互いに思い出しながら、紹介し合いましょう。

②やってみましょう！（30ページ）
イラストを見ながら、まずはイラストの状況を描写してから、その人の気持ちを推測しましょう。下の3つのイラストに関するこちらの意図は「浮気がばれてけんかしている人」「始めてチャレンジした飲みものがまずくて失敗だった人」「財布を失くして困っている人」のイラストですが、勝手にいろんな状況を想像して楽しんでください。

③おしゃべりしましょう！（31ページ）
ここでは、少し変わった体験について、「はずかしかったこと／腹が立ったこと／がっかりしたこと」を伝え合いましょう。「最近、こういった体験はありましたか？」「それはどんな状況でしたか？」「どうしてそうなってしまったのですか？」話し合いましょう。

隠れ文法

➨中心となる文法

自分の体験をまとめたり、文をつなげたりするための文法がテーマです。

A 〔動詞・ナ形容詞・イ形容詞〕＋名詞‘こと’
「楽しかったこと／うれしかったこと／面白かったことは何ですか？」のように気持ちを表す言葉で、これまでの体験について聞いてみましょう。答えるときは、「カラオケをしたこと／婚約したこと／旅行に行ったことです」のように言うと、1つの文でまとめて伝えることができます。質問も答えも‘こと’という名詞を修飾する形を使います。

B だから、／（て形）＋て、
「家族が入院しました。だから、大変でした」「家族が入院して、大変でした」のように、体験を述べた後、そのときの気持ちをつなげて伝えるときの文法です。体験が小さな出来事の場合は、「カラオケに行って、楽しかったです」のように‘て’の形でつないだほうが自然になります。

➡ その他

トップページ
その他は特にないので、‘中心となる文法’を活用して、体験を語り合いましょう。

やってみましょう！
状況を描写するための文法、自分の推測を伝えるための文法がここで出てきます。

・（て形）＋ています
「赤ちゃんが泣いています」「けんかをしています」のように、イラストの状況を描写してみましょう。

・〔た形・辞書形・ない形〕＋とおもいます
「けんかをしていると思います」のように、自分の推測を伝えるときに使います。「たぶんけんかをしています」のように‘たぶん’を使ってもかまいません。まずは状況を描写してみた後で、「悩んでいると思います」「困っていると思います」のように、その人の気持ちを推測してみるとおしゃべりは広がります。

おしゃべりしましょう！
・〔た形・辞書形・ない形〕＋とき、
「バスに乗ったとき、お金がありませんでした」「お酒を飲んだとき、転びました」などのように、体験の時間設定を行って詳細に説明するときに使います。

・どうして～〔た形・辞書形・ない形〕んですか？
　～〔た形・辞書形・ない形〕んです
「どうしてお金がなかったんですか」「どうして転んだんですか」のように、相手の行為について質問するとき使います。答えるときは「銀行に行くことができなかったんです」「つまづいたんです」のように‘んです’を用いて答えます。

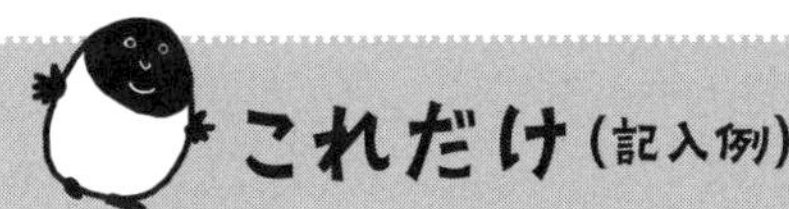

その日のおしゃべりの内容に合わせて自由に記入しましょう。ローマ字で記入してもかまいません。

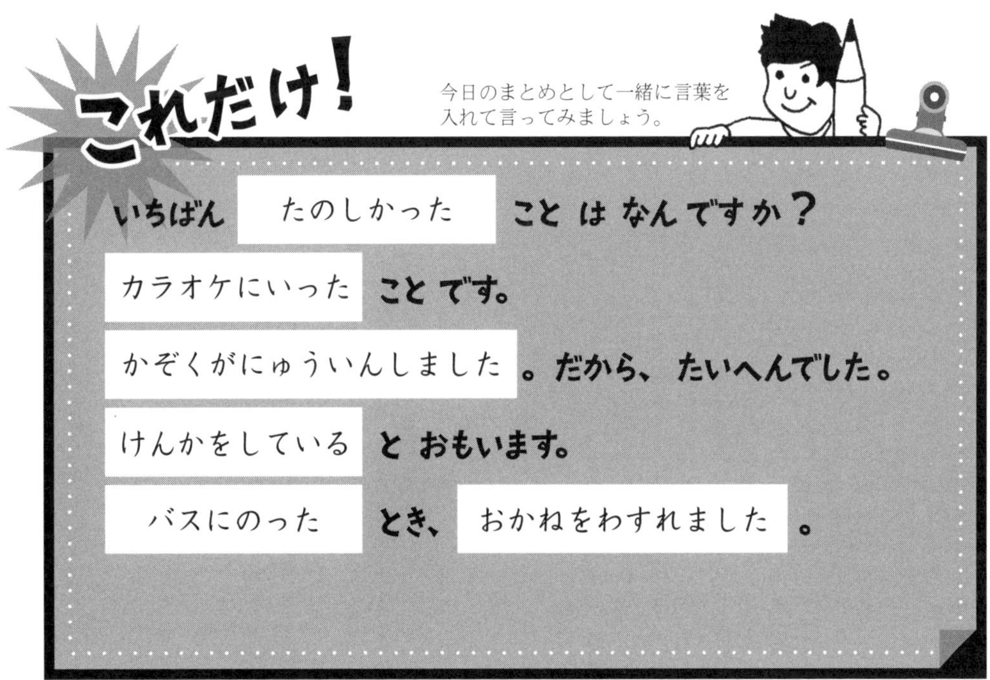

これだけ！
今日のまとめとして一緒に言葉を入れて言ってみましょう。
いちばん　たのしかった　こと は なんですか？
カラオケにいった　こと です。
かぞくがにゅういんしました　。だから、たいへんでした。
けんかをしている　と おもいます。
バスにのった　とき、　おかねをわすれました　。

中｜韓｜ポルトガル｜スペイン｜英｜タイ｜ベトナム｜タガログ｜インドネシア｜ネパール

あります《ある》	有 / 在（表示非动物的存在）｜있습니다《있다》(물건의 존재)｜ter｜tener｜have (money)｜มี｜có (đồ vật)｜mayroong (pera)｜ada [untuk menyatakan keberadaan benda selain manusia dan binatang]｜छ <<छ>>
いきます《いく》	去｜갑니다《가다》｜ir｜ir｜go｜ไป｜đi｜pumunta (punta)｜pergi｜जान्छु <<जानु>>
いちばん	最｜가장｜o mais｜el más｜the most｜ที่สุด｜nhất｜pinaka(nakakahiya)｜paling｜सबै भन्दा
うまれます《うまれる》	出生｜태어납니다《태어나다》｜nascer｜nacer｜be born｜(เด็ก)คลอด｜được sinh ra｜ipinanganak｜lahir｜जन्मिन्छ <<जन्मनु>>
うれしいです《うれしい》	高兴｜기쁩니다《기쁘다》｜feliz｜alegrarse｜happy / glad｜ดีใจ｜vui sướng｜natutuwa｜senang｜खुशी छु <<खुशी>>
おかあさん	妈妈｜어머니｜mãe｜madre｜mother｜คุณแม่｜mẹ / má｜nanay｜ibu｜आमा
おかね	钱｜돈｜dinheiro｜dinero｜money｜เงิน｜tiền｜pera｜uang｜पैसा / रकम
おしえます《おしえる》	教｜가르칩니다《가르치다》｜ensinar｜enseñar｜teach / tell｜บอก｜dạy dỗ / chỉ bảo｜magturo｜beri tahu｜सिकाउँछु <<सिकाउनु>>
おもしろいです《おもしろい》	有趣｜재미있습니다《재미있다》｜divertido / interessante｜divertido / interesante｜interesting｜สนุก,ตลกดี｜thú vị / hấp dẫn / hay｜nakakaaliw｜menarik / lucu｜रमाइलो छ <<रमणीय>>
かさ	伞｜우산｜guarda-chuva｜paraguas｜umbrella｜ร่ม｜cái dù / cái ô｜payong｜payung｜छाता
かぞく	家人｜가족｜família｜familia｜family｜ครอบครัว｜gia đình｜pamilya｜keluarga｜परिवार
かなしいです《かなしい》	悲哀 / 悲痛 / 痛苦｜슬픕니다《슬프다》｜triste｜triste｜sad｜เศร้า｜buồn / buồn khổ｜nakakalungkot｜sedih｜दुख लाग्नु <<दुखि>>
カラオケ	卡拉OK｜노래방｜karaokê｜karaoke｜karaoke｜คาราโอเกะ｜karaoke｜karaoke｜karaoke｜खाराओके / काराओके
ぎんこう	银行｜은행｜banco｜banco｜bank｜ธนาคาร｜ngân hàng｜bangko｜bank｜बैंक
けが	伤 / 受伤｜부상｜machucado｜herida｜injury｜การบาดเจ็บ｜vết thương｜pinsala / sugat｜luka｜घाउ / चोटपटक
けっこんします《けっこんする》	结婚｜결혼합니다《결혼하다》｜casar-se｜casarse｜get married｜แต่งงาน｜kết hôn｜magpakasal｜menikah｜बिहे / बिवाह गर्छु <<बिहे / बिवाह गर्नेछु>>
こども	孩子｜아이｜criança｜niño｜child(ren)｜ลูก / เด็ก｜con cái / trẻ con / con nít｜anak｜anak｜बच्चा
こまります《こまる》	为难 / 难办｜곤란합니다《곤란하다》｜ter um problema / ser dar mal｜Tener problema｜be troubled / distressed｜เดือดร้อน｜rắc rối / khó xử｜magkaproblema｜bingung / mengalami kesusahan｜फसाद / समस्या पर्छ <<फसाद / समस्या>>
こんやくします《こんやくする》	订婚｜약혼합니다《약혼하다》｜noivar｜comprometerse｜engage｜หมั้น｜đính hôn｜may kasunduang ikasal｜bertunangan｜विवाह पक्का गर्छु (सगाई गर्छु) <<विवाह पक्का गर्नु/सगाई गर्नु>>

さいきん
最近 | 최근 | recentemente | últimamente | recently | ช่วงนี้ | gần đây / dạo này | kamakailan lang | akhir-akhir ini | हिजोआज / आजभोलि

しっぱいします《しっぱいする》
失败 / 搞砸 | 실패합니다《실패하다》| fracassar / falhar | fracasarse | fail | ทำผิดพลาด | thất bại | magkulang / magkamali | gagal / tidak berhasil | असफल हुन्छ <<असफल हुनु>>

たいへんです《たいへんな》
费力 / 辛苦 | 힘듭니다《힘든》| que problema | qué difícil | difficult / hard | ลำบาก | vất vả | mahirap | berat / susah | गाह्रो छ <<गाह्रो>>

だから
所以 | 그러니까 | por isso | por eso | therefore | เพราะฉะนั้น | bởi vậy / bởi thế / vì vậy | kaya | karena | त्यसैले

たのしいです《たのしい》
愉快 / 快乐 | 즐겁습니다《즐겁다》| divertido | divertido | enjoyable / fun | สนุก | vui | nakakaaliw | menyenangkan | रमाइलो छ <<रमाइलो>>

できます《できる》
有了（如；有了孩子 / 有了女朋友。→ 子供ができた / 彼女ができた。）| (아이가) 생깁니다《생기다》| ter (um filho) / fazer (amigos) | tener (un hijo) / hacer (amigos) | have (a baby) | สามารถ~ได้ | có (con, người yêu) | magkaroon | bisa / jadi | सक्छु <<सक्नु>> (गर्न सक्ने क्षमता)

とても
非常 | 매우 | muito | muy | very | มาก | rất | napaka(hirap) | sangat | निकै / एकदम

ともだち
朋友 | 친구 | amigo(a) | amigo(a) | friends | เพื่อน | bạn bè | kaibigan | teman | साथी

ないです《ない》
没有 | 없습니다《없다》| não ter | no tener | do not have [money] | ไม่มี | không có | wala | tidak | छैन <<छैन>>

なきます《なく》
哭 | 웁니다《울다》| chorar | llorar | cry | ร้องไห้ | khóc | umiyak (iyak) | menangis | रुन्छु <<रुनु>>

なくします《なくす》
弄丢 | 잃어버립니다《잃어버리다》| perder | perder | lose | ทำ~หาย | làm mất / đánh mất | nawala (wala) | menghilangkan | हराउछ <<हराउनु>>

なんですか
是什么？| 무엇입니까？| o que? | ¿qué? | what is (your happiest moment)? | อะไร | là gì? | Ano? | apa? | के हो ?

にゅういんします《にゅういんする》
住院 | 입원합니다《입원하다》| internar-se | internarse | be hospitalized | เข้าโรงพยาบาล | nhập viện | ma-ospital | dirawat di RS | अस्पतालमा भर्ना हुन्छु

のります《のる》
乘坐 | 탑니다《타다》| subir / embarcar | subir | take / ride | นั่ง / ขึ้น (รถ) | lên (tàu, xe…) | sumakay (sakay) | naik | चढ्छु <<चढ्छु>>

バス
公共汽车 | 버스 | ônibus | autobús | bus | รถเมล์ | xe buýt | bus | bis | बस

はずかしいです《はずかしい》
害羞 / 惭愧 | 부끄럽습니다《부끄럽다》| ficar com vergonha | estar avergonzado | embarrassing | อาย | xấu hổ / mắc cỡ | nakakahiya | malu | लाज लाग्छ <<लजालु>>

びっくりします《びっくりする》
吓 | 놀랍니다《놀라다》| assustar-se | asustarse | be surprised | ตกใจ | ngạc nhiên / giật mình | magulat | terkejut / kaget | अचम्म हुन्छ <<अचम्म>>

りょこう
旅行 | 여행 | viagem | viaje | travel | การท่องเที่ยว | du lịch | paglalakbay | jalan-jalan / berwisata | भ्रमण / यात्रा

これはしないと！

おしゃべりの流れ

毎日の習慣、仕事の分担など、「しないといけない」ことはたくさんあります。お互い自分のことを伝え合いましょう。

①トップページ（32-33ページ）
「〜までに行かないといけません」の形で、まず自分のよく行くお店や施設の開始時間や終了時間を伝え合いましょう。32ページには場所を表す名詞がたくさんあります。それらの場所は、「何時までに行かないといけませんか？」と、時間制約について話し合いましょう。そして、33ページには、日常的な仕事に関わるイラストがたくさん描かれています。その中から「毎日しないといけないこと」を伝えましょう。また、「それは主人がするので、私はしません」のように自分がしなくていいことも伝えると盛り上がります。

②やってみましょう！（34ページ）
ここではイラストを見ながら、お互いの一日のスケジュールを語りましょう。その際、いくつかの出来事を連続して紹介したり、好きじゃないけどしなければならないことを聞いてみると話は広がります。

③おしゃべりしましょう！（35ページ）
お互いの国における男女の仕事分担、様々な規則、風習について「〜ないといけません」のように紹介し合いましょう。まずは33ページのイラストを見ながら、家庭での男女の仕事分担について話し合いましょう。イラストは、制服を着るという学生の規則、お歳暮という日本の習慣、残業が多いという企業文化などを意図して載せています。これらをきっかけに、いろんな文化の話に広がるとうれしいです。

隠れ文法

➡中心となる文法

生活の中での制約や義務を話すための文法がテーマです。

A　（ない形）＋ないといけません
「○時までに行かないといけません」という時間制約の話、「料理／ごみ捨て／皿洗いをしないといけません」という毎日の決まった仕事の話、ここでは義務を表す文法がテーマです。本書では「ないといけません」という形式を便宜上採用していますが、地域によっては「なきゃいけません」「なくちゃいけません」のようにな様々なバリエーションがあります。また、書き言葉では「なければなりません」がよく用いられます。自分が一番使いやすいものを使ってください。

➡その他

トップページ
その他は特にないので、‘中心となる文法’を活用して、毎日の生活を語り合いましょう。

やってみましょう！

✦（て形）＋てから／（た形）＋たら、

「洗濯が終わってから、そうじをします」「そうじが終わったら、買いものに行かないといけません」のように、いくつかの出来事を連続して紹介したいときに使います。毎日決まった仕事はなんですか？

✦〔た形・辞書形・ない形〕＋けど

「したくないけど、しないといけません」のように、自分は好きじゃないけど、毎日しなければならないことはありませんか？　好きなこと、嫌いなことはありませんか？

おしゃべりしましょう！

しなければならないことが複数ある場合は、以下の文法を使いましょう。

✦（た形）＋たり、〜（た形）＋たり、

「子どもの世話をしたり、家の仕事をしたりしないといけません」のように、男性や女性の役割をいくつかまとめて紹介するときに使いましょう。「お歳暮を出したり、年賀状を書いたりしないといけません」といった、風習について話し合ってもいいですね。この文法は無理に二つ並べる必要はありません。「子どもの世話をしたりしないといけません」のような形も使いましょう。

これだけ（記入例）

その日のおしゃべりの内容に合わせて自由に記入しましょう。ローマ字で記入してもかまいません。

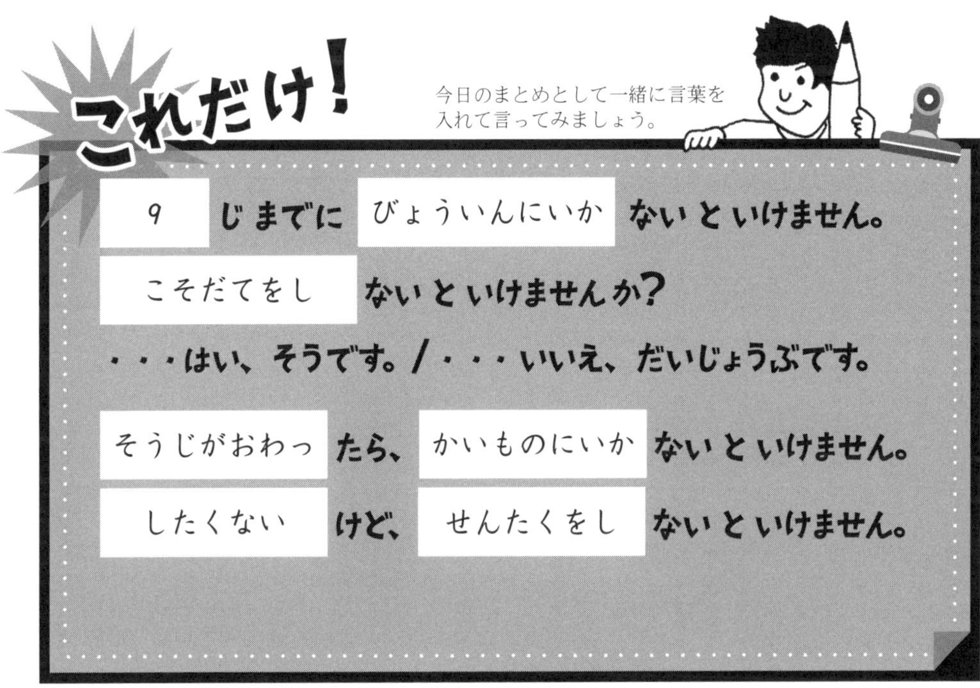

これだけ！
今日のまとめとして一緒に言葉を入れて言ってみましょう。
9 じまでに びょういんにいか ないといけません。
こそだてをし ないといけませんか？
・・・はい、そうです。／・・・いいえ、だいじょうぶです。
そうじがおわっ たら、かいものにいか ないといけません。
したくない けど、せんたくをし ないといけません。

語彙表

中｜韓｜ポルトガル｜スペイン｜
英｜タイ｜ベトナム｜タガログ｜
インドネシア｜ネパール

アルバイト	打工｜아르바이트｜ trabalho temporário｜ trabajo temporal｜ part-time job｜งานพิเศษ｜ việc làm thêm / việc làm bán thời gian｜ part-time na trabaho｜ kerja sambilan｜ पार्टटाइम काम
いいえ	不｜아뇨｜não｜no｜no｜ ไม่｜không｜Hindi｜tidak｜होईन
いえ	家｜집｜casa｜casa｜home｜ บ้าน｜nhà｜bahay｜rumah｜घर
いきます《いく》	去｜갑니다《가다》｜ir｜ir｜go｜ ไป｜đi｜pumunta (punta)｜pergi｜ जान्छु <<जानु>>
おきます 《おきる》	起床｜일어납니다《일어나다》｜ acordar｜levantarse｜ wake up｜ตื่นนอน｜thức dậy｜ gumising (gising)｜bangun｜ उठ्छु <<उठ्नु>>
おせいぼ	年末送的礼品｜연말 선물｜ presente de final de ano｜ regalo de fin de año｜ year-end gift｜กระเช้าปีใหม่｜ quà tặng cuối năm｜ Regalo sa pagtatapos ng taon｜ bingkisan akhir tahun｜ ओसेइबो (जापानमा वर्षको अन्तमा दिइने उपहार)
おわります 《おわる》	结束｜끝납니다《끝나다》｜ terminar｜terminar｜finish｜ (ทำ~) เสร็จ｜kết thúc｜ tapusin (tapos)｜selesai｜ सकिन्छ / सिद्धिन्छ <<सकिनु / सिद्धिनु>>
かいご	看护｜간병｜cuidar｜cuidar｜ care / nursing｜การดูแล｜ việc điều dưỡng / chăm sóc người già｜ pangangalaga｜merawat｜ हेरचाहकर्ता
かいもの	购物｜쇼핑｜compras｜compras｜ shopping｜การซื้อของ｜mua sắm｜ pamimili｜belanja｜ किनमेल
がっこう	学校｜학교｜escola｜escuela｜ school｜โรงเรียน｜trường học｜ paaralan｜sekolah｜ स्कुल / विद्यालय
がんばります 《がんばる》	加油｜힘냅니다《힘내다》｜ esforçar-se｜esforzarse｜ work hard｜พยายาม｜cố gắng｜ magsikap｜berusaha｜ प्रयेत्न / कोशिस गर्छु <<प्रयेत्न /कोशिस>>
ぎんこう	银行｜은행｜banco｜banco｜ bank｜ธนาคาร｜ngân hàng｜ bangko｜bank｜बैंक
クリーニング	洗衣店｜세탁소｜lavanderia｜ tintorería｜cleaning｜การซักแห้ง｜ tiệm giặt ủi｜labanderya｜laundri｜ लुगा धुनु / धुलाई
こども	孩子｜아이｜criança｜niño｜ child(ren)｜ลูก / เด็ก｜ con cái / trẻ con / con nít｜ bata｜anak｜बच्चा
ごみすて	扔垃圾｜쓰레기 버리기｜jogar lixo｜ botar basura｜take out the garbage｜ การทิ้งขยะ｜việc đổ rác｜ pagtapon ng basura｜ buang sampah｜ फोहोर फाल्नु
さらあらい	洗碗｜설거지｜lavar pratos｜ lavar platos｜wash the dishes｜ การล้างจาน｜việc rửa chén bát｜ paghugas ng pinggan｜cuci piring｜ भाँडा / प्लेट माज्नु
ざんぎょう	加班｜잔업｜horas extras｜ horas extras｜overtime work｜ โอที｜làm tăng ca｜mag-overtime｜ kerja lembur｜ओभरटाईम
しごと	工作｜일｜trabalho｜trabajo｜ work｜การทำงาน｜công việc｜ trabaho｜pekerjaan｜काम

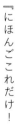

しはらい
付款 | 지불 | pagamento | pago | payment | การชำระเงิน | sự chi trả | pagbabayad (bayad) | pembayaran | भुक्तानी / तिर्ने

しゅじん
丈夫 | 남편 | marido | esposo | husband | งาน | chồng | asawa (lalaki) | suami | श्रीमान / लोग्ने

せいふく
制服 | 교복 | uniforme | uniforme | uniform | ชุดนักเรียน | đồng phục | uniporme | seragam | स्कूलको पोशाक / युनिफोर्म

せわ
照料 | 돌보기 | cuidar | cuidar | care | การดูแล | việc chăm sóc | pag-aalaga | merawat / mengurus | सेवा

せんたく
洗衣 | 세탁 | lavar roupas | lavar ropas | laundry | การซักผ้า | việc giặt giũ | labada | cuci baju | लुगा धुनु

そうじ
打扫 | 청소 | faxina | limpieza | cleaning | การทำความสะอาด | việc lau dọn nhà cửa | paglilinis | bersih-bersih | सरसफाई

そうです
是的 | 그렇습니다 | sim | sí | that's right | ใช่ | đúng vậy | Oo nga | (ya) begitulah | हो / सहि हो

だいじょうぶです《だいじょうぶな》
没问题 / 无所谓 | 괜찮습니다《괜찮은》| não há problema | no hay problema | okay / fine | ไม่เป็นไร | không sao cả | Ayos lang / OK lang | tidak apa-apa | गर्नु पर्दैन / ठिक छ <<पर्दैन / ठिक>>

としょかん
图书馆 | 도서관 | biblioteca | biblioteca | library | ห้องสมุด | thư viện | silid-aklatan | perpustakaan | पुस्तकालय

なんじ
几点 | 몇 시 | que hora? | ¿qué hora? | what time | กี่โมง | mấy giờ | Anong oras? | jam berapa | कति बज्यो / बजे

はい
是 | 예 / 네 | sim | sí | yes | ครับ / ค่ะ | vâng / phải | Oo | ya | हस् / हुन्छ

びょういん
医院 | 병원 | hospital | hospital | hospital | โรงพยาบาล | bệnh viện | ospital | rumah sakit | अस्पताल

べんきょう
学习 | 공부 | estudo | estudio | study | การเรียนหนังสือ | việc học | pag-aaral | belajar | पढाई

ほいくえん
托儿所 | 어린이집 | creche | guardería | preschool | สถานเลี้ยงเด็กเล็ก | nhà trẻ | Paalagaan ng bata | penitipan anak | नर्सरी स्कूल

まいにち
每天 | 매일 | todos os dias | todos los días | every day | ทุกวัน | mỗi ngày / hằng ngày | araw-araw | setiap hari | प्रत्येक दिन

やくしょ
政府机关 / 官厅 | 관공서 | prefeitura | municipalidad | city hall | ที่ทำการราชการ | cơ quan hành chính | opisina ng munisipyo | balai kota / kecamatan / kelurahan | सरकारी कार्यालय

ゆうびんきょく
邮局 | 우체국 | correio | correo | post office | ที่ทำการไปรษณีย์ | bưu điện | post office / tanggapan ng sulat | kantor pos | पोस्टअफिस / हुलाक घर

ようちえん
幼儿园 | 유치원 | jardim de infância | jardín de infancia | kindergarten | โรงเรียนอนุบาล | trường mẫu giáo | kindergarten | taman kanak-kanak | किन्डर गार्तेन

りょうり
饭菜 / 做饭 (本课指做饭) | 요리 | culinária / cozinhar | comida / cocinar | cooking | อาหาร | việc nấu ăn | pagluluto | masak | खाना

ATM
自动取款机 | ATM | caixa eletrônico | cajero automático | ATM / cash machine | ตู้เอทีเอ็ม | ATM (quầy rút tiền tự động của ngân hàng) | ATM | ATM | ATM

わたし の くに では

おしゃべりの流れ

日本社会のルールや習慣、相手の国のルールや習慣などについて、お互いに紹介し合いながら異文化を楽しみましょう。

①トップページ（36–37ページ）
イラストを指差して、日本の習慣を紹介しながら、相手の国でやってもいいこと／やってはいけないことを聞いてください。そして37ページ下では、ジェスチャーやボディーランゲージの話に広げましょう。日本でやっているジェスチャーも、国が変わるとどうなるでしょうか？　やってはいけないジェスチャーを聞いてみるのも盛り上がります。

②やってみましょう！（38ページ）
テーマは様々なセレモニーです。イラストにある結婚式、お葬式だけでなく、正月、クリスマス、卒業式などでは、どんなことをするのでしょうか？　服の色はどんな色でしょうか？　持っていくものは何でしょうか？　食べるものは？

③おしゃべりしましょう！（39ページ）
テーマを地域の行事に移しましょう。みなさんの住んでいる地域には、どんな行事がありますか？花見、お祭り、花火など、相手の興味に合わせて、紹介してください。

隠れ文法

➡中心となる文法

社会ルールや習慣には、‘してもいいこと’と‘してはいけないこと’があります。それらを尋ねるための文法がテーマです。

A　（て形）＋てもいいですか？
「〜てもいいですか？」の形で、相手の国の社会ルールを聞いてみましょう。「90歳で車を運転してもいいですか？」「子どもがお酒を飲んでもいいですか？」「子どもの頭をなでてもいいですか？」「電車でたばこを吸ってもいいですか？」イラストを見ながら、質問を考えましょう。質問の前に、日本ではどうなのか話しておくと、相手も話しやすいです。「このサインをしてもいいですか？」のように聞くと、ジェスチャーの話に展開できます。「〜してもいいですか？」の答えは、「いいですよ」「だめです」で答えます。

B　（辞書形）＋ことができます
「いいです」「だめです」以外にも、「20歳から飲むことができます」「ビン、カン一緒にごみを捨てることができます」「二人乗りをすることができます」のように違う言い方もできます。さりげなく使ってください。

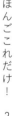

➡その他

トップページ

その他は特にないので、'中心となる文法'を活用して、社会ルールや習慣を語り合いましょう。

やってみましょう！

- （た形）＋たほうがいいです／（ない形）＋ないほうがいいです

「数珠を持っていったほうがいいです」「黒いネクタイをしたほうがいいです」「「別れ」「終わり」という言葉は言わないほうがいいです」「スーツを着たほうがいいです」「花嫁さんより派手なドレスは着ないほうがいいです」のように、セレモニーに関するマナーを紹介し合いましょう。

おしゃべりしましょう！

- （「ます」の形）＋たいんですが、

「お花見に行きたいんですが、どこがいいですか？」「お祭りに行きたいんですが、いつですか？」のように、まずは日本人参加者の側から質問をしてみてください。それから、「どれに興味がありますか？」とイラストを指差しながら、相手に聞いてみましょう。相手が使いたがるなら、この形で質問をしてもらいましょう。無理やり言わせる必要はありません。

これだけ（記入例）

その日のおしゃべりの内容に合わせて自由に記入しましょう。ローマ字で記入してもかまいません。

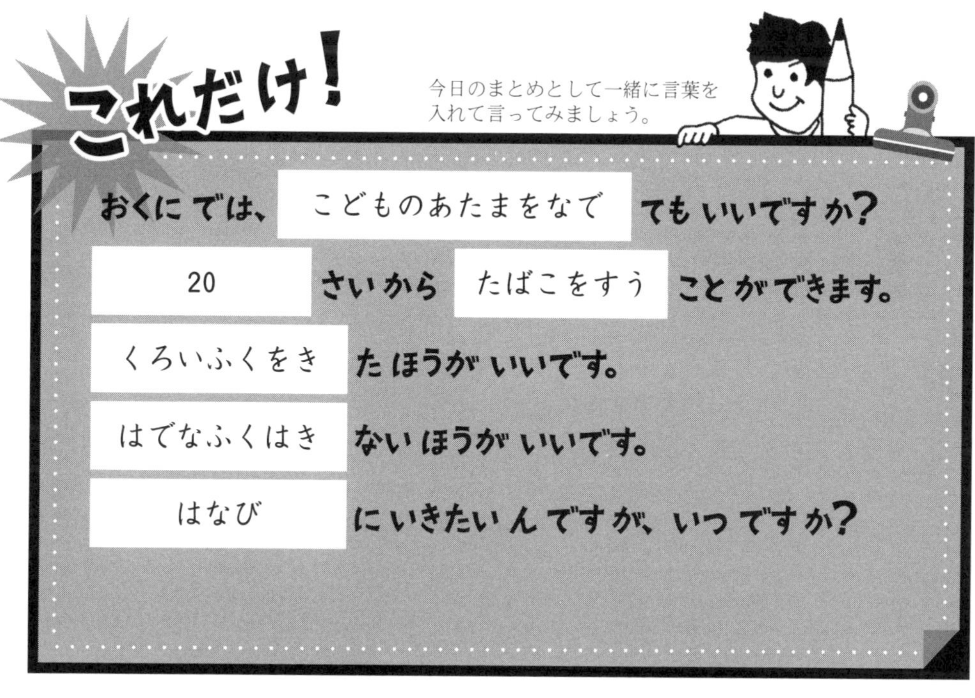

これだけ！
今日のまとめとして一緒に言葉を入れて言ってみましょう。
おくにでは、こどものあたまをなでてもいいですか？
20さいからたばこをすうことができます。
くろいふくをきたほうがいいです。
はでなふくはきないほうがいいです。
はなびにいきたいんですが、いつですか？

語彙表

中｜韓｜ポルトガル｜スペイン｜英｜タイ｜ベトナム｜タガログ｜インドネシア｜ネパール

あたま
头｜머리｜cabeça｜cabeza｜head｜หัว｜đầu｜ulo｜kepala｜टाउको / शिर

あります《ある》
有 / 在（表示非动物的存在）｜있습니다《있다》(물건의 존재)｜ter｜tener｜there is / are｜มี｜có (đồ vật)｜mayroon (bang bawal gawin)?｜ada [untuk menyatakan keberadaan benda selain manusia dan binatang]｜छ <<छ>>

いいです《いい》
（本课指）可以｜좋습니다《좋다》｜sim / ok｜sí / ok｜okay / fine｜ดี｜tốt / được｜pwede｜boleh｜हुन्छ <<हुन्छ>>

いいます《いう》
说｜말합니다《말하다》｜dizer｜decir｜say｜บอก｜nói｜sinasabi (sabi)｜berkata / mengatakan｜भन्नु हुन्छ <<भन्नु>>

いきます《いく》
去｜갑니다《가다》｜ir｜ir｜go｜ไป｜đi｜pumunta (punta)｜pergi｜जान्छु <<जानु>>

いつ
什么时候｜언제｜quando?｜¿cuándo?｜when｜เมื่อไร｜khi nào / bao giờ｜Kailan?｜kapan｜कहिले

いっしょ
一起｜같이｜juntos｜juntos｜together｜ด้วยกัน｜cùng nhau｜magkasama｜bersama｜संगै

うた
歌｜노래｜canção｜canción｜song｜เพลง｜bài hát｜kanta｜lagu｜गीत

うたいます《うたう》
唱｜노래합니다《노래하다》｜cantar｜cantar｜sing｜ร้องเพลง｜hát｜kumanta (kanta)｜menyanyi｜गीत गाउँछु <<गीत गाउँनु>>

うんてんします《うんてんする》
开车 / 驾驶｜운전합니다《운전하다》｜dirigir｜conducir｜drive｜ขับ｜lái xe｜magmaneho｜mengemudi｜चलाउँछु <<चलाउनु>> (गाडी)

おかね
钱｜돈｜dinheiro｜dinero｜money｜เงิน｜tiền｜pera｜uang｜पैसा / रकम

おくに
国家（敬语。指对方的国家）｜나라（경어. 상대방의 나라를 가리킴）｜(o seu) país (de origem)｜(su) país (de origen)｜(your) country [honorific]｜ประเทศ｜đất nước (nói theo kiểu lịch sự)｜bansa (mo)｜negara [sopan]｜देश

おさけ
酒｜술｜bebida alcoólica｜bebida alcohólica｜alcoholic beverage / Japanese sake｜เหล้า｜rượu / rượu sa kê｜alak｜sake｜रक्सी

おそうしき
葬礼｜장례식｜funeral｜funeral｜funeral｜งานศพ｜đám tang / đám ma｜libing｜upacara pemakaman｜शोकसभा / अन्त्येष्टि

おなじです《おなじ》
相同 / 一样｜같습니다《같다》｜igual｜igual｜the same｜เหมือนกัน｜giống nhau｜pareho｜sama｜एउटै / उस्तै हो <<एउटै / उस्तै>>

(お) はなみ
赏花（一般指樱花）｜꽃놀이｜apreciar as flores de cerejeira｜apreciar las flores de cerezo｜cherry blossom viewing｜เทศกาลชมดอกซากุระ｜hội ngắm hoa｜Pagtanaw ng bulaklak ng seresa｜hanami [menikmati indahnya bunga sakura di musim semi]｜हानामी (फूल फुलेको हेर्न जाने)

(お) まつり
祭典 / 庙会｜축제｜festival｜fiesta｜festival｜เทศกาล｜lễ hội｜pista｜festival｜चाडपर्व

かけます《かける》
（本课指）打（电话）｜겁니다《걸다》｜ligar｜llamar｜make (a phone call)｜โทร｜gọi (điện thoại)｜tawagan｜menelepon｜(फोन) गर्छु <<(फोन) गर्नु>>

かぞく	家人 | 가족 | família | familia | family | ครอบครัว | gia đình | pamilya | keluarga | परिवार
かなしいです《かなしい》	悲哀 / 悲痛 / 痛苦 | 슬픕니다《슬프다》| triste | triste | sad | เศร้า / เสียใจ | buồn / buồn khổ | malungkot | sedih | दुख लाग्छ <<दुखी>>
かん	易拉罐 / 金属罐 | 캔 | lata | lata | can | กระป๋อง | lon / vỏ lon | lata | kaleng | टिनको बट्टा
キス	吻 | 키스 | beijo | beso | kiss | จูบ | hôn | halik | ciuman | चुम्बन
きます（着）《きる》	穿 | 입습니다《입다》| vestir-se | vestirse | wear | ใส่ | mặc (áo) | magsuot | mengenakan / memakai | लुगा लगाउछु <<लगाउनु>>
きょうみ	兴趣 | 흥미 | interesse | interés | interest | ความสนใจ | hứng thú / quan tâm | interes | minat | इच्छा
きれいです《きれいな》	漂亮 / 干净（本课指漂亮）| 아름답습니다《아름다운》| bonito | bonito | beautiful / pretty | สวย | đẹp | maganda | bagus / indah | राम्रो / सुन्दर छ <<राम्रो / सुन्दर>>
くに	国家 | 나라 | país | país | country | ประเทศ | đất nước | bansa | negara | देश
クリーニング	洗衣店 | 세탁소 | lavanderia | tintorería | cleaning | การซักแห้ง | tiệm giặt ủi | labanderya | laundri | लुगा धुनु / धुलाई
くろいです《くろい》	黑 | 검습니다《검다》| preto | preto | black | ดำ | đen | itim | hitam | कालो छ <<कालो>>
けっこんしき	婚礼 | 결혼식 | festa de casamento | ceremonia de matrimonio | wedding ceremony | พิธีแต่งงาน | lễ kết hôn | kasalan | upacara perkawinan | बिवाह महोत्सव
こども	孩子 | 아이 | criança | niño | child(ren) | เด็ก | con cái / trẻ con / con nít | bata | anak | बच्चा
ごみ	垃圾 | 쓰레기 | lixo | basura | trash / rubbish / garbage | ขยะ | rác | basura | sampah | फोहोर
これ	这个 | 이것 | este/isto | esto | this | นี่ | cái này | ito | ini | यो
サイン	签字 | 싸인 | sinal | señal | sign | การเซ็นชื่อ | dấu hiệu / chữ ký | lagda | tanda / lambang | हस्ताक्षर
しゃしん	照片 | 사진 | foto | foto | photograph | รูปถ่าย | hình / ảnh | litrato | foto | फोटो
すいます《すう》	吸（烟）|（담배를）핍니다《피우다》| fumar | fumar | smoke | สูบ | hút (thuốc) | manigarilyo | menghisap | चुरोट खान्छु <<चुरोट खानु>>
すてます《すてる》	扔 | 버립니다《버리다》| jogar fora | botar | throw away | ทิ้ง | vứt, bỏ | itapon | membuang | फाल्छु <<फाल्नु>>
それ	那个 | 그것 | esse / isso | eso | that | นั่น | đó / cái đó | iyan | itu | त्यो
だいじょうぶです《だいじょうぶな》	没问题 / 无所谓 | 괜찮습니다《괜찮은》| não tem problema | no hay problema | okay / fine | ไม่เป็นไร | không sao cả | maaari | tidak apa-apa | ठिक छ <<ठिक>>
たばこ	香烟 | 담배 | cigarro | cigarro | cigarette | บุหรี่ | thuốc lá | sigarilyo | rokok | चुरोट
たべます《たべる》	吃 | 먹습니다《먹다》| comer | comer | eat | ทาน | ăn | kumain (kain) | makan | खान्छु <<खानु>>

だめです 《だめな》	不行 | 안 됩니다《안 되는》 | não pode | no se puede | not okay / no | ไม่ได้ | không được phép | hindi pwede | tidak boleh | गर्नु हुन्दैन <<गर्न नहुने>>
でも	不过 | 그러나 | mas | pero | but | แต่ | nhưng | pero | tapi | तर
でんしゃ	电车 | 전철 | trem | tren | train | รถไฟ | tàu điện | tren | kereta | रेल / ट्रेन
でんわ	电话 | 전화 | telefone | teléfono | telephone | โทรศัพท์ | điện thoại | telepono | telepon | टेलिफोन / फोन
ときどき	偶尔 | 가끔 | às vezes | a veces | sometimes | บางที | thỉnh thoảng / đôi khi | paminsan-minsan | kadang-kadang | कहिले काहीं
とります（撮） 《とる》	照（相）| (사진을) 찍습니다《찍다》| tirar foto | sacar foto | take (picture) | ถ่าย (รูป) | chụp (ảnh) / quay (phim) | kumuha (ng litrato) | mengambil | फोटो खिच्छु (फोटो लिन्छु) <<खिच्नु>>
どれ	哪个 | 어느 것 | qual? | ¿cuál? | which | อันไหน | cái nào | Alin? | yang mana | कुन
どんな	什么样的 | 어떤 | como? | ¿cómo? | what kind of | แบบไหน | như thế nào | Anong klaseng (damit)? | seperti apa / bagaimana | कस्तो / कुन
なでます 《なでる》	抚摸 | 쓰다듬습니다《쓰다듬다》| acariciar | acariciar | pat | ลูบ | vuốt / vuốt ve | haplusin | mengelus | सुमसुम्याउछु <<सुमसुम्याउनु>>
なに	什么 | 무엇 | o que? | ¿qué? | what | อะไร | gì / cái gì | Ano? | apa | के
なん	什么 | 무엇 | como? | ¿cómo? | what | อะไร | gì / cái gì | Ano? | apa | के
にほん	日本 | 일본 | Japão | Japón | Japan | ญี่ปุ่น | Nhật Bản | bansang Hapon | Jepang | जापान
のみます《のむ》	喝 | 마십니다《마시다》| beber | beber | drink | ดื่ม | uống | uminom (inom) | minum | पिउँछु <<पिउनु>>
はなび	焰火 | 불꽃 | fogos de artifício | fuegos artificiales | fireworks | ดอกไม้ไฟ | pháo hoa / pháo bông | paputok | kembang api | आतिशबाजी / फायर वोर्क
はなみ	赏花（一般指樱花）| 꽃놀이 | apreciar as flores de cerejeira | apreciar las flores de cerezo | cherry blossom viewing | เทศกาลชมดอกซากุระ | việc ngắm hoa / hội ngắm hoa | Pagtanaw ng bulaklak ng seresa | hanami [menikmati indahnya bunga sakura di musim semi] | हानामी (फूल फुलेको हेर्न जाने)
びじゅつかん	美术馆 | 미술관 | museu de arte | museo de arte | museum | พิพิธภัณฑ์ศิลปะ | bảo tàng mỹ thuật | museo | museum seni | संग्रहालय
ひと	人 | 사람 | pessoa | persona | people | คน | người | tao | orang | मानिस / मान्छे
びん	瓶 | 병 | garrafa | botella | glass bottle | ขวด | chai / lọ thủy tinh | bote | botol | बोतल
ふく	衣服 | 옷 | roupa | ropa | clothes | เสื้อผ้า | quần áo | damit | baju | लुगा
ふたりのり	双人骑（自行车，摩托车等）| (자전거 등을) 두 사람이 타는 것 | andar a dois (levar alguém na garupa da bicicleta) | montar dos (personas) | ride in tandem | การซ้อนท้าย | chở hai / đèo nhau (xe) | Dalawang sakayan | naik berdua | दुईजना चढ्ने
まつり	祭典 / 庙会 | 축제 | festival | fiesta | festival | เทศกาล | lễ hội | piyesta | festival | चाडपर्व

もっていきます《もっていく》	拿去 | 가지고 갑니다《가지고 가다》| levar | llevar | bring | เอาไป | mang đi | dalhin | membawa | लिएर जान्छु <<लिएर जानु>>
わたし	我 | 저 / 나 | eu | yo | I | ฉัน/ผม | tôi | ako | saya | म
OK	OK | OK | OK | OK | Okay | โอเค | OK | OK | oke | हुन्छ (OK)

Column 09

コミュニケーション能力（伝達能力）

本テキストによる教室活動は、学習者がコミュニケーションを取るための練習の場を提供しています。それは伝達能力を高めるための活動とも言えます。かつては、文法や語彙といった言語能力に教育の関心がありましたが、今では、広く伝達能力を育てる必要があると考えられています。

言語能力だけではコミュニケーションはうまくいきません。例えば、場面によって話し方を分けなければなりませんが、上司相手と部下相手では異なります（社会言語能力）。また、社会ではスピーチやプレゼンなど、文をいくつか上手につないでまとまりを持った話をする能力も重要です（談話能力）。さらには、コミュニケーションが失敗しそうになったとき、ジェスチャーで伝えたり、スマートフォンで翻訳アプリを出してきたり、いろんな策を練って修復する力も大事です（ストラテジー能力）。こういった能力の総称が伝達能力です。

生活する外国人の方々を観察していると、日本社会で生きていくにあたってストラテジー能力が非常に重要だと感じます（習得研究でもストラテジー能力を伝達能力の中心に据えているモデルがあります）。言語能力が低くても、知っている語彙とジェスチャーなどで上手に乗りきっている人はたくさんいます。そういう能力を日本語教室では高められたらいいなあと常に思います。外国人参加者が何かを伝えようとしているとき、辞書でもスマートフォンでもイラスト集でもなんでもいいので、使える手段は全部使ってコミュニケーションを取るように心がけてください。そういった日本人参加者の姿勢が外国人参加者のストラテジー能力を引き上げていくのです。

8 トラブルたいけん

おしゃべりの流れ

生活をしていく上でトラブルは避けては通れません。これまでに体験したことをお互いに紹介してみましょう。

①トップページ（40–41ページ）
イラストにはいろんなトラブルの例が出ています（40ページ）。今までこういった体験はありませんか？　まずは自分を振り返ってみましょう。そして相手にも聞いてみましょう。相手が何かトラブル体験について話し出したら、「いつでしたか？」「どこでしたか？」というふうに、時間→場所と展開してみましょう。場所については41ページにイラストがあります。そのトラブルをどうやって解決したのかも、「そのときどうしましたか？」と聞いてみましょう。

②やってみましょう！（42ページ）
落し物をしたときに書くのが遺失届です。駅の事務所で書いたり、警察で書いたりするものですが、もしものときに備えて、一度書いてみましょう。こういった空欄を埋める記入は、日常生活でも様々な場面で遭遇します。ここで練習しておくと、他の場面でも何かの役に立つかもしれません。

③おしゃべりしましょう！（43ページ）
日常生活でよく利用する場所（レストラン、スーパー、コンビニなど）について、何か不便を感じていませんか？　相手に聞いてみましょう。まずはよく行くところを聞いてみましょう。不便なことだけではなくて、便利な点も話しましょう。どうしたら外国人にも使いやすくなるのかを一緒に考えてみましょう。

隠れ文法

➡中心となる文法

過去の体験を伝えるとき、はっきり覚えていない出来事を伝えるときに必要となる文法がテーマです。

A （て形）て、困りました／（た形）＋たことがあります
「かぎをなくして、困りました」「車が故障して、困りました」のように「て形」でつないだり、「かぎをなくしたことがあります」のような形で体験を伝えましょう。イラストを見ながら、自分の体験を語ったり、相手に「かぎをなくしたことがありますか？」のように聞いてみたりしましょう。

B 〔た形・辞書形・ない形〕＋とき、
体験について話すとき、「ごはんを食べに行ったとき、財布をなくしました」「日本に来たとき、道に迷いました」「デートをしたとき、車が故障しました」のように時間設定をしてみましょう。

C 〔た形・辞書形・ない形〕＋とおもいます／かもしれません
「土曜日だったと思います」「スーパーだったかもしれません」のように、過去の記憶が定かではない場合、このように言いましょう。トラブル体験の場所や時間を相手に伝えるときに便利です。

➡その他

トップページ
その他は特にないので、'中心となる文法' を活用して、これまでの体験を語り合いましょう。

おしゃべりしましょう!
- (た形) +たほうがいいです/ (ない形) +ないほうがいいです

「(メニューは) ローマ字で書いたほうがいいです」
「漢字で書かないほうがいいです」「写真をつけたほうがいいです」のように、相手にアドバイスをもらいましょう。いきなりアドバイスをするというのは難しいので、まずは43ページの例にあるアドバイスを理解してもらいましょう。それから、こういったアドバイスはありませんか?と聞いてみましょう。また、「ローマ字で書いたほうがいいですか?」というふうにこちらから質問してもいいですね。相手に無理やり「〜たほうがいいです」と言わせる必要はありません。

これだけ(記入例)

その日のおしゃべりの内容に合わせて自由に記入しましょう。ローマ字で記入してもかまいません。

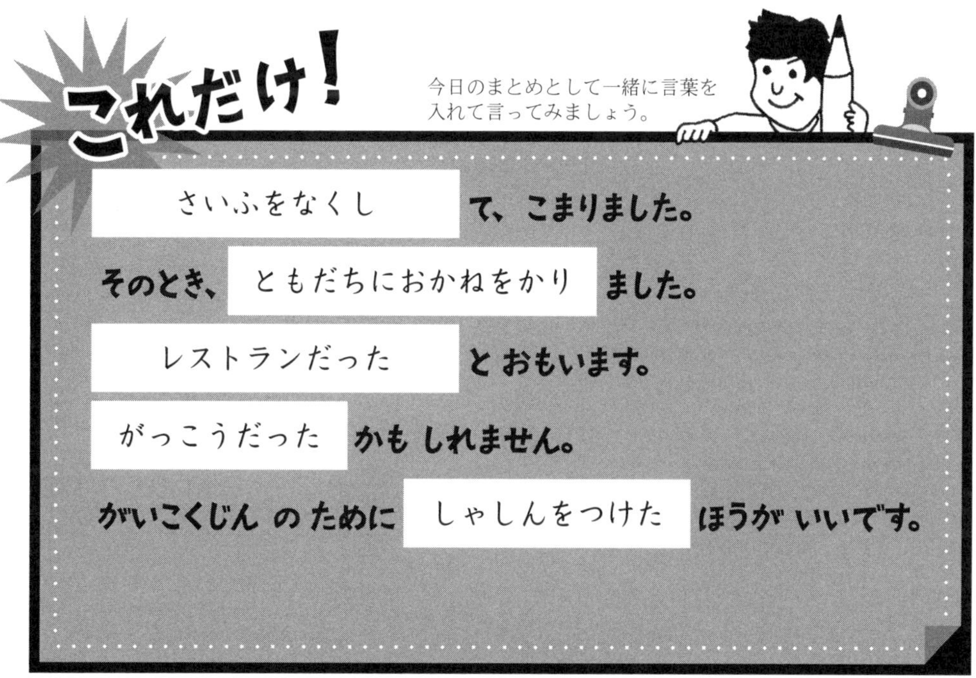

これだけ!
今日のまとめとして一緒に言葉を入れて言ってみましょう。
さいふをなくし て、こまりました。
そのとき、ともだちにおかねをかり ました。
レストランだった とおもいます。
がっこうだった かも しれません。
がいこくじん の ために しゃしんをつけた ほうが いいです。

語彙表

中 | 韓 | ポルトガル | スペイン | 英 | タイ | ベトナム | タガログ | インドネシア | ネパール

あります《ある》 有 / 在（表示非动物的存在） | 있습니다《있다》(물건의 존재) | ter | tener | has / have (troubles) | มี | có (đồ vật, sự việc) | mayroong (problema) | ada [untuk menyatakan keberadaan benda selain manusia dan binatang] | छ <<छ>>

いいです《いい》 好 | 좋습니다《좋다》 | bom / legal | bueno | good / nice | ดี | tốt/được | pwede | baik | हुन्छ <<हुनु>>

いきます《いく》 去 | 갑니다《가다》 | ir | ir | go | ไป | đi | pumunta | pergi | जान्छु <<जानु>>

いしつとどけ 报失单 | 분실물신고서 | declaração de objeto perdido | declaración de objetos perdidos | report of lost property | ใบแจ้งความของหาย | đơn có mất | pagdeklara ng nawalang ari-arian | surat lapor kehilangan barang | सामान हराएको दर्ता गर्नु

いぜん 以前 | 이전 | antes | antes | in the past / before | เมื่อก่อน | trước đây | dati | dulu | पहिले (समय)

いつ 什么时候 | 언제 | Quando? | ¿Cuándo? | when | เมื่อไร | khi nào/bao giờ | Kailan? | kapan | कहिले

いま 现在 | 지금 | agora | ahora | now | ตอนนี้ | bây giờ | ngayon | sekarang | अहिले

います《いる》 有 / 在（表示人或动物的存在） | 있습니다《있다》(사람이나 동물의 존재) | estar | estar | there is (an interpreter in the city hall) | มี | có/ở | mayroong (tagasalin) | ada [untuk menyatakan keberadaan manusia dan binatang] | छु <<छु>>

えき 车站 | 역 | estação | estación | station | สถานีรถไฟ | nhà ga/ga | sakayan ng tren | stasiun | स्टेशन

おとします《おとす》 弄掉 / 弄丢 | 잃어버립니다《잃어버리다》 | derrubar | caerse | drop | ทำ~ตก | đánh rơi/làm rơi | mahulog | menjatuhkan | खस्छ / हराउँछ <<खसाउनु / हराउनु>>

がいこくじん 外国人 | 외국인 | estrangeiro | extranjero | foreigner | คนต่างประเทศ | người nước ngoài | dayuhan | orang asing | विदेशी

かいしゃ 公司 | 회사 | empresa | empresa | company | บริษัท | công ty | kompanya | kantor | कार्यालय

かぎ 钥匙 | 열쇠 | chave | llave | key | กุญแจ | chìa khóa | susi | kunci | चाबी / साँचो

かきます《かく》 写 | 씁니다《쓰다》 | escrever | escribir | write | เขียน | viết | magsulat | menulis | लेख्छु <<लेख्नु>>

かんじ 汉字 | 한자 | kanji | kanji | Chinese characters | ตัวอักษรคันจิ | chữ Hán/chữ Kanji | karakter | huruf Kanji | जापानिज अक्षर (खान्जी)

きます（来）《くる》 来 | 옵니다《오다》 | vir | venir | come | มา | đến/tới | dumating (dating) | datang | आउँछु <<आउनु>>

きょねん 去年 | 작년 | ano passado | año pasado | last year | ปีที่แล้ว | năm ngoái | noong nakaraang taon | tahun lalu | गत वर्ष / गएको वर्ष

くうこう 机场 | 공항 | aeroporto | aeropuerto | airport | สนามบิน | sân bay | paliparan | bandara | विमानस्थल / एयरपोट

クリーニング 洗衣店 | 세탁소 | lavanderia | tintorería | cleaning | การซักแห้ง | tiệm giặt ủi | labanderya | laundri | लुगा धुनु / धुलाई

こうばん
派出所 | 파출소 | posto policial | puesto de policía | police station | ป้อมตำรวจ | đồn công an / đồn cảnh sát | himpilan ng pulis | pos polisi | पुलिस बुट / थाना

こしょうします《こしょうする》
出故障（动词） | 고장납니다《고장나다》 | quebrar | averiarse | break down / go out of order | (รถ) เสีย | hư hỏng / hỏng hóc / bị hư | masira | rusak | मोलतोल गर्छु <<मोलतोल गर्नु>>

こども
孩子 | 아이 | criança | niño | child(ren) | เด็ก / ลูก | con cái / trẻ con / con nít | bata | anak | बच्चा

こまります《こまる》
为难 / 难办 | 곤란합니다《곤란하다》 | ter um problema / ser dar mal | Tener problema | be troubled / distressed | เดือดร้อน | rắc rối / khó xử | magkaproblema | bingung / mengalami kesusahan | फसाद / समस्या पर्छ <<फसाद / समस्या>>

コンビニ
便利店 | 편의점 | loja de conveniência | tienda de conveniencia | convenience store | ร้านสะดวกซื้อ | cửa hàng tiện lợi | Konbinyenteng tindahan | toko kelontong / mini market [buka 24 jam] | कन्भिनियेन्त स्टोर

さいふ
钱包 | 지갑 | carteira | cartera | wallet | กระเป๋าสตางค์ | cái bóp / cái ví tiền | pitaka | dompet | वालेट / पर्स

さわぎます《さわぐ》
吵闹 / 喧嚷 | 떠듭니다《떠들다》 | fazer barulho | alborotar | make noise / make a racket | ส่งเสียงดัง | gây ồn | mag-ingay | membuat kegaduhan | होहल्ला गर्नु <<होहल्ला>>

しごとば
工作场所 | 직장 | local de trabalho | lugar de trabajo | workplace | ที่ทำงาน | nơi làm việc | lugar ng trabaho | tempat kerja | काम गर्ने ठाउँ

しやくしょ
市政府 | 시청 | prefeitura | municipalidad | city hall | ที่ทำการเขต | tòa thị chính / cơ quan hành chính thành phố | opisina ng munisipyo | balai kota / kecamatan / kelurahan | नगरपालिका

しゃしん
相片 | 사진 | foto | foto | photograph | รูปถ่าย | hình / ảnh | litrato | foto | फोटो

スーパー
超市 | 슈퍼 | supermercado | supermercado | supermarket | ซูเปอร์มาร์เก็ต | siêu thị | pamilihan | supermarket | सुपरमार्केट

その
那～（后接名词） | 그 | esse | ese | that | นั้น | đó | iyan | itu | त्यो

そのとき
那时 | 그 때 | nesse momento | en ese momento | at that time | ตอนนั้น | khi đó / lúc đó | noong panahon na iyon | waktu itu | त्यो बेला

つうやく
口头翻译 | 통역 | intérprete | intérprete | an interpreter | ล่าม | thông dịch viên / phiên dịch | tagapagsalin sa ibang wika | penerjemah | दोभाषे (इन्तरप्रिंतर) भाषा अनुवाद

つけます《つける》
（本课指）贴（相片） | 붙입니다《붙이다》 | colocar | colocar | attach | ติด | đính kèm | lagyan | membubuhi | राख्छु <<राख्नु>> (साथमा राख्नु)

どう
怎么 / 怎样 / 如何（后接动词，询问动作方式、方法等。例如本课中そのとき、どうしましたか：那个时候，怎么做的？） | 어떻게 | como? | ¿cómo? | what (did you do?) | อย่างไร | như thế nào | Anong (ginawa mo)? | bagaimana | कस्तो

どこ
哪里 | 어디 | onde? | ¿dónde? | where | ที่ไหน | đâu / nơi nào | Saan? | (di) mana | कता / कहाँ

トラブル
纠纷 | 트러블 | problema | problema | trouble | เรื่องเดือดร้อน | vấn đề rắc rối | problema | kesulitan / masalah | समस्या

どんな
什么样的 | 어떤 | como? | ¿cómo? | what kind of | แบบไหน | như thế nào | Anong klaseng (restaurant)? | seperti apa / yang bagaimana | कस्तो / कुन

なくします《なくす》
弄丢 | 잃어버립니다《잃어버리다》| perder | perder | lose (a key) | ทำหาย | làm mất / đánh mất | mawala | menghilangkan | हराउछ <<हराउनु>>

なにか
(表示不定) 什么 (的)。如；有什么吃的吗? →なにかたべものがありますか | 무엇인가 | algo | algo | something | อะไร (บางอย่าง) | một cái gì đó / một việc gì đó (không xác định) | mayroon bang (naging problema)? | sesuatu / apa-apa | केहि

にちようび
星期日 | 일요일 | domingo | domingo | Sunday | วันอาทิตย์ | chủ nhật | Linggo | Minggu | आइतवार

にほん
日本 | 일본 | Japão | Japón | Japan | ญี่ปุ่น | Nhật Bản | bansang Hapon | Jepang | जापान

はい
是 | 예 / 네 | sim | sí | yes | ครับ / ค่ะ | vâng / phải | Oo | ya | हो / हजुर

はなします《はなす》
说 | 말합니다《말하다》| falar | hablar | talk | พูดคุย | nói chuyện | makipag-usap / magsalita | berbicara | कुरा गर्छु <<कुरा गर्नु>>

ひと
人 | 사람 | pessoa | persona | people | คน | người | tao | orang | मानिस / मान्छे

びょういん
医院 | 병원 | hospital | hospital | hospital | โรงพยาบาล | bệnh viện | ospital | rumah sakit | अस्पताल

びょうき
病 | 병 | doença | enfermo | sick | ป่วย | bệnh | sakit | sakit | रोग / बिमारी

ひらがな
平假名 | 히라가나 | hiragana | hiragana | Hiragana (Japanese syllabary characters) | ตัวอักษรฮิรางานะ | chữ hiragana | hiragana | huruf Hiragana | हिरागाना (जापानिज अक्षर)

まちやくば
镇政府 | 동사무소 | prefeitura | municipalidad | town hall | ที่ทำการตำบล | khu hành chính khu phố | bulwagang bayan | balai kota | वडा कार्यालय

みせ
店 | 가게 | loja | tienda | shop | ร้าน | cửa tiệm / cửa hàng | tindahan | toko | पसल

みち
路／道路 | 길 | rua | calle | road / way | ทาง | con đường | kalsada | jalan | बाटो

メニュー
菜单 | 메뉴 | menu | carta de menú | menu | เมนู, รายการอาหาร | thực đơn | menu | menu makanan | मेन्यु

ゆっくり
慢慢地 | 천천히 | devagar | despacio | slowly | ช้าๆ | chậm rãi / thong thả | dahan-dahan | pelan-pelan | बिस्तारै

レストラン
西餐厅 | 레스토랑 | restaurante | restaurante | restaurant | ร้านอาหาร | nhà hàng | karinderya | restoran | रेस्टुरेन्ट

ローマじ
拉丁字母 | 로마자 | letra romana | letra romana | Roman alphabet | อักษรโรมัน | chữ Romaji | Romanong alpabeto | huruf Latin | रोमन / अक्षर अंग्रेजी

わかります《わかる》
明白 | 압니다《알다》| entender | entender | understand | เข้าใจ | hiểu | alam / naintindihan | mengerti / tahu | थाहा छ <<थाहा हुनु>>

わすれます《わすれる》
忘 | 잊어버립니다《잊어버리다》| esquecer | olvidar | forget | ลืม | quên | makalimot | lupa (lupa bawa) | बिर्सन्छु <<बिर्सनु>

Column 10

自分のことばっかりしゃべっていませんか

トピック8はトラブル体験ですが、自分の体験や経験を語る際に話が長くなってしまうことはよくあります。日本語教室でよく相談を受けるのは、自分の話を延々と語ってしまう日本人参加者の存在です。本人が反省している場合もありますし、全く無自覚の方もいらっしゃいます。

言語習得研究では、ある発話を学習者が理解できることが重要です。そこで、学習者に入ってくる言語のことをインプットと呼んでいます。インプットはi＋1で(iが「現在の知識状態」を意味します)、学習者の能力よりも少しだけ上のものが効果的だとされます。日本人参加者が自分の話を延々と語る場合、相手にとってはインプットではあるのですが、理解はできてはいません。i＋1ではないのです。言語の習得にはインプットも重要ですが、学習者から聞き返したり、不明点を確認したりしながらインタラクションを行うことも大事です。また、学習者が自分の意見を発出するアウトプットも必要です。日本人参加者が一人語りをすると、そういった大事なチャンスを潰してしまうことになるのです。

相手に発話を促すには、日本人参加者が上手に質問しなければなりません。ときどき自分の話を区切って、「わかりますか?」「〇〇は、見たこと/食べたこと/行ったことがありますか?」のように問いかける質問を中心とした話の組み立てが重要だと思います。その際、「〇〇を食べたことがありますか?」のようなYES・NO質問と「何を食べましたか?」のようなWH質問をバランスよく出すような工夫をすれば、相手は気持ちよくアウトプットにつなげることができるはずです。

おもしろじまん

おしゃべりの流れ

みなさんの自慢できることは何ですか？　特別すごいことじゃなくても、ちょっと大げさに自慢してみましょう。きっと話は盛り上がります。

①トップページ（44-45ページ）
イラストにはいろんな自慢のタネの例が出ています（44ページと45ページの上）。自分が得意なことはどれですか？　自分のことだけではなく、家族のことや友達のことなども考えて自慢してみましょう。「〜が上手です」「特技は〜です」のように、自分のことや相手のことを話しましょう。45ページ下のイラストは、おもしろ自慢です。目立たないけど生活の中で活用できる自慢は何かありませんか？　「お風呂が早い」「声が大きい」など何でもいいです。

②やってみましょう！（46ページ）
表の中に、昔はダメだったけど今はできることを書きましょう。また、それはいつからできるようになりましたか？　お互いに表に書いてみてから発表しましょう。お互いの成長を確認した後は、これからできるようになりたいことを話すとより前向きなやりとりになります。

③おしゃべりしましょう！（47ページ）
やったことはないけど、これからやってみたいことを話します。イラストは例として山登りとお花がありますが、44-45ページにたくさんイラストがあります。それを見ながら自分がやってみたいことを話しましょう。

隠れ文法

➡中心となる文法

自分の特技を話すときや自慢をしたいときに使う文法がテーマです。

A　（辞書形）＋ことができます
「料理を作ることができます」「車の運転をすることができます」「ダンスをすることができます」のように、自分ができることを伝えましょう。『これだけ2』では、可能の形を「〜ことができる」で統一していますが、相手が知っているようなら「作れる」「運転できる」「ダンスできる」という形を使ってみてもいいでしょう。

B　とくぎは〜（辞書形）＋ことです
「特技はサッカーをすることです」のように、自分の長所を説明しましょう。「特技はサッカーです」と言えばシンプルですが、「特技はサッカーをすること」のような言い方が使えると、「絵をかくこと」「自転車に乗ること」「日本語を教えること」のようにいろんなことが伝えられるようになります。

➡その他

トップページ
・〔ナ形容詞・イ形〕容詞＋名詞
自分の自慢をするとき、「安い店を見つける」「おいしいレストランを探す」「きれいな景色を探す」のように形容詞を名詞につけて話してみましょう。

やってみましょう！

✦〔ナ形容詞・イ形容詞・動詞〕＋なります

「上手になりました」「早くなりました」「～ことができるようになりました」などのように、昔と比べてみて何が変化したのか話してみましょう。「～ことができるようになりたいです」のように将来の話題へと展開すると盛り上がります。

おしゃべりしましょう！

✦（「ます」の形）＋たいんですが、

相手に何か相談するときの前置きとして使います。「料理を習いたいんですが、」「中国語を習いたいんですが、」のようにまず自分から相談してみましょう。趣味が合って、「一緒に行きましょう」のように教室の外へ出て行けるのが理想です。相手に無理やり「～たいんですが、」という形を言わせる必要はありません。

その日のおしゃべりの内容に合わせて自由に記入しましょう。ローマ字で記入してもかまいません。

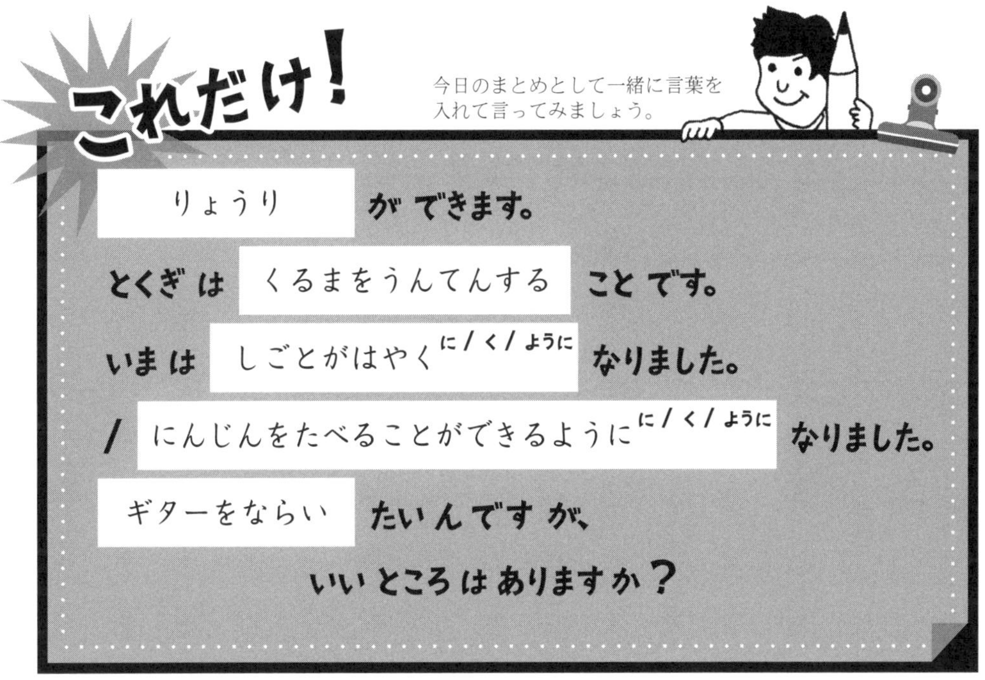

これだけ！
今日のまとめとして一緒に言葉を入れて言ってみましょう。
りょうり が できます。
とくぎ は くるまをうんてんする こと です。
いま は しごとがはやく に / く / ように なりました。
/ にんじんをたべることができるように に / く / ように なりました。
ギターをならい たいんですが、
いいところはありますか？

ネタ帳 03

子どもの習い事

トピック9は特技の話ですが、ダンス・生け花・カラオケなどは習い事としてやっている人も多いと思います。そこで、少し趣向を変えて、子どもの習い事を紹介します。こういったランキングを見ながら、相手の国との比較や周りの人のことなど、いろいろおしゃべりしてみましょう。日本語教室のいろいろな参加者に、子どもやお孫さんの習い事を聞いてみてもおもしろいですね。日本語教室内のランキングを作ってはいかがでしょうか。

子ども（小学生以下）の習い事

1 水泳
2 学習塾
3 ピアノ
4 英会話
5 習字
6 体操・新体操
7 サッカー
8 そろばん
9 ダンス
10 テニス

バンダイ『子どもの習い事に関する意識調査』2019年

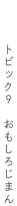

中｜韓｜ポルトガル｜スペイン｜英｜タイ｜ベトナム｜タガログ｜インドネシア｜ネパール

あります《ある》
有 / 在（表示非动物的存在）｜있습니다《있다》(물건의 존재)｜ter｜haber｜there is (a nice place)｜มี｜có (đồ vật, sự việc)｜mayroon (bang mabuting lugar)｜ada [untuk menyatakan keberadaan benda selain manusia dan binatang]｜छ <<छ>>

いいです《いい》
好｜좋습니다《좋다》｜bom｜bueno｜nice｜ดี｜tốt/được｜mabuti｜enak/bagus｜राम्रो छ <<राम्रो>> (प्रशंसा)

いきます《いく》
去｜갑니다《가다》｜ir｜ir｜go｜ไป｜đi｜pumunta (punta)｜pergi｜जान्छु <<जानु>>

いけばな
插花｜꽃꽂이｜arranjo floral｜arreglo floral｜Japanese flower arrangement｜การจัดดอกไม้｜nghệ thuật cắm hoa Nhật Bản｜pag-aayos ng bulaklak / ikebana｜seni merangkai bunga｜इकेबाना (फुलको गुच्छा बनाउने कला)

いぜん
以前｜이전｜antes｜antes｜in the past｜เมื่อก่อน｜trước đây｜dati｜dulu｜पहिले (समय)

いつ
什么时候｜언제｜quando?｜¿cuándo?｜when｜เมื่อไร｜khi nào/bao giờ｜Kailan?｜kapan｜कहिले

いっしょ
一起｜같이｜juntos｜juntos｜together｜ด้วยกัน｜cùng nhau｜magkasama｜bersama｜सँगै

いつも
总是 / 经常｜언제나｜sempre｜siempre｜always｜เสมอ｜luôn luôn｜lagi｜selalu｜सँधै / जहिले पनि

いま
现在｜지금｜agora｜ahora｜now｜ตอนนี้｜bây giờ｜ngayon｜sekarang｜अहिले

うたいます《うたう》
唱｜노래합니다《노래하다》｜cantar｜cantar｜sing｜ร้องเพลง｜hát｜kumanta (kanta)｜menyanyi｜गीत गाउँछु <<गीत गाउनु>>

うんてん
开车 / 驾驶｜운전｜dirigir｜conducir｜drive｜การขับรถ｜lái xe｜magmaneho｜mengemudi｜चलाउनु (गाडी)

え
画｜그림｜pintura / desenho｜pintura / imagem｜picture / drawing / painting｜ภาพ｜tranh / bức tranh｜guhit｜lukisan｜चित्र

おいしいです《おいしい》
好吃 / 好喝｜맛있습니다《맛있다》｜gostoso｜rico｜delicious｜อร่อย｜ngon｜masarap｜rasanya enak｜मिठो छ <<मिठो>>

おしえます《おしえる》
教｜가르칩니다《가르치다》｜ensinar｜enseñar｜teach｜สอน｜dạy dỗ / chỉ bảo｜magturo｜mengajar｜सिकाउँछु <<सिकाउनु>>

かきます《かく》
写 / 画（本课指画）｜그립니다《그리다》｜desenhar｜diseñar｜draw / paint / sketch｜เขียน｜vẽ｜magsulat｜melukis｜लेख्छु <<लेख्नु>>

カラオケ
卡拉OK｜노래방｜karaokê｜karaoke｜karaoke｜คาราโอเกะ｜karaoke｜karaoke｜karaoke｜खाराओके / काराओके

からて
空手道｜가라테｜karatê｜karate｜Karate｜คาราเต้｜môn võ Karate｜karate｜karate｜कराते खेल

きれいです《きれいな》
漂亮 / 干净（本课指干净）｜예쁩니다《예쁜》｜limpo｜limpo｜clean｜สะอาด｜đẹp / sạch｜maganda｜bersih｜राम्रो / सफा छ <<राम्रो / सफा>>

クリーニング	洗衣店 | 세탁소 | lavanderia | tintorería | cleaning | การซักแห้ง | tiệm giặt ủi | labanderya | laundri | लुगा धुनु / धुलाई
けっこんします《けっこんする》	结婚 | 결혼합니다《결혼하다》| casar-se | casarse | get married | แต่งงาน | kết hôn | magpakasal | menikah | बिहे / बिवाह गर्छु <<बिहे / बिवाह गर्नेछु>>
こうみんかん	公民馆（社区活动中心）| 주민 회관 | centro comunitário | centro comunitario | community center | ศูนย์ชุมชน | nhà văn hóa công cộng | sentrong pangkomunidad | balai masyarakat | सार्वजनिक हल
こども	孩子 | 아이 | criança | niño | child(ren) | ลูก/เด็ก | con cái/trẻ con/con nít | anak | anak | बच्चा
ごはん	饭 | 밥 | comida | comida | meal | ข้าว | cơm/bữa cơm | pagkain | nasi/makan pokok | भात
こんど	这次 / 下次（本课指下次）| 다음에 | próxima vez | próxima vez | next time | คราวหน้า | lần tới/lần sau | sa susunod | lain kali | पछि / फेरी
サッカー	足球 | 축구 | futebol | fútbol | soccer | ฟุตบอล | bóng đá | putbol | sepak bola | फुटबल
さどう	茶道 | 다도 | cerimônia do chá | ceremonia del té japonesa | Japanese tea ceremony | พิธีชงชา | trà đạo | seremonya ng tsaa | upacara minum teh | सादोउ (जापानी चिया बनाउने तरिका)
じてんしゃ	自行车 | 자전거 | bicicleta | bicicleta | bicycle | จักรยาน | xe đạp | bisikleta | sepeda | साइकल
じょうずです《じょうずな》	(某种技术) 好 | 잘합니다《잘하는》| bom/habilidoso | bueno/habilidoso | good (at doing something) | เก่ง | giỏi/khéo | mahusay/magaling | pandai | सिपालु छ <<सिपालु>>
しります《しる》	知道 | 압니다《알다》| conhecer | conocer | know | รู้จัก | biết | alam | tahu | थाहा छ <<थाहा हुनु>>
スキー	滑雪 | 스키 | esqui | esquí | ski | สกี | trượt tuyết | ski | ski | स्कीइंग खेल
スポーツ	体育 | 스포츠 | esportes | deporte | sports | กีฬา | thể thao | sports/palaro | olah raga | खेलकूद
そうじ	打扫 | 청소 | faxina | limpieza | cleaning | การทำความสะอาด | việc lau dọn nhà cửa | paglilinis | bersih-bersih | सरसफाई
たくさん	很多 | 많이 | muito | mucho | many/much | เยอะ | nhiều | marami | banyak | धेरै
たっきゅう	乒乓球 | 탁구 | tênis de mesa | tenis de mesa | table-tennis | ปิงปอง | bóng bàn | ping-pong | tenis meja/ping pong | टेबुलटेनिस
たべます《たべる》	吃 | 먹습니다《먹다》| comer | comer | eat | กิน/รับประทาน | ăn | kumain (kain) | makan | खान्छु <<खानु>>
だめです《だめな》	不可以 / 很差（本课指很差）| 안됩니다《안되는》| não conseguir | no conseguir | not okay/no | ไม่ได้/(ทำ) ไม่ได้ | không được | hindi pwede | tidak bisa | गर्नु हुन्दैन <<गर्न नहुने>>
ダンス	舞蹈 | 댄스 | dança | danza | dance | การเต้นรำ | khiêu vũ | sayaw | dansa | नाच / नाच्नु

つくります《つくる》
做 | 만듭니다《만들다》| fazer / cozinhar | hacer / cocinar | make / cook | ทำ | làm ra / tạo ra | gumawa (gawa) | membuat | बनाउँछु <<बनाउनु>>

つま
妻子 | 아내 | esposa | esposa | wife | ภรรยา | vợ | asawa (babae) | istri | श्रीमती

とくぎ
特长 | 특기 | o que faço bem | habilidad | special skills | ความสามารถพิเศษ | sở trường | abilidad / kakayahan | kebolehan | विशेष सीप / कला

とても
非常 | 매우 | muito | muy | very | มาก | rất | napaka(bilis) | sangat | निकै / एकदम

ならいます《ならう》
学 | 배웁니다《배우다》| aprender | aprender | learn | เรียน | học | matuto | belajar | सिक्छु <<सिक्नु>>

にほん
日本 | 일본 | Japão | Japón | Japan | ญี่ปุ่น | Nhật Bản | bansang Hapon | Jepang | जापान

のぼります《のぼる》
登 | 오릅니다《오르다》| subir / escalar | subir | climb | ปีน | leo / trèo | umakyat (akyat) | mendaki | चढ्छु <<चढ्नु>> (पहाड)

のります《のる》
乘坐 | 탑니다《타다》| subir / embarcar | montar | take / ride | ขี่(จักรยาน) | lên (tàu, xe…) | sumakay (sakay) | naik | चढ्छु <<चढ्नु>> (साइकल)

はやいです《はやい》
早 / 快（本课指快）| 빠릅니다《빠르다》| rápido | rápido | fast | เร็ว | nhanh / sớm | mabilis | cepat | छिटो छ <<छिटो>>

みせ
店 | 가게 | loja | tienda | shop | ร้าน | cửa tiệm / cửa hàng | tindahan | toko | पसल

みつけます《みつける》
找到 | 찾아냅니다《찾아내다》| encontrar | encontrar | find | ค้นพบ / เจอ | tìm ra / kiếm ra | hanapin (hanap) | menemukan | खोज्छु / भेटाउँछु <<खोज्नु / भेटाउनु>>

やすいです《やすい》
便宜 / 廉价 | 쌉니다《싸다》| barato | barato | cheap | ถูก | rẻ | mura | murah | सस्तो छ <<सस्तो>>

やま
山 | 산 | montanha | montaña | mountain / hill | ภูเขา | núi | bundok | gunung | पहाड

ランニング
跑步 | 조깅 | corrida | jogging | running | การวิ่ง | việc chạy đua | pagtakbo | lari | रनिङ / दौड

りょうり
饭菜 | 요리 | culinária / cozinhar | cocina | cooking | อาหาร | việc nấu ăn | pagluluto | masak | खाना

わたし
我 | 저 / 나 | eu | yo | I | ฉัน / ผม | tôi | ako | saya | म

つらいときにはたくさん食べて忘れます。

10 わたしのしゅみ

おしゃべりの流れ

趣味や好きなものについて話しましょう。

①トップページ（48-49ページ）
イラストにはいろんな趣味の例が出ています（48-49ページ）。'料理' が趣味といっても「食べること」か「作ること」かで全然違います。48ページのイラストを見ながら、どっちが好きなのか話し合いましょう。49ページにもいろいろな趣味を例示しています。イラストになくても、自分の趣味を伝えましょう。趣味を聞いた後は、「毎日しますか？」「いつからしていますか？」「日本に来て（趣味が）変わりましたか？」「どうして？」「これまでにすごい体験をしましたか？」など、掘り下げていきましょう。

②やってみましょう！（50ページ）
いろんな趣味について「～は好きですか？」と聞いてから、「～をよくしますか？」というふうに続けて、表を埋めていきましょう。最初に埋めてからおしゃべりしてもいいですね。「うた／えいが」以外にも、その日のおしゃべりに出てきたお互いの趣味を表に追加してみましょう。

③おしゃべりしましょう！（51ページ）
日本人に人気の趣味ランキングを見ながらおしゃべりします。まずはわからない言葉などを、語彙表で確認してから話したほうが盛り上がります。日本人の趣味についてどう思うか、コメントをもらったり、「もっとスポーツしたほうがいいですね」のようにアドバイスをもらいましょう。

隠れ文法

➡中心となる文法

ここは、趣味や好きなことを伝える文法がテーマです。

A　しゅみは～（辞書形）＋ことです
ここでは、「趣味は何ですか？」「～ことです」のように、2つに切って使うことが多いと思います。動詞に'こと' をつけることで、趣味の内容を伝えることができます。イラストはすべて辞書形で提示してあるので、そのまま使えばオッケーです。

B　（て形）＋ています
趣味と一言で言っても、常にやっていることから、忙しくてあまりできないことまで様々です。これは前者を伝えるための文法です。'料理' が趣味だとしたら「毎日作っています」「毎週教室に行っています」のように、継続して行っていることを話しましょう。

**C　どうして～〔ている・辞書形・ない形〕んですか?
　～〔ている・辞書形・ない形〕んです**
「どうして毎晩ゲームをするんですか」「どうしてひとりでドライブをするんですか」のように、相手の趣味について掘り下げて質問してみましょう。答えるときは「昼は仕事があるんです」「ひとりで海が見たいんです」のように‘んです’を用いて答えます。

➡その他

トップページ

- (辞書形)ように／(ない形)なく＋なります

日本に来て、趣味に変化があったか聞いてみましょう。「ギターを弾くようになりました」「カラオケにいくようになりました」など、変化はあるはずです。相手ばかりではなく自分からも、「納豆を食べるようになりました」「ニュースを見なくなりました」のように、最近の変化を伝え合ってください。

やってみましょう！

その他は特にないので、‘中心となる文法’を活用して、表を見ながら趣味や好きなことを語り合いましょう。

おしゃべりしましょう！

- (た形)＋たほうがいいです／(ない形)＋ないほうがいいです

趣味のランキングを見ながら、「かぶはやらないほうがいいですよ」「旅行は友達としたほうがいいですよ」のように、お互いにアドバイスをしてみましょう。

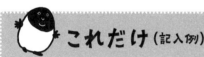

これだけ(記入例)

その日のおしゃべりの内容に合わせて自由に記入しましょう。ローマ字で記入してもかまいません。

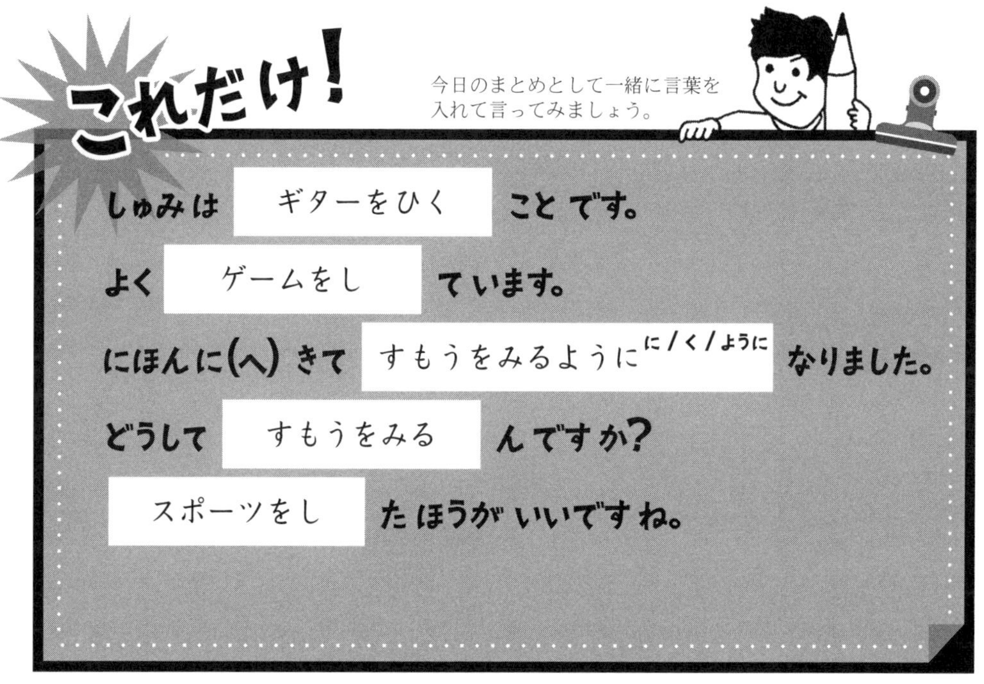

これだけ!
今日のまとめとして一緒に言葉を入れて言ってみましょう。
しゅみは ギターをひく こと です。
よく ゲームをし ています。
にほんに(へ) きて すもうをみるように に/く/ように なりました。
どうして すもうをみる んですか?
スポーツをし たほうが いいですね。

語彙表

中 | 韓 | ポルトガル | スペイン | 英 | タイ | ベトナム | タガログ | インドネシア | ネパール

いえ
家 | 집 | casa | casa | home | บ้าน | nhà | bahay | rumah | घर

いそがしいです《いそがしい》
忙 | 바쁩니다《바쁘다》| ocupado | ocupado | busy | ยุ่ง | bận rộn | abala / maraming ginagawa | sibuk | व्यस्त छु <<व्यस्त>>

いつも
总是 / 经常 | 언제나 | sempre | siempre | always | เสมอ | luôn luôn | lagi | selalu | सँधै / जहिले पनि

うた
歌 | 노래 | canção | canción | song | เพลง | bài hát | kanta | lagu | गीत

うたいます《うたう》
唱 | 노래합니다《노래하다》| cantar | cantar | sing | ร้องเพลง | hát | kumanta (kanta) | menyanyi | गीत गाउँछु <<गीत गाउनु>>

えいが
电影 | 영화 | filme | película | movie | ภาพยนตร์ | phim ảnh | sine | film | सिनेमा / फिल्म

えいがかん
电影院 | 영화관 | cinema | cine | cinema | โรงภาพยนตร์ | rạp chiếu phim | sinehan | bioskop | सिनेमा हल

おとこ
男 | 남자 | homem | hombre | male | ผู้ชาย | đàn ông | lalaki | laki-laki / pria | पुरुष / केटा

おんな
女 | 여자 | mulher | mujer | female | ผู้หญิง | phụ nữ | babae | perempuan, wanita | महिला / केटि

かぶ
股票 | 주식 | ações | acciones | stocks | หุ้น | cổ phiếu | stocks | saham | स्टक / शेयर

カラオケ
卡拉OK | 노래방 | karaokê | karaoke | karaoke | คาราโอเกะ | karaoke | karaoke | karaoke | खाराओके / काराओके

かわります《かわる》
变 | 변합니다《변하다》| mudar | cambiar | change | เปลี่ยน | thay đổi | magbago | berubah | बदल्छु <<बदल्नु>> (फरक / परिवर्तन)

ききます《きく》
问 / 听 (本课指听) | 듣습니다《듣다》| escutar | escuchar | listen to | ฟัง | nghe | makinig | mendengarkan | सुन्छु <<सुन्नु>>

ギター
吉他 | 기타 | violão | guitarra | guitar | กีต้าร์ | đàn ghi-ta | gitara | gitar | गितार

きます（来）《くる》
来 | 옵니다《오다》| vir | venir | come | มา | đến / tới | dumating (dating) | datang | आउँछु <<आउनु>>

～くらい
～左右 | ～쯤 | uns | unos | around ～ | ประมาณ~ | khoảng ~ | humigit-kumulang ng | sekitar ～ | ～ जति

ゲーム
游戏 | 게임 | vídeo game | videojuego | game | เกม | trò chơi điện tử | video game | game / permainan | गेम

サーフィン
冲浪 | 서핑 | surf | surf | surfing | การโต้คลื่น | môn lướt sóng | surfing | surfing | सर्फिंग

ざいたくワーク
可以在家做的工作 | 재택근무 | home office (trabalhar em casa) | trabajo en casa | working from home | การทำงานที่บ้าน | làm việc tại nhà | trabaho sa bahay | bekerja tanpa pergi ke kantor / bekerja di rumah sendiri | घरमा बसेर अफिसको काम गर्ने

さびしいです《さびしい》
寂寞 / 凄凉 | 외롭습니다《외롭다》| sentir-se só | sentirse solo | lonely | เหงา | buồn bã | malungkot / nakakalungkot | kesepian / merasa sepi | एक्लो / निराश छु <<एक्लो / निराश>> (नरमाइलो लाग्नु)

しごと
工作 | 일 / 직업 | trabalho | trabajo | work | งาน | công việc | trabaho | pekerjaan | काम

しゃしん
相片 | 사진 | foto | foto | photograph | รูปถ่าย | hình / ảnh | litrato | foto | फोटो

しゅみ
爱好 | 취미 | hobby / passatempo | pasatiempo | hobby | งานอดิเรก | sở thích | libangan | hobi | शौक

じんじゃ
神社 | 신사 | santuário | santuario | shrine | ศาลเจ้าชินโต | đền thờ | banal na lugar / shrine | kuil Shinto | मन्दिर

スカッシュ
壁球 | 스쿼시 | squash | squash | squash | สควอช | môn bóng quần | squash | squash | स्क्वाश (खेलको नाम)

すきです《すきな》
喜欢 | 좋아합니다《좋아하는》| gostar | gustar | like | ชอบ | thích | gusto | suka | मन पर्छ <<मन पर्ने>>

すごいです《すごい》
了不得 | 대단합니다《대단하다》| incrível | estupendo | great | สุดยอด | tuyệt vời | magaling | hebat / luar biasa | आश्चर्यजनक छ <<आश्चर्यजनक>> (प्रशंसा गर्नु)

スポーツ
体育 | 스포츠 | esportes | deporte | sports | กีฬา | thể thao | sports / palaro | olah raga | खेलकुद

たべます《たべる》
吃 | 먹습니다《먹다》| comer | comer | eat | กิน / รับประทาน | ăn | kumain (kain) | makan | खान्छु <<खानु>>

つくります《つくる》
做 / 制作 | 만듭니다《만들다》| fazer / cozinhar | hacer / cocinar | make / cook | ทำ | làm ra / tạo ra | gumawa (gawa) | membuat | बनाउँछु <<बनाउनु>>

てら
寺庙 | 절 | templo | templo | temple | วัด | chùa chiền | templo | kuil Budha | मन्दिर

でんしこうさく
电子操作 | 전기공작 | kit eletrônico | kit electrónico | electronic handicraft | การประกอบวงจรอิเล็กทรอนิกส์ | thiết kế / chế tạo đồ điện tử | elektrikal na gawain | perakitan listrik | इलेक्ट्रोनिक काम

ときどき
有时 | 가끔 | às vezes | a veces | sometimes | บางที | đôi khi / thỉnh thoảng | paminsan-minsan | kadang-kadang | कहिले काहीं

どくしょ
读书 | 독서 | leitura | lectura | reading | การอ่านหนังสือ | việc đọc sách | pagbabasa | membaca buku | किताब पढ्नु

どこ
哪里 | 어디 | onde? | ¿dónde? | where | ที่ไหน | đâu / nơi nào | Saan? | (di) mana | कता / कहाँ

ドライブ
开车兜风 | 드라이브 | dirigir | manejar | drive | การขับรถ | việc lái xe | magmaneho | jalan-jalan dengan mobil | ड्राइभिङ (गाडीमा घुम्नु)

なんですか
是什么? | 무엇입니까? | o que é? | ¿qué es? | what is (your hobby)? | อะไร | là gì? | Ano? | apa? | के हो ?

にほん
日本 | 일본 | Japão | Japón | Japan | ญี่ปุ่น | Nhật Bản | bansang Hapon | Jepang | जापान

のぼります《のぼる》
登 | 오릅니다《오르다》| subir / escalar | subir | climb | ปีน | leo / trèo | umakyat (akyat) | mendaki | चढ्छु <<चढ्नु>> (पहाड)

はい
是 | 예 / 네 | sim | sí | yes | ครับ / ค่ะ | vâng / phải | Oo | ya | हो / हजुर

ひきます《ひく》
弾（吉他，钢琴等）| (기타, 피아노 등) 연주합니다《연주하다》| tocar | tocar | play (music instrument) | เล่น (กีต้าร์) | gảy/chơi (đàn) | tumugtog (tugtog) | memetik alat musik | बजाउछु <<बजाउनु>> (गितार)

ひと
人 | 사람 | pessoa | persona | people | คน | người | tao | orang | मानिस / मान्छे

ひとりで
独自 | 혼자 | sozinho | solo | alone | คนเดียว | một mình | mag-isa | sendiri / seorang diri | एक्लै

ほん
书 | 책 | livro | libro | book | หนังสือ | sách | aklat | buku | किताब

まあまあ
还可以 | 그저 그렇습니다《그저 그런》| mais ou menos | más o menos | so-so | พอสมควร | tàm tạm | hindi gaano | lumayan | ठिक ठिकै छ

まいにち
每天 | 매일 | todos os dias | todos los días | every day | ทุกวัน | mỗi ngày/hằng ngày | araw-araw | setiap hari | प्रत्येक दिन

みてまわります《みてまわる》
游历 / 逛一逛 | 돌아봅니다《돌아보다》| visitar | visitar | look around | ไปเที่ยวชม (วัดต่างๆ) | xem lòng vòng | mag-ikot | keliling melihat-lihat | हेर्दै जान्छु / हिंडछु <<हेर्दै जानु / हिंडनु>>

みます《みる》
看 | 봅니다《보다》| assistir / ver | Ver | watch / see | ดู | ngắm/nhìn/xem | manood | melihat | हेर्छु <<हेर्नु>>

やま
山 | 산 | montanha | montaña | mountain / hill | ภูเขา | núi | bundok | gunung | पहाड

よく
经常 | 잘 | frequentemente | frecuentemente | often | บ่อย | thường hay | madalas | sering | धेरै

よみます《よむ》
读 / 看 | 읽습니다《읽다》| ler | leer | read | อ่าน | đọc | magbasa | membaca | पढ्छु <<पढ्नु>>

りょうり
饭菜 / 做饭（本课指做饭）| 요리 | culinária / comida | comida | cooking / food | อาหาร | đồ ăn/món ăn | pagluluto | masak / masakan | खाना

りょこう
旅行 | 여행 | viagem | viaje | travel | การท่องเที่ยว | du lịch | paglalakbay | jalan-jalan / berwisata | भ्रमण / यात्रा

わたし
我 | 저 / 나 | eu | yo | I | ผม,ฉัน | tôi | ako | saya | म

Column 11

フィードバック

　地域日本語教室で研修などを担当させていただく際、「外国人参加者の誤りをどうやって訂正してあげたらいいか？」という質問をよくいただきます。このテキストが提案しているのは教室内での楽しいおしゃべりですから、相手の話を遮ってしまう方法はお勧めしません。リキャストという方法を紹介します。

　外国人参加者　私は、りん…りんごを好きです。
　日本人参加者　ああ、りんご　が　好きなんですね。

　このような、自然な流れの反応として、修正箇所を示す方法です。この方法なら会話の流れを阻害しません。言語習得研究では、この方法は相手が誤りに気付いたかどうかわからないので、効果があやしいとする研究者もいます。いろんなデータを見ると、会話の流れを止めて、間違い部分をはっきりと指導して相手にリピートさせるという手順を踏んでも、誤用がなおらない人はいることがわかっています。一方で、リキャストで相手が全く反応していなくても、次から訂正箇所がしっかり修正されていたデータも出ています。大事なことは、日本人参加者が一貫してリキャストを行うということです。例えば、上の例のように助詞が気になる場合、助詞の間違いは必ずリキャストで訂正するとかなり効果があることがわかっています。

11 いつも していること

おしゃべりの流れ

お互いの生活を振り返って、様々な設定でいつもすることを話し合いましょう。

①トップページ（52-53ページ）
52ページは、朝のいろいろな行為がイラストにあります。毎朝の習慣について話しましょう。歯を磨いてからごはんにするか、その逆かなど、順序について話すと盛り上がります。朝が終わったら、昼の習慣、夜の習慣などへ話題を広げていってください。53ページになると状況設定が休日になります。休みの日にいつも何をするか、お互いに話しましょう。イラスト（53ページ）は休みの日にしそうなことを並べていますが、ここにないものもどんどん追加しましょう。休みの日にしたい／するべきだけど（疲れていて／時間がなくて）できないことなども話すと話題は広がります。

②やってみましょう！（54ページ）
表の中に、様々な状況設定（台風のとき、1人でいるとき、疲れたとき……）をして、そういうときはいつも何をするか話し合いましょう。いろんな状況を設定することで思わぬ文化の違いに発展するかもしれません。

③おしゃべりしましょう！（55ページ）
ここのイラストにあるのは、健康に悪そうなもの／健康によさそうなもの（行為）の2種類です。健康のために心がけていることや健康のためにやめたほうがいいことを話し合いましょう。また可能ならアドバイスもしてみましょう。健康法は個人によって千差万別です。イラストにないものも一緒に考えてみてください。

隠れ文法

➡中心となる文法

ここは、いつもしている行為の順序を伝えたり、いくつかを列挙したりするための文法がテーマです。

A （て形）＋て／てから、
「朝起きて、シャワーを浴びます」「ごはんを食べてから、新聞を読みます」などのように、いくつかの出来事を連続して紹介したいときに使います。‘てから’を使うと、より順序の意味が強くなります。イラストに（て形）が付いているので、それを使いましょう。順序関係を伝える必要がない場合は、次の文法‘〜たり、〜たり’を使いましょう。

B （た形）＋たり、〜（た形）＋たり
「休みの日、洗濯をしたり、そうじをしたりします」「勉強をしたり、買いものをしたりします」のようにいくつかのことを列挙したいときに使います。イラストに（た形）が付いているのでそれを使いましょう。「テレビを見たりします」のような単独の使い方もOKです。

➡その他

トップページ

✦ ～けど／でも、

「そうじをしたいけど、疲れているのでできません」「買いものに行きたいけど、時間がありません」のように、やりたいけどできないことを言いたいときに使いましょう。

やってみましょう！

✦〔た形・辞書形・ない形〕＋とき

「台風が来たとき、」「うちでひとりでいるとき、」のように、状況設定をしておしゃべりを広げてください。

おしゃべりしましょう！

✦ ～ために

「健康のために」の形で、‘健康’というのが目的・目標であることを伝えます。名詞と一緒に使うので‘のために’という形です。「健康のために」というテーマをここでは設定していますが、「将来のために」「子どものために」のように、トピックを広げる工夫は大切です。

✦（た形）＋たほうがいいです／（ない形）＋ないほうがいいです

お互いの健康法を紹介し合いながら、「たくさん歩いたほうがいいですよ」「たばこは吸わないほうがいいです」のように、アドバイスをしてみましょう。

その日のおしゃべりの内容に合わせて自由に記入しましょう。ローマ字で記入してもかまいません。

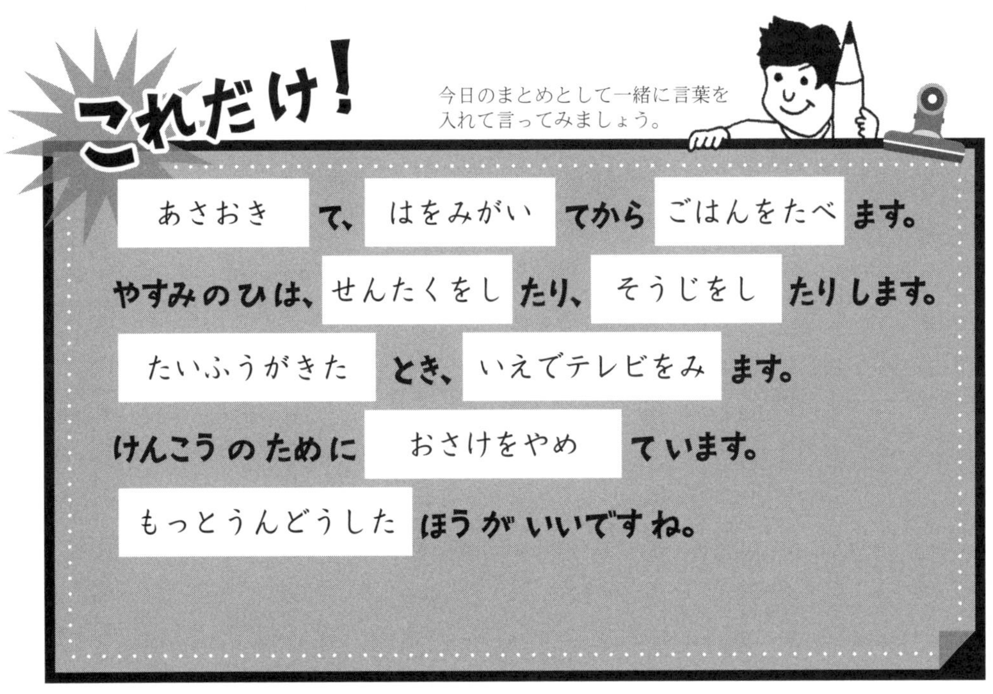

これだけ！
今日のまとめとして一緒に言葉を入れて言ってみましょう。
あさおき て、はをみがい てから ごはんをたべ ます。
やすみのひは、せんたくをし たり、そうじをし たりします。
たいふうがきた とき、いえでテレビをみ ます。
けんこうのために おさけをやめ ています。
もっとうんどうした ほうがいいですね。

語彙表

中｜韓｜ポルトガル｜スペイン｜英｜タイ｜ベトナム｜タガログ｜インドネシア｜ネパール

あさ
早晨｜아침｜de manhã｜por la mañana｜morning｜ตอนเช้า｜buổi sáng｜umaga｜pagi｜बिहान

あさごはん
早饭｜아침 밥｜café da manhã｜desayuno｜breakfast｜อาหารเช้า｜bữa sáng｜almusal｜makan pagi｜बिहानको खाना

あびます《あびる》
淋（浴）｜샤워합니다《샤워하다》｜banhar-se｜bañarse｜take a shower｜อาบ｜tắm (vòi sen)｜maligo｜mandi｜नुहाउँछु <<नुहाउनु>>

あまいです《あまい》
甜｜답니다《달다》｜doce｜dulce｜sweet｜หวาน｜ngọt｜matamis｜manis｜गुलियो छ <<गुलियो>>

あるきます《あるく》
走路｜걷습니다《걷다》｜andar / caminhar｜caminar｜walk｜เดิน｜đi bộ｜maglakad｜berjalan kaki｜हिड्छु <<हिड्नु>>

いきます《いく》
去｜갑니다《가다》｜ir｜ir｜go｜ไป｜đi｜pumunta (punta)｜pergi｜जान्छु <<जानु>>

います《いる》
有 / 在（表示人或动物的存在）｜있습니다《있다》(사람이나 동물의 존재)｜estar｜estar｜be (alone)｜~อยู่｜ở (đâu đó)｜mayroon｜ada｜छ / छुं <<छ / छुं>>

インターネット
互联网｜인터넷｜internet｜internet｜internet｜อินเทอร์เน็ต｜mạng internet｜Internet｜internet｜इन्टरनेट

うち
家｜집｜minha casa｜mi casa｜home｜บ้าน｜nhà｜bahay｜rumah｜घर

えいが
电影｜영화｜filme｜película｜movie｜ภาพยนตร์｜phim ảnh｜sine｜film｜सिनेमा / फिल्म

おきます《おきる》
起床｜일어납니다《일어나다》｜acordar｜levantarse｜wake up｜ตื่นนอน｜thức dậy｜gumising (gising)｜bangun｜उठ्छु <<उठ्नु>>

おさけ
酒｜술｜bebida alcoólica｜bebida alcohólica｜Japanese sake｜เหล้า｜rượu / rượu sa kê｜alak｜sake｜रक्सी

おちこみます《おちこむ》
（情绪）低落 / 消沉｜기가 죽습니다《기가 죽다》｜ficar deprimido｜deprimirse｜be depressed｜เศร้าซึม｜buồn bã / suy sụp｜maging malungkot｜semangat menurun｜निराश हुनु <<निराश>>

おもしろいです《おもしろい》
有趣｜재미있습니다《재미있다》｜divertido / interessante｜divertido / interesante｜interesting｜สนุก / น่าสนใจ｜thú vị / hấp dẫn / hay｜nakakaaliw｜menarik｜रमाइलो छ <<रमणीय>>

おんせん
温泉｜온천｜aguas termais｜aguas termales｜hot spring｜บ่อน้ำพุร้อน｜suối nước nóng｜Mainit na bukal｜pemandian air panas｜ओन्सेन (जापानको प्राकृतिक तातोपानी आउने ठाउँ)

かいだん
楼梯｜계단｜escada｜escalera｜staircase｜บันได｜cầu thang｜hagdanan｜tangga｜सिढी / भर्याङ

かいものします《かいものする》
购物｜쇼핑합니다《쇼핑하다》｜fazer compras｜hacer compras｜go shopping｜ซื้อของ｜mua sắm｜mamili｜berbelanja｜किनमेल गर्छु <<किनमेल गर्नु>>

きます（着）《きる》
穿（上衣）｜（옷을）입습니다《입다》｜vestir-se｜vestirse｜wear｜ใส่｜mặc (áo)｜magsuot｜memakai / mengenakan｜लगाउछु <<लगाउनु>> (लुगा)

きます（来）《くる》
来｜옵니다《오다》｜vir｜venir｜come｜มา｜đến / tới｜dumating (dating)｜datang｜आउँछु <<आउनु>>

きもち	情绪 / 心情 | 기분 | sentimento | sentimiento | feeling | ความรู้สึก | cảm xúc | pakiramdam | perasaan | मन / भावना
けんこう	健康 | 건강 | saúde | salud | health | สุขภาพ | sức khỏe | kalusugan | kesehatan | स्वास्थ्य / स्वस्थ
こうえん	公园 | 공원 | parque | parque | park | สวนสาธารณะ | công viên | parke | taman | पार्क
しごとします《しごとする》	工作（动词）| 일합니다《일하다》| trabalhar | trabajar | work | ทำงาน | làm việc | magtrabaho | melakukan pekerjaan | काम गर्छु <<काम गर्नु>>
シャワー	淋浴 | 샤워 | chuveiro | ducha | shower | การอาบน้ำ | vòi sen | shower | shower | नुहाउनु
しんぶん	报纸 | 신문 | jornal | periódico | newspaper | หนังสือพิมพ์ | báo chí | dyaryo | koran | पत्रिका
スポーツ	体育 / 运动 | 스포츠 | esportes | deporte | sports | กีฬา | thể thao | sports / palaro | olah raga | खेलकुद
せんたく	洗衣 | 세탁 | lavar roupa | lavado de ropa | laundry | การซักผ้า | việc giặt giũ | labada | cuci baju | लुगा धुनु
そうじ	打扫 | 청소 | faxina | limpieza | cleaning | การทำความสะอาด | việc lau dọn nhà cửa | paglilinis | bersih-bersih | सरसफाई
そうです	是的 | 그렇습니다 | bom | bueno | that's right | ใช่ | đúng vậy | Oo nga | (ya) begitulah | हो / सहि हो
そと	外面 | 밖 | fora | fuera | outside | ข้างนอก | bên ngoài | sa labas | luar | बाहिर
そります《そる》	刮（胡子等）| (수염을) 깎습니다《깎다》| barbear-se | afeitarse | shave | โกน | cạo (râu) | mag-ahit | mencukur | खौरिन्छु <<खौरिनु>>
たいふう	台风 | 태풍 | tufão | tifón | typhoon | ไต้ฝุ่น | bão | bagyo | angin topan | आँधीबेरी / टाइफुन
たくさん	很多 | 많이 | muito | mucho | many / much | เยอะ | nhiều | marami | banyak | धेरै
たばこ	香烟 | 담배 | cigarro | cigarro | cigarette | บุหรี่ | thuốc lá | sigarilyo | rokok | चुरोट
たべます《たべる》	吃 | 먹습니다《먹다》| comer | comer | eat | กิน / รับประทาน | ăn | kumain (kain) | makan | खान्छु <<खानु>>
つかれます《つかれる》	累 | 지칩니다《지치다》| cansar | cansarse | get tired | เหนื่อย | mệt mỏi | mapagod | capek | थाकिन्छु <<थाकिनु / थकाई>>
でます《でる》	从～出来（如；从家出来。いえをでます。）| 나옵니다《나오다》| sair | salir | go out | ออก | đi ra khỏi (nhà) | lumabas (labas) | keluar | निस्कंछु <<निस्कनु>>
テレビ	电视 | 텔레비전 | televisão | televisor | television | โทรทัศน์ | ti vi | telebisyon | televisi | टेलिभिजन / टिभी
テレビばんぐみ	电视节目 | 텔레비전 프로그램 | programa de televisão | programa de televisión | TV show | รายการโทรทัศน์ | chương trình ti vi | programa sa TV | acara televisi | टेलिभिजन / टिभीको कार्यक्रम
トイレ	洗手间 / 厕所 | 화장실 | banheiro | baño | toilet | สุขา | nhà vệ sinh / toi lét | palikuran | toilet | शौचालय / टोइलेट

どんな
什么样的 | 어떤 | o que? / que tipo? | ¿qué? / ¿qué tipo? | what kind of | อะไร / อย่างไร | như thế nào | Anong klaseng (gawain)? | bagaimana / seperti apa | कस्तो / कुन

なに
什么 | 무엇 | o que? | ¿qué? | what | อะไร | gì / cái gì | Ano? | apa | के

ねます《ねる》
睡 | 잡니다《자다》| dormir | dormir | go to bed | นอน | ngủ | matulog | tidur | सुत्छु <<सुत्नु>>

のぼります《のぼる》
登 | 오릅니다《오르다》| subir / escalar | subir | climb | ขึ้น | leo / trèo | umakyat (akyat) | naik | चढ्छु <<चढ्नु>> (सिढी / भर्याङ)

のみます《のむ》
喝 | 마십니다《마시다》| beber | beber | drink | ดื่ม | uống | uminom (inom) | minum | पिउँछु <<पिउनु>>

は
牙 | 이 | dentes | dientes | teeth | ฟัน | răng | ngipin | gigi | दाँत

はしります《はしる》
跑 | 뜁니다《뛰다》| correr | correr | run | วิ่ง | chạy | tumakbo (takbo) | berlari | दौडिन्छु <<दौडिनु>>

ひ
日 / 天（如；休息日，下雨天。→やすみのひ，あめのひ）| 날 | dia | día | day | วัน | ngày | araw | hari | दिन

ひげ
胡子 | 수염 | bigode | bigote | beard | หนวด | râu | bigote | jenggot | जुँगा

ひとりで
独自 | 혼자 | sozinho | solo | alone | คนเดียว | một mình | mag-isa | sendiri / seorang diri | एक्लै

ふく
衣服 | 옷 | roupa | ropa | clothes | เสื้อผ้า | quần áo | damit | baju | लुगा

べんきょうします《べんきょうする》
学习 | 공부합니다《공부하다》| estudar | estudiar | study | เรียนหนังสือ | học | mag-aral | belajar | पढ्छु (अध्ययन गर्छु) <<पढ्नु / अध्ययन गर्नु>>

まいにち
每天 | 매일 | todos os dias | todos los días | every day | ทุกวัน | mỗi ngày / hằng ngày | araw-araw | setiap hari | प्रत्येक दिन

まず
首先 | 우선 | primeiro | primero | first of all | ก่อนอื่น | trước tiên / trước hết | una | pertama-tama | पहिले

みがきます《みがく》
刷（牙）| 닦습니다《닦다》| escovar | cepillar | brush | แปรง (ฟัน) | đánh bóng | magsipilyo | menggosok | माझ्छु <<माझ्नु>>

みます《みる》
看 | 봅니다《보다》| ver | ver | watch / see | ดู | xem / nhìn / ngắm | manood | melihat / menonton | हेर्छु <<हेर्नु>>

やさい
蔬菜 | 야채 | verduras | verduras | vegetables | ผัก | rau | gulay | sayuran | साग

やすみ
休息 | 휴일 | descanso | descanso | holiday | (วัน) หยุด | ngày nghỉ | pahinga / walang pasok | libur | आराम / बिदा

ヨガ
瑜伽 | 요가 | ioga | yoga | yoga | โยคะ | yoga | yoga | yoga | योग

よみます《よむ》
读 / 看 | 읽습니다《읽다》| ler | leer | read | อ่าน | đọc | magbasa | membaca | पढ्छु <<पढ्नु>>

りょうり
饭菜 | 요리 | culinária / comida | comida | cooking | อาหาร | đồ ăn / món ăn | pagluluto | masak | खाना

わたし
我 | 저 / 나 | eu | yo | I | ฉัน / ผม | tôi | ako | saya | म

Column 12

やさしい日本語

トピック11は「いつもしていること」ですが、日本語教室で気を付けていることは何でしょうか。トピック8・10のコラムで紹介した日本語を話すときのコツ（相手にわかるように話す、相手の話を遮らないなど）は、「やさしい日本語」などと言われるものです。教室内での「やさしい日本語」は、フォリナートークとも呼ばれ、研究の蓄積があります。本テキストは、こういう言い方をすればシンプルになるという「やさしい日本語」フレーズを例示しています。日本人参加者のみなさまは、テキストのセリフを見ながら、わかりやすい話し方を考えてみてください。そのまま丸暗記するのではなく、発話例からシンプルな構造の日本語とはどんなものか、考えてみてください。

「やさしい日本語」の真骨頂は、難解なフレーズを説明するときです。例えば、役所が市民向けに出す公用文、病院の問診票、学校のお知らせなどの難解な文書（すべてが難解なわけではありません！）は、簡単に言い換えることができます。要は、元々が難解なものほどやさしくできるのです。外国人参加者には、「困っている文書をいつでも持っておいで」と伝える一方、持ってきたときには一生懸命説明してあげてください。みなさまの「やさしい日本語」スキルがどんどん磨かれていきます。

12 レシピ

おしゃべりの流れ

料理の作り方を話し合いましょう。得意な料理を紹介し合ったら、一緒に作ってみるのもいいですね。また、欲しい調理器具や、どんなことに気をつけて料理しているのかという話題へと広げてもおもしろいです。

①トップページ（56–59ページ）
58ページを先にやったほうがおしゃべりは展開しやすいです。まずはお互いの得意料理を紹介しましょう。58ページにあるメモ欄に材料や作り方を書いてみましょう。56、57ページには、料理の手順に関する言葉がイラストとともに挙がっています。58ページで紹介した得意料理について、その材料の下準備（「洗う？」「むく？」「切る？」）や、調理の方法（「ゆでる？」「焼く？」「いためる？」）について話し合いましょう。火加減（「つよび／よわびですか？」）、調理時間（「なんぷんですか？」）など、メモを取りながら教え合いましょう。
59ページは、イラストに様々な調理器具があります。よく使うもの、あまり使わないものを尋ねながら、お互いの食生活を紹介しましょう。また、欲しい調理器具や、どんなことに気をつけて料理しているのかという話題へと広げてもおもしろいです。

②やってみましょう！（60ページ）
まずは、様々な調味料のイラストを指差しながら、知っているかどうか、使ったことがあるかどうか、お互いに聞いてみましょう。使うものはどんなときに使うのか聞きましょう。
また、お国での正しい発音も尋ねてみましょう。イラストに好きな調味料がない場合は、右下のスペースに書いて説明し合いましょう。

③おしゃべりしましょう！（61ページ）
テーマは最後の晩餐。人生最後の日に食べたいものは何ですか？　アンケート調査の結果（日本人の人気ベスト5）を見ながら、自分の意見を伝え合いましょう。どうしてそれを選んだのか話してみましょう。

隠れ文法

➡中心となる文法

ここは、料理の過程を伝えるための文法がテーマですが、どちらかというと語彙が重要です。調理過程に関わる様々な語彙、調理器具の名前、調味料など、いろいろな語彙を使ってみましょう。文法については以下のものが挙げられます。

A　（て形）＋て・てから／（た形）＋たら／（ない形）＋で、
「皮をむいて、切ります」「皮をむかないで、切ります」「みじんぎりにして、炒めます」「ゆでてから、混ぜます」「10分経ったら、火を止めてください」のように、調理の手順を説明するときに使います。いろんな語彙と組み合わせて使ってください。

B 〔ナ形容詞・イ形容詞〕＋なります
ある状態に変化することを表すのに用います。調理の過程で、材料の変化を伝えましょう（「やわらかくなります」「色がきれいになります」「カリカリになります」）。

➡その他

トップページ
✦ （て形）＋ています
「毎日レンジを使っています」「フライパンで料理を作っています」「ボールでやさいを洗っています」のように、使っている調理器具を伝えましょう。「ラーメンばかり食べています」のように、継続して何かを行っていることを伝える文法です。

やってみましょう！
✦ 〔た形・辞書形・ない形〕＋とき、
調味料を紹介するとき、「フォーを食べるとき、」「ラーメンを食べるとき、」「ピビンバを食べるとき、」のように、使う場面を設定しましょう。

おしゃべりしましょう！
✦ 〔ナ形容詞・イ形容詞〕＋名詞
最後に食べたいものはどんな料理なのか説明しましょう。「火鍋は辛い料理です」「ブリガデーロは甘いおかしです」のように、食べたいものの名前〔固有名詞〕を説明しましょう。「辛いカレーが食べたいです」「高いフルコースが食べたいです」のように料理を説明することもできます。

その日のおしゃべりの内容に合わせて自由に記入しましょう。ローマ字で記入してもかまいません。

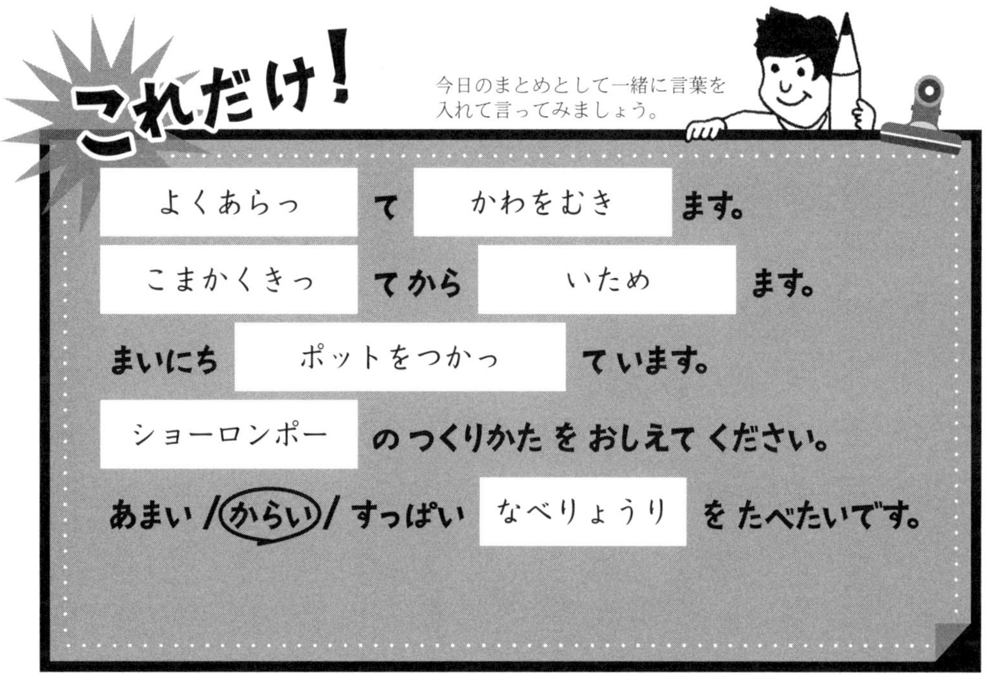

これだけ！
今日のまとめとして一緒に言葉を入れて言ってみましょう。
よくあらっ て かわをむき ます。
こまかくきっ てから いため ます。
まいにち ポットをつかっ ています。
ショーロンポー のつくりかたをおしえてください。
あまい / からい / すっぱい なべりょうり をたべたいです。

ネタ帳 04

日本人が得意な料理

トピック12では、レシピがテーマでした。日本でよく作られている料理をここで紹介したいと思います。日本人参加者のみなさまは、自分のレパートリーと比べてみてください。外国人参加者の方は知らないものもあるかと思います。スマホやタブレットがある方は、写真などを見ながらおしゃべりすれば盛り上がりますよ。

得意料理ランキング

1	カレー	6	パスタ
2	ハンバーグ	7	唐揚げ
3	肉じゃが	8	オムライス
4	餃子	9	お好み焼き
5	シチュー	10	炊き込みご飯

みんなのプロジェクト『あなたの得意料理・お助け調味料』(2012年)

このデータは、みんなのプロジェクトというウェブ上で公開されている調査結果を引用しています。同じサイトで、調味料のランキングも紹介しています。みなさまはいかがでしょうか。世代によって違いもあるでしょうが、得意な調味料は個人差が大きそうですね。

便利なお助け調味料

1	めんつゆ
2	ウェイパー
3	塩こうじ
4	味の素
5	白だし

https://minproject.jp/minpro_report/question/vol_1 (2021年)

語彙表

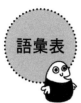

中｜韓｜ポルトガル｜スペイン｜英｜タイ｜ベトナム｜タガログ｜インドネシア｜ネパール

あまいです《あまい》	甜｜답니다《달다》｜doce｜dulce｜sweet｜หวาน｜ngọt｜matamis｜manis｜गुलियो छ <<गुलियो>>
あらいます《あらう》	洗｜씻습니다《씻다》｜lavar｜lavar｜wash｜ล้าง｜rửa｜maghugas｜mencuci｜पखाल्छु <<पखाल्नु>> (धुनु)
あります《ある》	有 / 在（表示非动物的存在）｜있습니다《있다》(물건의 존재)｜ter｜tener｜there are (lots of spices)｜มี｜có (đồ vật)｜mayroong (iba-ibang panlasa)｜ada｜छ <<छ>>
いいです《いい》	好｜좋습니다《좋다》｜está bem｜está bien｜fine / okay｜ดี｜tốt / được｜Sige / mabuti｜boleh｜हुन्छ <<हो>>
いためます《いためる》	炒｜볶습니다《볶다》｜refogar｜saltear｜fry｜ผัด｜xào｜paggisa｜menumis｜फ्राई गर्छु <<फ्राई गर्नु>> (तार्ने,भुट्ने)
いつ	什么时候｜언제｜quando?｜¿cuándo?｜when｜เมื่อไร｜khi nào / bao giờ｜Kailan?｜kapan｜कहिले
いつも	总是｜언제나｜sempre｜siempre｜always｜เสมอ｜luôn luôn｜lagi｜selalu｜सँधै / जहिले पनि
いれます《いれる》	放进｜넣습니다《넣다》｜pôr｜agregar｜put something into｜ใส่｜cho vào / bỏ vào｜ilagay｜memasukkan｜राख्छु <<राख्नु>> (हाल्ने)
いろいろ	各种各样｜여러 가지｜vários｜varios｜many different kinds｜หลากหลาย｜nhiều thứ / nhiều loại｜Iba't-iba｜macam-macam｜बिभिन्न
おかし	点心｜과자｜doce｜dulce｜snack｜ขนม｜bánh kẹo｜pagkaing matamis｜kue / penganan｜मिठाई
おくに	国家（敬语。指对方的国家）｜나라（경어. 상대방의 나라를 가리킴）｜(o seu) país (de origem)｜(su) país (de origen)｜(your) country [honorific]｜ประเทศ｜đất nước (nói theo kiểu lịch sự)｜bansa (mo)｜negara [sopan]｜देश
おしえます《おしえる》	教｜가르칩니다《가르치다》｜ensinar｜enseñar｜teach / tell｜สอน｜dạy dỗ / chỉ bảo｜magturo｜mengajar / memberi tahu｜सिकाउँछु <<सिकाउनु>>
おねがいします《おねがいする》	拜托｜부탁합니다《부탁하다》｜por favor｜por favor｜please｜ขอร้อง｜cầu mong / nhờ vả｜paki (gamitan ng mahinang apoy)｜tolong｜कृपया यो, त्यो गर्नुहोस् <<अनुरोध>>
おわります《おわる》	结束｜끝납니다《끝나다》｜terminar｜terminar｜end / finish｜จบสิ้น｜kết thúc｜matapos｜selesai｜सकिन्छ<<सकिनु / सकाउनु>> (अन्त्य)
かけます《かける》	浇（辣酱等）｜칩니다《치다》｜pôr｜poner｜put something on｜ราด｜chan (canh) / cho vào (gia vị)｜lagyan｜menaburi / menuangkan｜छर्कन्छु <<छर्कनु>>
かぞく	家人｜가족｜família｜familia｜family｜ครอบครัว｜gia đình｜pamilya｜keluarga｜परिवार
かたいです《かたい》	硬｜단단합니다《단단하다》｜duro｜duro｜hard｜แข็ง｜cứng｜matigas｜keras｜कडा छ <<कडा>>
がまんします《がまんする》	忍耐｜참습니다《참다》｜aguentar｜aguantar｜restrain oneself / fight the urge｜อดทน｜chịu đựng / nhịn｜magtiis｜menahan diri｜सहन्छु <<सहनु>>
からいです《からい》	辣｜맵습니다《맵다》｜apimentado｜picante｜spicy / hot｜เผ็ด｜cay｜maanghang｜pedas｜पिरो छ <<पिरो>>

カレー	咖喱 | 카레 | curry | curry | curry | แกงกระหรี่ | cơm cà ri | curry | kari | करी / तरकारी
カレーライス	咖喱饭 | 카레라이스 | curry com arroz | curry con arroz | curry rice | ข้าวราดแกงกระหรี่ | cơm cà ri | curry rice | nasi kari | करी भात
カレールウ	咖喱粉 | 카레 가루 | tablete de curry | barra de curry | curry roux | ก้อนแกงกะหรี่ (รูส์) | viên nén gia vị cà ri | curry powder | bumbu jadi kari | करी बनाउने मसला [जापानिज मसला (करी राउक्स)]
かわ（皮）	皮 | 껍질 | casca | cáscara | skin | เปลือก | vỏ | balat | kulit | छाला
きります《きる》	切 | 썹니다《썰다》| cortar | cortar | cut | หั่น | cắt | maghiwa | memotong | काट्छु <<काट्नु>>
ケーキ	蛋糕 | 케이크 | bolo | pastel | cake | ขนมเค้ก | bánh kem | keyk | kue / cake | केक
ココアパウダー	可可粉 | 코코아 파우더 | cacau em pó | cacao en polvo | cocoa powder | ผงโกโก้ | bột cacao | cocoa powder | bubuk kokoa | कोकोआ पाउडर
ごはん	饭 | 밥 | arroz cozido | arroz cocido | rice | ข้าว | cơm | kanin | nasi | भात
コンデンスミルク	炼乳 | 콘덴스밀크 | leite condensado | leche condensada | condensed milk | นมข้น | sữa đặc có đường | kondensada | susu kental manis | कोंडेंस मिल्क
コンロ	炉灶 | 버너 | fogão | horno | stove / burner | เตา | bếp / bếp ga | lutuan | kompor | स्टोभ
さいご	最后 | 마지막 | (por) último | (por) ultimo | last | สุดท้าย | sau cùng / cuối cùng | huli | terakhir | अन्तिम / अन्त्य
ざいりょう	材料 | 재료 | ingredientes | ingredientes | ingredients | วัตถุดิบ | nguyên liệu | sangkap | bahan | सामग्री
さしみ	生鱼片 | 생선회 | sashimi | sashimi | sliced raw fish | ปลาดิบ | món sashimi | mga hiwa ng hilaw na isda | sashimi | सासिमी (जापानी काँचो माछाको खाना)
じゃがいも	土豆 | 감자 | batata | patata | potato | มันฝรั่ง | khoai tây | patatas | kentang | आलु
しゃもじ	盛饭勺 | 주걱 | pá para servir arroz | paleta para servir arroz | rice scoop | ทัพพี | muôi xới cơm | sandok ng kanin | sendok nasi | पन्यु
しょうゆ	酱油 | 간장 | molho de soja | salsa de soya | soy sauce | ซีอิ๊วญี่ปุ่น | xì dầu / nước tương đậu nành | toyo | kecap asin Jepang | सोयाबिन सस
すいはんき	电饭锅 | 전기밥솥 | panela elétrica de arroz | olla eléctrica para cocer arroz | rice cooker | หม้อหุงข้าว | nồi cơm điện | rice cooker | rice cooker | राइस कुकर
すっぱいです《すっぱい》	酸 | 십니다《시다》| ácido | ácido | sour | เปรี้ยว | chua | maasim | asam | अमिलो छ <<अमिलो>>
せかい	世界 | 세계 | mundo | mundo | world | โลก | thế giới | mundo | dunia | विश्व / संसार
だいじょうぶです《だいじょうぶな》	没问题 | 괜찮습니다《괜찮은》| está bem | está bien | okay / fine | ไม่เป็นไร | không sao cả | Ayos lang | tidak apa-apa | ठिक छ <<ठिक>>
だいすきです《だいすきな》	特别喜欢 | 아주 좋아합니다《아주 좋아하는》| gostar muito | gustar mucho | like ～ very much | ชอบมาก | rất thích | gustong-gusto | suka | अति / एकदम मन पर्छ <<अति / एकदम मन पर्ने>>

たべます 《たべる》	吃 | 먹습니다《먹다》 | comer | comer | eat | กิน/รับประทาน | ăn | kumain (kain) | makan | खान्छ <<खानु>>
たまねぎ	洋葱 | 양파 | cebola | cebolla | onion | หัวหอม | hành củ/hành tây | sibuyas | bawang bombay | प्याज
ちょうみりょう	调料 | 조미료 | tempero | condimento | seasoning/flavouring | เครื่องปรุงอาหาร | gia vị | panlasa | bumbu | मसला
チリソース	辣椒酱 | 칠리소스 | molho apimentado | salsa picante | chili sauce | ซอสพริก | tương ớt | chili sauce | saus cabe | चिलिसोस् (खुर्सानीको सस)
つかいます 《つかう》	用 | 사용합니다《사용하다》 | usar | usar | use | ใช้ | sử dụng/dùng | gumamit (gamit) | memakai | प्रयोग गर्छ <<प्रयोग गर्नु>>
つくりかた	做法 | 만드는 방법 | modo de preparo | modo de preparar | way of making/how to make | วิธีทำ | cách làm/cách chế biến | paraan ng paggawa | cara membuat | बनाउने तरिका
つくります 《つくる》	做/制作 | 만듭니다《만들다》 | fazer/preparar | hacer/preparar | make/cook | ทำ | làm ra/tạo ra | gumawa (gawin) | membuat | बनाउँछ <<बनाउनु>>
つよび	强火 | 강한 불 | fogo alto | a fuego vivo | high flame/high heat | ไฟแรง | lửa to (trong nấu ăn) | malakas na apoy | api besar | ठुलो आँच (आगोको आँच)
とうがらし	辣椒 | 고추 | pimenta | chile | red pepper | พริก | ớt | cayenne pepper | cabe | खुर्सानी
とうばんじゃん	豆瓣酱 | 두반장 | pasta apimentada chinesa | pasta picante china | doubanjiang (Chinese spicy bean paste) | โทบังจัง | một loại tương của Trung Quốc | tobanjan chili paste | doubanjiang [pasta cabe dalam masakan China] | तोउबानज्यान (मसाला)
とくいです 《とくいな》	拿手/擅长 | 자신있습니다《자신있는》 | o que faço bem | lo que hago bien | be good at | ถนัด | sở trường/giỏi về | espesyalidad | yang paling jago/andalan | सिपालु छ <<सिपालु>>
とても	非常 | 매우 | muito | muy | very | มาก | rất | napaka(anghang) | sangat | निकै / एकदम
どれ	哪个 | 어느 것 | qual? | ¿cuál? | which | อันไหน | cái nào | Alin? | yang mana | कुन
ナス	茄子 | 가지 | beringela | berenjena | eggplant | มะเขือม่วง | cà tím | talong | terong | बैगन / भन्टा
なに	什么 | 무엇 | o que? | ¿qué? | what | อะไร | gì/cái gì | Ano? | apa | के
なべ	锅 | 냄비 | panela | olla | pot | หม้อ | nồi/cái xoong | kaldero | panci | खाना पकाउने भाँडो
なんですか	是什么? | 무엇입니까? | o que é? | ¿qué es? | what is it | อะไร | là gì? | Ano? | apa ? | के हो ?
ナンプラー	鱼露（泰国菜的调味剂） | 넘 플라 | molho de peixe | salsa de pescado | nampla (Thai fish sauce) | น้ำปลา | nước mắm Thái | patis | kecap ikan Thailand | नान्पुरा (थाईको माछा सस)
なんぷん	几分钟 | 몇분 | quantos minutos? | ¿cuántos minutos? | how many minutes | กี่นาที | mấy phút | Ilang minuto? | berapa menit | कति मिनेट

にぎりずし
寿司｜스시 / 초밥｜nigirizushi｜nigirizushi｜hand-formed sushi｜ซูชิปั้น｜món sushi nắm bằng tay｜sushi｜sushi kepal｜निगिरिज़ुसी (जापानी खाना)

にく
肉｜고기｜carne｜carne｜meat｜เนื้อ｜thịt｜karne｜daging｜मासु

にこみます《にこむ》
煮 / 炖｜푹 끓입니다《푹 끓이다》｜cozinhar｜cocer｜boil thoroughly｜เคี่ยว｜kho/ninh/hầm｜pakuluan｜mengungkep｜पकाउछु (उमाल्छु) <<पकाउनु (उमाल्नु)>>

にもの
煮的菜｜조림｜cozido｜cocido｜boiled foods｜เมนูเคี่ยว｜món hầm/kho｜pinakuluang pagkain｜masakan ungkepan｜झोल भएको खाना / परिकार

ヌックマム
鱼露（越南菜的调味剂）｜느억맘｜Nam Ngu｜Nam Ngu｜nuoc mam (Vietnamese fish sauce)｜น้ำปลาเวียดนาม｜nước mắm｜nuoc mam (patis ng Vietnam)｜kecap ikan Vietnam｜नुक्माम (भियतनामको माछा सस)

バター
黄油｜버터｜manteiga｜mantequilla｜butter｜เนย｜bơ｜butter｜butter｜बटर

フォー
越南河粉｜쌀국수｜pho｜pho｜pho (Vietnamese rice noodle)｜เฝอ｜phở｜pho｜mie Vietnam [pho]｜फओ (भियतनामको खानाको नाम)

ふとります《ふとる》
发胖｜살찝니다《살찌다》｜engordar｜Engordar｜gain weight｜อ้วน｜mập/béo｜tumaba (taba)｜gemuk｜मोटाउछु <<मोटाउनु>>

フライパン
平底锅｜프라이팬｜frigideira｜sartén｜frying pan｜กระทะแบน｜chảo chiên｜kawali｜wajan｜फ्राईङ प्यान

ブラジル
巴西｜브라질｜Brasil｜Brasil｜Brazil｜บราซิล｜nước Braxin｜Brazil｜Brasil｜ब्राजिल

ブリガデーロ
Brigadeiro（巴西点心）｜브리가데이로｜brigadeiro｜brigadeiro｜Brigadeiro (a Brazilian sweet)｜ขนมบริกาเดโร่｜tên một loại bánh của Braxin｜brigadeiro / panghimagas ng Brazil｜nama kue dari Brasil｜बुरिगादेइरो (ब्राजिलको मिठाई)

ほうちょう
菜刀｜식칼｜faca de cozinha｜cuchillo grande｜kitchen knife｜มีดทำครัว｜dao làm bếp｜kutsilyo｜pisau｜चक्कु

ボール
做菜用的铁制或玻璃制的容器｜볼｜tigela｜bol｜bowl｜ชามผสมอาหาร｜cái âu｜mangkok / bowl｜wadah mangkuk｜कचौरा

ポット
水壶｜주전자｜aquecedor de água｜calentador de agua｜kettle｜กระติกน้ำร้อน｜phích đun nước｜thermos｜cerek / termos｜पानी तताउने केटल / भाँडो

まいにち
每天｜매일｜todos os dias｜todos los días｜every day｜ทุกวัน｜mỗi ngày/hằng ngày｜araw-araw｜setiap hari｜प्रत्येक दिन

まず
首先｜우선｜primeiro｜primero｜first of all｜ก่อนอื่น｜trước tiên/trước hết｜una｜pertama-tama｜पहिले

まぜます《まぜる》
拌｜섞습니다《섞다》｜misturar｜mezclar｜mix｜คน｜trộn lẫn/pha trộn｜haluin｜mengaduk｜चलाउछु <<चलाउनु>> (मिलाउने, मिक्स गर्ने)

まないた
切菜板｜도마｜tábua de carne｜tabla de cortar｜cutting board｜เขียง｜cái thớt｜tadtaran｜talenan｜चपिङ बोर्ड

まるめます《まるめる》
揉成团｜둥글게 만듭니다《둥글게 만들다》｜arredondar｜redondear｜round (something) into a sphere｜ปั้นให้กลม｜vo tròn/nặn tròn｜gawing bilog｜membulatkan｜गोलो / डल्लो बनाउछु <<गोलो / डल्लो बनाउनु>>

みじんぎり
剁碎 ｜ 잘게 썰기 ｜ picar ｜ picar ｜ finely chopped ｜ สับ ｜ băm nhỏ ｜ maliliit na hiwa ｜ iris kecil-kecil ｜ मसिनो गरि काट्नु

むきます《むく》
剥 ｜ 벗깁니다《벗기다》｜ descascar ｜ pelar ｜ peel ｜ ปอก ｜ gọt (vỏ) ｜ balatan ｜ mengupas ｜ बोक्रा छोडाउछु <<बोक्रा छोडाउनु>> (छिल्नु)

やきます《やく》
烤 ｜ 굽습니다《굽다》｜ assar ｜ asar ｜ fry / broil / grill ｜ ย่าง ｜ nướng ｜ ihawin ｜ membakar ｜ पोल्छु <<पोल्नु>>

やさい
蔬菜 ｜ 야채 ｜ verduras ｜ verduras ｜ vegetables ｜ ผัก ｜ rau ｜ gulay ｜ sayuran ｜ तरकारी

やわらかいです《やわらかい》
柔软 ｜ 부드럽습니다《부드럽다》｜ macio ｜ blando ｜ soft ｜ นิ่ม ｜ mềm ｜ malambot ｜ lunak ｜ नरम / लचकदार छ <<नरम पन / लचिलो>>

ゆでます《ゆでる》
（用水）煮 ｜ 삶습니다《삶다》｜ ferver ｜ hervir ｜ boil ｜ ลวก ｜ luộc ｜ pakuluan ｜ merebus ｜ उमाल्छु <<उमाल्नु>>

よく
经常 ｜ 잘 ｜ bem ｜ bien ｜ often ｜ บ่อย ｜ thường hay ｜ madalas ｜ sering ｜ धेरै

よわび
小火 ｜ 약한 불 ｜ fogo baixo ｜ a fuego lento ｜ simmer / low heat ｜ ไฟอ่อน ｜ lửa nhỏ / lửa yếu ｜ mahinang apoy ｜ api kecil ｜ सानो आँच (आगोको आँच)

りょうり
饭菜 ｜ 요리 ｜ culinária ｜ cocina ｜ dish / food ｜ อาหาร ｜ đồ ăn / món ăn ｜ pagluluto ｜ masakan ｜ खाना

レンジ
微波炉 ｜ 전자렌지 ｜ forno de micro-ondas ｜ horno de microondas ｜ microwave ｜ เตาอบไมโครเวฟ ｜ lò vi sóng ｜ microwave ｜ microwave ｜ इलेक्ट्रिक रेन्जी (माइक्रो व्येब)

わたし
我 ｜ 저 / 나 ｜ eu ｜ yo ｜ I ｜ ฉัน / ผม ｜ tôi ｜ ako ｜ saya ｜ म

子どもがよく食べるんです。

13 たからくじ

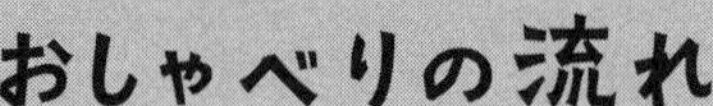

おしゃべりの流れ

夢のような大金が手に入ったら何をしますか？「突然お金持ちになったら……」という想定で、想像の世界を楽しみましょう。

①トップページ（62-63ページ）
宝くじを買ったことがあるか、当たったことがあるかといった質問から入り、お金持ちになったら何がしたいか話し合いましょう。イラストには様々な願望が描かれています。指差しで伝えましょう。相手が何も思い浮かばない場合は、「引っ越しはどうですか？」「車はどうですか？」のようにイラストについて聞いてみましょう。相手が何か願望を話してくれたら、どうしてそうしたいのか、その理由を聞いてみましょう。また、「いくらくらいかかりますか？」と、その願望のために必要な金額も聞いてみましょう。

②やってみましょう！（64ページ）
人生を振り返り、表に記入しながら、自分は運がいい人かどうかを話し合いましょう。「運がいい／悪い」という言葉は少し難しいので、語彙表で確認してからやりましょう。‘たからくじ’‘ビンゴ’だけでなく、今まで‘当たったこと’について広く話しましょう。64ページのおしゃべりのコツに話題の広げ方が載っています。

③おしゃべりしましょう！（65ページ）
テーマは公営のくじについて。日本の例として‘たからくじ’‘ロト6’‘サッカーくじ’が載っています。値段や最高金額などを紹介しながら、相手の国の‘くじ’についても聞いてみましょう。公営のくじにはいろんなルールがあります。外国人参加者のお国では同じでしょうか。

隠れ文法

➡中心となる文法

ここは、もしもの想定に対して自分の考えを伝える文法がテーマです。お金があったらどんなことがしたいか、お互いに話しましょう。

A 〔辞書形・ない形〕＋とおもいます／かもしれません

比較的はっきりと決まっている願望については、「引っ越しをすると思います」「車を買い替えると思います」のように答えます。まだぼんやりしている願望については「テレビを買うかもしれません」「貯金するかもしれません」のように言いましょう。

B どうして～〔辞書形・ない形〕んですか？
～〔た形・辞書形・ない形〕んです

「どうして引越ししたいんですか」「どうして車を買い替えるんですか」のように、相手の願望の理由を聞いてみましょう。答えるときは、「大きい家に住みたいんです」「家族が増えて、大きい車に乗りたいんです」のように、‘んです’を用いて答えます。

➡その他

トップページ

- 〔ナ形容詞・イ形容詞〕＋名詞

欲しいものや行きたいところを伝える際、「新しいテレビ」「きれいな家」「かわいい人形」「あたたかい国」など、形容詞の連体修飾を使ってみましょう。

やってみましょう！

- （た形）＋たことがあります

「宝くじを買ったことがありますか？」「当たったことがありますか？」「日本で見たことがありますか？」など、運がいいかどうか、過去の経験を聞き出すときに使う文法です。

おしゃべりしましょう！

- （て形）＋てもいいですか？／（ない形）＋ないといけません

「～てもいいですか?」の形で、‘くじ’に関する社会ルールを紹介し合いましょう。「子どもが買ってもいいですか?」「私が作ってもいいですか?」のように聞いてみましょう。「税金を払わないといけませんか?」のような広げ方も可能です。

これだけ（記入例）

その日のおしゃべりの内容に合わせて自由に記入しましょう。ローマ字で記入してもかまいません。

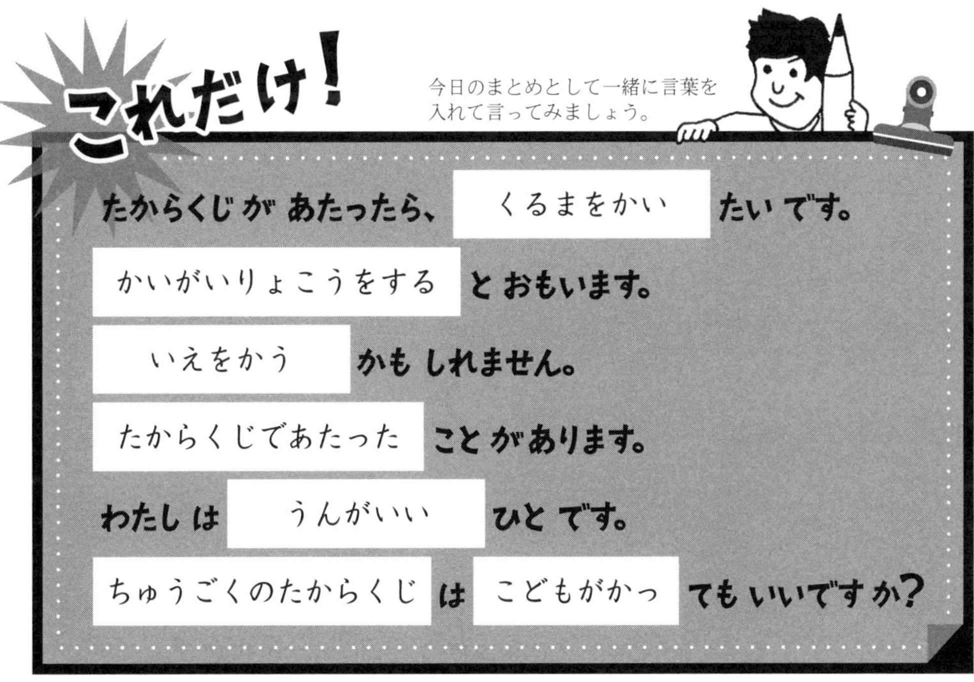

これだけ！
今日のまとめとして一緒に言葉を入れて言ってみましょう。
たからくじ が あたったら、 くるまをかい たい です。
かいがいりょこうをする と おもいます。
いえをかう かも しれません。
たからくじであたった こと が あります。
わたし は うんがいい ひと です。
ちゅうごくのたからくじ は こどもがかっ ても いいですか？

ネタ帳 05

欲しい電化製品の変遷

まとまったお金が入ったら、電化製品を買いたいという人もいるでしょう。ここでは、人気家電の変遷を紹介します。日本では昭和時代から、人々が欲しがる電化製品を「三種の神器」と呼んできました。ここではざっと振り返ってみます。

	当時の呼称	電化製品
1955～64年	三種の神器	白黒テレビ、冷蔵庫、洗濯機
1960年代後半	3C	カラーテレビ、乗用車（カー）、クーラー
2000年代	新三種の神器	デジタルカメラ、DVDレコーダー、薄型テレビ

ある電化製品のメーカーは令和の家電で三種の神器を、「4K／8Kテレビ」「冷蔵庫」「ロボット掃除機」であると主張しています。冷蔵庫が再び入ってきたのがおもしろいですね。冷凍したものを解凍しなくてもそのまま切れるなど、新しい技術はどんどん進歩しています。日本語教室の参加者各位も自分個人の三種の神器を考えてみませんか。

中｜韓｜ポルトガル｜スペイン｜英｜タイ｜ベトナム｜タガログ｜インドネシア｜ネパール

あたたかいです《あたたかい》	暖和｜따뜻합니다《따뜻하다》｜quentinho｜caliente｜warm｜(อากาศ) อบอุ่น｜ấm áp｜mainit｜hangat｜न्यानो छ / तातो छ <<न्यानो / तातो>>
あたり	中（奖券，彩票等。名词）｜당첨｜ganhar (na loteria)｜ganar (la lotería)｜win｜การถูก (ล็อตเตอรี่)｜việc trúng số｜tumama sa lotto｜menang / dapat [undian, dll]｜पर्नें (चिट्ठा / लटरी)
あたります《あたる》	中（奖券，彩票等。动词）｜당첨됩니다《당첨되다》｜ganhar (na loteria)｜ganar (la lotería)｜win the lottery｜ถูก (ล็อตเตอรี่)｜trúng (số)｜Tamaan｜menang / dapat [undian / lotre]｜पर्छ (चिट्ठा /लटरी) <<पर्नु>>
アパート	公寓（多指木制的）｜아파트｜apartamento｜apartamento｜apartment｜อพาร์ทเม้นท์｜căn hộ｜apartment｜apartemen｜अपार्टमेन्ट
あります《ある》	有 / 在（表示非动物的存在）｜있습니다《있다》(물건의 존재)｜ter｜tener｜there is (lottery in your country)｜มี｜có (đồ vật, sự kiện)｜mayroon (bang loterya sa bansa mo?)｜ada｜छ <<छ>>
いいです《いい》	好 / 可以（本课指可以）｜좋습니다《좋다》｜bom｜bueno｜good / nice｜ได้｜tốt / được｜pwede｜boleh｜हुन्छ <<हो>>
いきます《いく》	去｜갑니다《가다》｜ir｜ir｜go｜ไป｜đi｜pumunta (punta)｜pergi｜जान्छु <<जानु>>
いくら	多少钱｜얼마(가격)｜quanto custa?｜¿cuánto cuesta?｜how much｜เท่าไร｜bao nhiêu｜Magkano?｜berapa｜कति
いつも	总是 / 经常｜언제나｜sempre｜siempre｜always｜เสมอ｜luôn luôn｜lagi｜selalu｜सँधै / जहिले पनि
うります《うる》	卖｜팝니다《팔다》｜vender｜vender｜sell｜ขาย｜bán｜magtinda｜menjual｜बेच्छु <<बेच्नु>>
うん	运气｜운세｜sorte｜suerte｜luck｜โชค,ดวง｜vận số｜swerte｜keberuntungan｜अँ
おおきいです《おおきい》	大｜큽니다《크다》｜grande｜grande｜big｜ใหญ่｜to / lớn｜malaki｜besar｜ठुलो छ <<ठुलो>>
おかね	钱｜돈｜dinheiro｜dinero｜money｜เงิน｜tiền｜pera｜uang｜पैसा / रकम
おかねもち	富豪 / 有钱人｜부자｜pessoa rica｜persona rica｜rich people｜คนรวย｜người giàu / nhà giàu｜mayaman｜orang kaya｜धनि
おくに	国家（敬语。指对方的国家）｜나라（경어. 상대방의 나라를 가리킴）｜(o seu) país (de origem)｜(su) país (de origen)｜(your) country [honorific]｜ประเทศ｜đất nước (nói theo kiểu lịch sự)｜bansa (mo)｜negara [sopan]｜देश
かいかえます《かいかえる》	买新的置换｜새로 삽니다《새로 사다》｜comprar um novo｜comprar uno nuevo｜replace｜ซื้อใหม่｜mua cái mới｜ipagpalit｜membeli yang baru｜नयाँ सामान किन्छु <<नयाँ सामान किन्नु>> (पुरानोलाई छोडी नयाँ किन्नु)
かいます《かう》	买｜삽니다《사다》｜comprar｜comprar｜buy｜ซื้อ｜mua｜bumili (bili)｜membeli｜किन्छु <<किन्नु>>
かえります《かえる》	回｜돌아갑니다《돌아가다》｜voltar｜regresar｜go back / return｜กลับ｜về / trở về｜umuwi (uwi)｜pulang｜फर्कन्छु <<फर्कनु>>

かかります《かかる》
花费 | (비용, 시간 등이) 듭니다《들다》| custar | costar | cost | ใช้ (เงิน) | tốn (tiền, thời gian) | umabot (abot) | memerlukan | लाग्छ <<लाग्नु>>

かぞく
家人 | 가족 | família | familia | family | ครอบครัว | gia đình | pamilya | keluarga | परिवार

くに
国家 | 나라 | país | país | country | ประเทศ | đất nước | bansa | negara | देश

〜くらい
〜左右 | 정도 | aproximadamente | aproximadamente | around / roughly | ประมาณ~ | khoảng chừng ~ | humigit-kumulang | sekitar 〜 | 〜 जति

クリーニング
洗衣店 | 세탁소 | lavanderia | tintorería | cleaning | การซักแห้ง | tiệm giặt ủi | labanderya | laundri | लुगा धुनु / धुलाई

けっこんします《けっこんする》
结婚 | 결혼합니다《결혼하다》| casar-se | casarse | get married | แต่งงาน | kết hôn | magpakasal | menikah | बिहे / बिवाह गर्छु <<बिहे / बिवाह गर्नेछु>>

こども
孩子 | 아이 | criança | niño | child(ren) | เด็ก / ลูก | con cái / trẻ con / con nít | bata | anak | बच्चा

じぶん
自己 | 자기 | meu / eu | mi / yo | oneself | ตัวเอง | mình / bản thân mình | sarili | sendiri | आफु

すみます《すむ》
住 | 삽니다《살다》| morar | vivir | live | อาศัยอยู่ | sống ở | tumira | tinggal | बस्छु (घर, ठेगाना) <<बस्नु>>

ぜいきん
税 | 세금 | impostos | impuestos | tax | ภาษี | tiền thuế | buwis | pajak | कर

たからくじ
彩票 / 奖券 | 복권 | loteria | lotería | lottery | ล็อตเตอรี่ | vé số | lotto | lotre | लट्री टिकट / चिठ्ठा

ちょきんします《ちょきんする》
存钱 (动词) | 저금합니다《저금하다》| fazer poupança | ahorrar | save money | เก็บเงิน | để dành tiền / tiết kiệm tiền | mag-ipon | menabung | पैसा जम्मा / वचत गर्छु <<पैसा वचत / जम्मा गर्नु>>

ついています《ついている》
运气好 | 운이 좋습니다《운이 좋다》| ter sorte | tener suerte | lucky | โชคดี | may mắn | swerte | nasibnya bagus | भाग्य छ <<भाग्य हुनु>>

つきます《つく》
到 | 도착합니다《도착하다》| ter sorte (うんがつく) | tener suerte (うんがつく) | arrive | มีโชค | dính | masuwerte | kena | भाग्यले साथ दिन्छ <<भाग्यले साथ दिनु>>

つくります《つくる》
做 / 制作 | 만듭니다《만들다》| fazer | hacer | make / cook | ทำ | làm ra / tạo ra | gumawa (gawa) | membuat | बनाउँछु <<बनाउनु>>

でんきせいひん
电器 | 전자제품 | eletrodomésticos | electrodomésticos | electronic products | เครื่องใช้ไฟฟ้า | đồ điện tử | kagamitang de-kuryente | peralatan elektronik | इलेक्ट्रोनिक सामान

どう
怎么 | 어떻게 | como? | ¿cómo? | what / how | อย่างไร | như thế nào | Ano? | bagaimana | कस्तो

ときどき
有时 | 가끔 | às vezes | a veces | sometimes | บางที | đôi khi / thỉnh thoảng | paminsan-minsan | kadang-kadang | कहिले काहीं

どこ
哪里 | 어디 | onde? | ¿dónde? | where | ที่ไหน | đâu / nơi nào | Saan? | (di) mana | कता / कहाँ

ないしょ
保密 | 비밀 | segredo | secreto | secret | ความลับ | bí mật | gawing sikreto | rahasia | गोप्य

はい
是 | 예 / 네 | sim | sí | yes | ครับ / ค่ะ | vâng / phải | Oo | ya | छ

はずれ	落空（名词）｜낙첨｜perder｜perder｜a miss / a dud｜การไม่ถูก (ล็อตเตอรี)｜trượt / không trúng｜hindi pagtama｜belum beruntung [undian/lotre]｜नपर्नु (चिट्ठा आदि)
はずれます《はずれる》	落空（动词）｜낙첨됩니다《낙첨되다》｜perder｜perder｜miss｜ไม่ถูก (ล็อตเตอรี)｜trượt / không trúng｜hindi tumama｜belum beruntung [undian/lotre]｜पर्दैन <<नपर्नु>>
はらいます《はらう》	付款｜지불합니다《지불하다》｜pagar｜pagar｜pay｜จ่าย｜trả tiền｜magbayad｜membayar｜तिर्छु <<तिर्नु>>
ひっこしします《ひっこしする》	搬家｜이사합니다《이사하다》｜mudar de casa｜mudarse de casa｜to move (house)｜ย้าย｜dọn nhà / chuyển nhà｜lumipat (lipat)｜pindah｜ठाउँ सर्छु <<ठाउँ सर्नु>> (कोठा / घर सर्नु)
ひと	人｜사람｜pessoa｜persona｜people｜คน｜người｜tao｜orang｜मानिस / मान्छे
ビンゴたいかい	宾果大会（一种游戏）｜빙고 대회｜reunião de bingo｜reunión de bingo｜Bingo game｜เกมบิงโก｜trò bingo (giống như lô tô)｜bingo｜pertandingan bingo｜बिङ्गो खेल
ふくびき	抓彩｜경품추첨｜sorteio｜sorteo｜lottery｜การชิงโชค｜trò rút thăm｜loterya｜undian｜भाग्यको चिट्ठा
よく	经常｜잘｜frequentemente｜frecuentemente｜often｜บ่อย｜thường hay｜madalas｜sering｜धेरै
よびます《よぶ》	邀请｜부릅니다《부르다》｜chamar / convidar / trazer (a família)｜llamar / invitar / traer (la familia)｜call over / invite｜เรียก (ครอบครัว) มา｜gọi (ai đó, tắc xi)｜tawag｜memanggil｜बोलाउँछु <<बोलाउनु>>
ラッキーです《ラッキーな》	幸运｜운이 좋습니다《운이 좋은》｜tem sorte｜tiene suerte｜lucky｜โชคดี｜may mắn｜swerte｜beruntung｜भाग्यमानी / लक्की छु <<भाग्य / लक>>
りょこうします《りょこうする》	去旅行｜여행합니다《여행하다》｜viajar｜viajar｜travel｜ท่องเที่ยว｜đi du lịnh｜maglakbay｜jalan-jalan / berwisata｜भ्रमण / यात्रा गर्छु <<भ्रमण / यात्रा गर्नु>>
わたし	我｜저 / 나｜eu｜yo｜I｜ฉัน / ผม｜tôi｜ako｜saya｜म
わるいです《わるい》	坏 / 不好｜나쁩니다《나쁘다》｜ruim｜malo｜bad｜ไม่ดี｜tệ / xấu｜hindi mabuti｜jelek｜नराम्रो छ <<नराम्रो>>

お金があれば幸せだと思いますか？

14 あのころは／いまは

おしゃべりの流れ

昔と今の比較がテーマです。子どもの頃、学生の頃、結婚したての頃……、今と比べてどうでしょうか？　人生を振り返りましょう。

①トップページ（66-67ページ）
まずは「子どものとき、何が好きでしたか？」と聞いてみましょう。66ページのイラストには、子どもが好きそうな／嫌いそうなものやことがあります。「子どものとき、○○が好きでした／嫌いでした」の形で、昔のことを伝えましょう。それから、現在の状況を話し合いましょう。変わったこと、変わらないこと、どっちが多いですか？　67ページの上段イラストは、仕事と家事の話題提示です。仕事が忙しくなっていたり、暇になっていたりという状況の変化を「〜くなりました」と伝えてみましょう。中段のイラストは、様々な能力が描いてあります。「〜ようになりました」「〜ことができます」の形で、最近できるようになったことを伝えましょう。

②やってみましょう！（68ページ）
折り紙を折ってみましょう。その際、黙々と折るのではなく、「四角から三角になりました」のように、形がどのように変わったのかを伝え合いながら進めましょう。おしゃべりしながら作業をすると、楽しい時間になります。

③おしゃべりしましょう！（69ページ）
テーマは身の回り（生活や家族や町）の変化です。科学の進歩や時間の推移で、どんな変化が訪れましたか？　イラストにはいくつかの例が挙がっています。車が変わった、地震で町が変わった、コンビニで生活が便利になったなど、これらのイラストにこだわらず、どんどん身の回りの変化を紹介し合いましょう。外国人参加者のふるさとの変化を聞いてみても話題は広がります。

隠れ文法

➡中心となる文法

過去と現在を比べてみると、いろんな変化があったはずです。ここでは、変化を伝えるための文法がテーマです。

A 〔ナ形容詞・イ形容詞・名詞・動詞〕＋なります
「上手になりました」「早くなりました」「サッカークラブのメンバーになりました」「〜ことができるようになりました」などのように、昔と比べてみて何が変化したのか話してみましょう。過去を振り返るだけではなく、「〜ことができるようになりたいです」のように、将来の話題へと展開してください。

B （辞書形）＋ことができます
「今は〜ことができます」という言い方は、「昔はできなかったけど」というニュアンスで変化を伝えることができます。「今は、少しおしゃべりをすることができます」「今は少し、漢字を書くことができます」「今は、運転することができます」など、何かができるようになったことを伝えると、前向きなおしゃべりにつながります。

➡その他

やってみましょう！

✦（た形）＋たら、

「三角になったら、もう一回折ります」「こうやって折ったら、完成です」のように、動作の手順を説明する文法です。折り紙指導の際、下の「〜てください」と一緒に使うことも多いです。

✦（て形）＋てください

「ここを折ってください」「広げてください」「三角にしてください」など、折り紙の指導の際、指示をしてください。相手が何か折り紙の作り方を知っているときは、同じ文法で、指示してもらいましょう。

おしゃべりしましょう！（69ページ）

✦ だから／（て形）＋て、

「ハイブリッド車を買いました。だから静かになりました」「コンビニができて、便利になりました」のように、ある出来事の結果、どうなったのかを伝える文法です。出来事と結果の関係が誰にでも明確な場合、「子どもができて、にぎやかになりました」のように'て'の形でつないだほうが自然になります。

✦ でも／〜けど、

「地震が来たけど、うちは大丈夫でした」「学校が少し壊れました。でも、今は大丈夫です」「コンビニができました。でも、家から遠いので不便です」のように、出来事とその結果を伝えるとき、「けど」や「でも」を使ってみてください。『これだけ2』では逆接を表す言葉として「けど」「でも」を採用しています。

その日のおしゃべりの内容に合わせて自由に記入しましょう。ローマ字で記入してもかまいません。

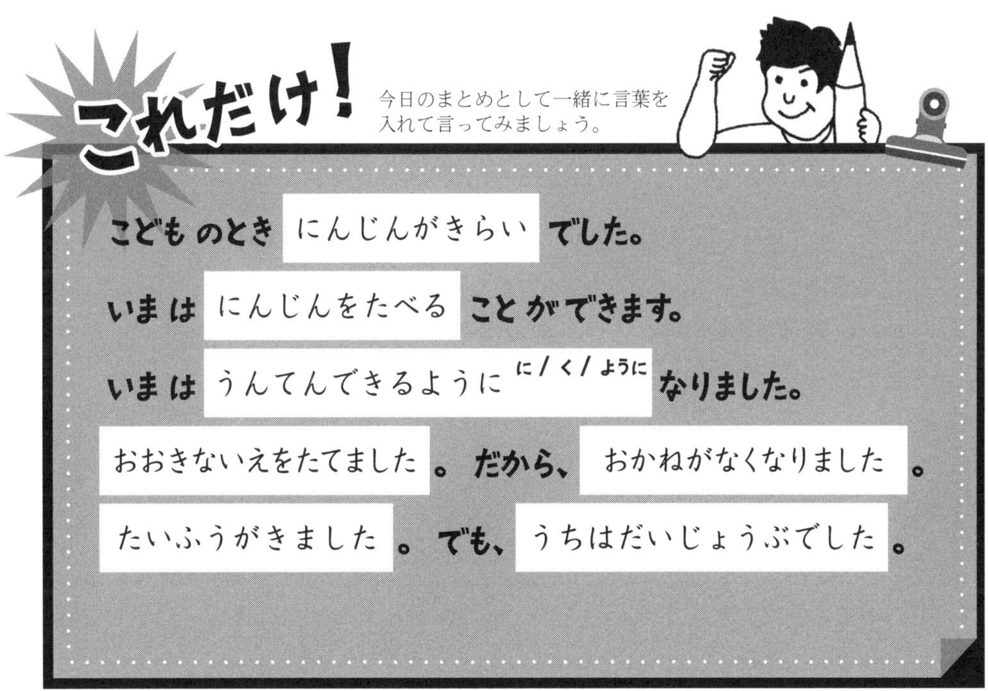

これだけ！
今日のまとめとして一緒に言葉を入れて言ってみましょう。
こどものとき にんじんがきらい でした。
いまは にんじんをたべる ことができます。
いまは うんてんできるように に／く／ように なりました。
おおきないえをたてました。だから、おかねがなくなりました。
たいふうがきました。でも、うちはだいじょうぶでした。

ネタ帳 06

防災ピクトグラム

トピック14では、p.69に地震の話題を出して、「災害によって街が変わった／心構えが変わった」といったおしゃべりをしていただけたらと思います。できれば将来の防災へと話題を展開してくだされば理想的です。その時、防災ピクトグラムをネタとしてご活用ください。ピクトグラムとは、トイレマークが有名ですがイラストのような形でメッセージを伝えるものです。

①は旧式ピクトグラムの避難所ですが、近年②③の形に置き換わってきています。こういったピクトグラムを外国人参加者に理解してもらうことは重要です。日本語教室近辺にこの手のピクトグラムを見つけた場合は、ぜひ写真に撮っておしゃべりのネタにしてみてください。文字の部分も①③のように漢字に振り仮名がないものは、多くの人に読めないので、いっしょに読む練習をしてもいいと思います。

日本語教室から最寄りの避難所はどこでしょうか。地震用と豪雨用では避難場所は異なるのでしょうか。外国人参加者にいろいろな情報を提供することで、日本人参加者の防災意識も変わっていくと思います。

①

②

③

中｜韓｜ポルトガル｜スペイン｜英｜タイ｜ベトナム｜タガログ｜インドネシア｜ネパール

いそがしいです《いそがしい》	忙｜바쁩니다《바쁘다》｜ocupado｜ocupado｜busy｜ยุ่ง｜bận rộn｜abala / maraming ginagawa｜sibuk｜व्यस्त छ <<व्यस्त>>
いま	现在｜지금｜agora｜ahora｜now｜ตอนนี้｜bây giờ｜ngayon｜sekarang｜अहिले
うた	歌｜노래｜canção｜canción｜song｜เพลง｜bài hát｜kanta｜lagu｜गीत
うたいます《うたう》	唱｜노래합니다《노래하다》｜cantar｜cantar｜sing｜ร้องเพลง｜hát｜kumanta (kanta)｜menyanyi｜गीत गाउँछु <<गीत गाउनु>>
うんてんします《うんてんする》	开车 / 驾驶｜운전합니다《운전하다》｜dirigir｜conducir｜drive｜ขับ｜lái xe｜magmaneho｜mengemudi｜चलाउँछु <<चलाउनु>> (गाडी)
えいご	英语｜영어｜inglês｜inglés｜English｜ภาษาอังกฤษ｜tiếng Anh｜Ingles｜behasa Inggris｜अंग्रेजी भाषा
おおきいです《おおきい》	大｜큽니다《크다》｜grande｜grande｜big｜ใหญ่｜to / lớn｜malaki｜besar｜ठुलो छ <<ठुलो>>
おしゃべりします	聊天｜잡담합니다｜conversar｜conversar｜chat｜คุยกัน｜tán gẫu｜mag-usap / magsalita｜mengobrol｜कुरा गर्छु
おおきいです《おおきい》	折 / 叠｜접습니다《접다》｜dobrar｜doblar｜fold｜พับ｜gấp (giấy)｜magtiklop (tiklop)｜melipat｜पट्याउछु <<पट्याउनु>> (कागज)
おんがく	音乐｜음악｜música｜música｜music｜ดนตรี｜âm nhạc｜musika｜musik｜गीत संगीत
かいます《かう》	买｜삽니다《사다》｜comprar｜comprar｜buy｜ซื้อ｜mua｜bumili (bili)｜membeli｜किन्छु <<किन्नु>>
かきます《かく》	写｜씁니다《쓰다》｜escrever｜escribir｜write｜เขียน｜viết｜magsulat｜menulis｜लेख्छु <<लेख्नु>>
かじ	家务｜집안일｜tarefas domésticas｜tareas domésticas｜housework｜งานบ้าน｜việc nhà｜gawaing bahay｜pekerjaan rumah tangga｜घरको काम / घरायसी काम
かわります《かわる》	变｜변합니다《변하다》｜mudar｜cambiar｜change｜เปลี่ยน｜thay đổi / biến đổi｜mag-iba｜berubah｜फरक हुनु <<फरक>>
かんじ	汉字｜한자｜kanji｜kanji｜Chinese characters｜ตัวอักษรคันจิ｜chữ Hán / chữ Kanji｜karakter｜huruf Kanji｜खान्जी (जापानिज अक्षर)
ゲーム	游戏｜게임｜jogo｜juego｜game｜เกม｜trò chơi điện tử｜video game｜game｜गेम
こども	孩子｜아이｜criança｜niño｜child(ren)｜เด็ก｜con cái / trẻ con / con nít｜bata｜anak｜बच्चा
このごろ	这些天｜요즘｜estes dias｜estos días｜nowadays｜ช่วงนี้｜dạo này / dạo gần đây｜sa kasalukuyan｜akhir-akhir ini｜आजकल / हिजोआज
こわれます《こわれる》	坏（了）｜망가집니다《망가지다》｜quebrar｜dañarse｜break｜พังเสียหาย｜bị hư / bị hỏng｜mabasag｜rusak｜बिग्रिन्छ <<बिग्रिनु>>
コンビニ	便利店｜편의점｜loja de conveniência｜tienda de conveniencia｜convenience store｜ร้านสะดวกซื้อ｜cửa hàng tiện lợi｜Konbinyenteng tindahan｜toko kelontong [buka 24 jam]｜कन्भिनियेन्त स्टोर
サッカー	足球｜축구｜futebol｜fútbol｜soccer｜ฟุตบอล｜bóng đá｜putbol｜sepak bola｜फुटबल

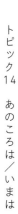

サッカークラブ	足球俱乐部 | 축구 클럽 | clube de futebol | club de fútbol | soccer club | ชมรมฟุตบอล | câu lạc bộ bóng đá | soccer club | klub sepak bola | फुटबल क्लब
さんかく	三角 | 삼각 | triângulo | triángulo | triangle | สามเหลี่ยม | tam giác | tatsulok | segitiga | त्रिकोण
しかく	四角 | 사각 | quadrado | cuadrado | square | สี่เหลี่ยม | hình vuông | parisukat | segiempat | वर्ग
しごと	工作 | 일 | trabalho | trabajo | work | งาน | công việc | trabaho | pekerjaan | काम
じしん	地震 | 지진 | terremoto | terremoto | earthquake | แผ่นดินไหว | động đất | lindol | gempa bumi | भूकम्प
しずかです 《しずかな》	安静 | 조용합니다《조용한》| tranquilo / silencioso | tranquilo / silencioso | quiet | เงียบ | yên tĩnh | tahimik | tenang / tidak berisik | शान्त छ <<शान्त>>
じょうずです 《じょうずな》	(某种技术)很棒 | 잘합니다《잘하는》| bom / habilidoso | bueno / habilidoso | skillful / good | เก่ง | giỏi / khéo | mahusay / magaling | pandai | सिपालु छ <<सिपालु>>
すきです 《すきな》	喜欢 | 좋아합니다《좋아하는》| gostar | gustar | like | ชอบ | thích | gusto | suka | मन पर्छ <<मन पर्ने>>
すこし	稍微 | 조금 | um pouco | un poco | a little | นิดหน่อย | một chút / một ít | konti | sedikit | थोरै
スポーツ	体育 / 运动 | 스포츠 | esportes | deporte | sports | กีฬา | thể thao | sports / palaro | olah raga | खेलकुद
だいじょうぶです 《だいじょうぶな》	没问题 / 没关系 | 괜찮습니다《괜찮은》| sem problema | sin problema | okay / fine | ไม่เป็นไร | không sao cả | Ayos lang | tidak apa-apa | ठिक छ <<ठिक>>
だいすきです 《だいすきな》	超喜欢 | 아주 좋아합니다《아주 좋아하는》| gostar muito | gustar mucho | like ～ very much | ชอบมาก | rất thích | gustong-gusto | suka sekali | अति / एकदम मन पर्छ <<अति / एकदम मन पर्ने>>
だから	所以 | 그러니까 | por isso | por eso | therefore / so | เพราะฉะนั้น | bởi vậy / bởi thế / vì vậy | kaya | karena | त्यसकारण
ちいさいです 《ちいさい》	小 | 작습니다《작다》| pequeno | pequeño | small | เล็ก | nhỏ / bé | maliit | kecil | सानो छ <<सानो>>
できます 《できる》	出现 / 发生 / 建立 | 할 수 있습니다《할 수 있다》| poder / conseguir | poder / ser capaz de | can ～ | ได้ | có thể làm / có khả năng làm | kaya | bisa | सक्छु <<सक्नु>>
でも	但是 | 그러나 | mas | pero | however / but | แต่ | nhưng | pero / ngunit | tapi | तर
でんわ	电话 | 전화 | telefone | teléfono | telephone | โทรศัพท์ | điện thoại | telepono | telepon | टेलिफोन / फोन
どう	怎么 | 어떻게 | como? | ¿cómo? | what / how | อย่างไร | như thế nào | Kumusta? | bagaimana | कस्तो
なに	什么 | 무엇 | o que? | ¿qué? | what | อะไร | gì / cái gì | Ano? | apa | के
なります《なる》	成为 / 变成 | 됩니다《되다》| ficar... / tornar-se | quedarse... / volverse | become | -ขึ้น | trở nên / trở thành | maging | menjadi | हुन्छ <<हुनु>>
にほんご	日语 | 일본어 | japonês | japonés | Japanese | ภาษาญี่ปุ่น | tiếng Nhật | wikang Hapon | bahasa Jepang | जापानी भाषा

にんじん
胡萝卜 | 당근 | cenoura | zanahoria | carrot | แครอท | cà rốt | carrot | wortel | गाजर

ハイブリッドしゃ
电力内燃两用汽车 / 混合动力汽车 | 하이브리드 자동차 | automóvel híbrido | vehículo híbrido | hybrid car | รถยนต์ไฮบริด | xe hybrid | hybrid na kotse | mobil hibrida | हाईब्रिद कार

パソコン
电脑 | PC | computador | computadora | personal computer | คอมพิวเตอร์ | máy tính cá nhân | kompyuter | komputer / PC | कम्प्युटर

はなします《はなす》
说 | 말합니다《말하다》| falar | hablar | talk | พูดคุย | nói chuyện | mag-usap / magsalita | berbicara | कुरा गर्छु <<कुरा गर्नु>>

べんきょう
学习 | 공부합니다《공부하다》| estudo | estudio | study | การเรียนหนังสือ | việc học | pag-aaral | belajar | पढाई

べんりです《べんりな》
方便 | 편리합니다《편리한》| conveniente | conveniente | convenient | สะดวก | tiện lợi | maginhawa | praktis | सुविधाजनक छ <<सुविधाजनक>>

ほん
书 | 책 | livro | libro | book | หนังสือ | sách | aklat | buku | किताब

まち
城区 | 동네 | cidade | ciudad | city | เมือง | thành phố / khu phố | bayan | kota | शहर

みます《みる》
看 | 봅니다《보다》| assistir / ver | ver | see / watch | ดู | nhìn / ngắm / xem | manood | melihat | हेर्छु <<हेर्नु>>

むすこ
儿子 | 아들 | filho | hijo | son | ลูกชาย | con trai | anak na lalaki | anak laki-laki | छोरा

メンバー
成员 / 选手（本课指选手）| 멤버 | membro | miembro | member | สมาชิก | thành viên | miyembro | anggota | सदस्य

もういっかい
再～一次 | 한 번 더 | mais uma vez | una vez más | once more | อีกครั้ง | một lần nữa | isa pang beses | sekali lagi | फेरी एकचोटी

よみます《よむ》
读 / 看 | 읽습니다《읽다》| ler | leer | read | อ่าน | đọc sách | magbasa | membaca | पढ्छु <<पढ्नु>>

らくです《らくな》
轻松 | 쉽습니다《쉬운》| cômodo | cómodo | easy / comfortable | สบาย | nhẹ nhõm | madali | ringan [bebannya] | सजिलो छ <<सरल / सजिलो>>

わたし
我 | 저 / 나 | eu | yo | I | ฉัน / ผม | tôi | ako | saya | म

子どもに嫌われてもいろんな料理で大活躍

15 わたしのふるさと

おしゃべりの流れ

お互いの故郷を紹介し合いましょう。地図を広げて、仮想旅行を楽しみます。

①トップページ（70–71ページ）
日本地図や世界地図を広げ（手元にない場合はトピック1参照）、故郷の場所、そこまでの経路や所要時間、有名なものは何か、など話を広げましょう。71ページには、故郷の特徴を紹介する際に使われる可能性のある、場所や動物、建造物のイラストがあります。「近くに有名な山があります」「古いお寺があります」「世界一高いビルがあります」「有名な会社があります」のように、紹介しましょう。また、パンダやコアラのような珍しい動物がいる場合は、教えてもらいましょう。「エリマキトカゲ？」「コモドドラゴン？」わからない動物は絵を描いてもらいましょう。

②やってみましょう！（72ページ）
お互いの故郷に旅行するという設定で話します。表を見ながら、「季節はいつがいいか」「見るところはどこか」……と順に書き込んでからおしゃべりしてもいいですし、インタビュー形式で、「季節は、夏がいいですか？」のように質問しながら記入してもいいです。

③おしゃべりしましょう！（73ページ）
テーマはお祭りです。お祭りの時期、音楽の有無、踊りの種類、服装、マナーなど、日本の例を紹介してから、外国人参加者にも教えてもらいましょう。イラストは、お祭りでありそうな行為を紹介しています。ここにないものは追加してください。スマホでお祭りの動画などを見ながら話すと、盛り上がります。

隠れ文法

➡中心となる文法

ここは、何かを紹介するとき、説明を詳しく行うために連体修飾をしてみることがテーマです。

A 〔ナ形容詞・イ形容詞〕＋名詞
自分の故郷を紹介するとき、「高い山があります」「きれいな海があります」「大きな川があります」のように、その土地を紹介したり、「古いお寺があります」「高いビルがあります」「有名な大学があります」のように、近くの目立つものを教え合ってみましょう。「かわいい動物がいます」「おいしい果物があります」など、故郷の紹介には、名詞を何かで修飾したほうが伝えたい気持ちがよく伝わります。

➡その他

トップページ
その他は特にないので、‘中心となる文法’を活用して、故郷の情報を伝えましょう。

やってみましょう！
✦（「ます」の形）＋たいんですが、
「○○さんの故郷に行きたいんですが、季節はどうですか？」のように、話の前置きを言う際、「たいんですが、」を使います。表について質問する際、使ってみましょう。

・〔た形・辞書形・ない形〕＋とおもいます
「夏がいいと思います」のように、自分の意見（お勧め）をやわらかく伝えるときに使います。「〜たほうがいいと思います」の形で相手にアドバイスしてもいいでしょう。相手が質問してきたときの答えに使いましょう。

・（ない形）＋ないといけません
外国人参加者が、何かお勧めのものや場所を紹介してくれたとき、「それは食べないといけませんね」「それは行かないといけませんね」のようにコメントしてみましょう。

おしゃべりしましょう！
・（て形）＋てもいいですか？
「〜てもいいですか？」の形で、'お祭り' に関する質問をしてみましょう。「浴衣を着てもいいですか？」「スーツで行ってもいいですか？」「みんなで踊ってもいいですか？」などと聞いてみましょう。

・ように
注意事項がある場合は、「〜ないように気をつけてください」の形で、アドバイスしてみましょう。「屋台で食べ過ぎないように」「お神輿に近づかないように」「財布をなくさないように」「よそ見をしないように」「足を踏まないように」'気をつけてください'。

その日のおしゃべりの内容に合わせて自由に記入しましょう。ローマ字で記入してもかまいません。

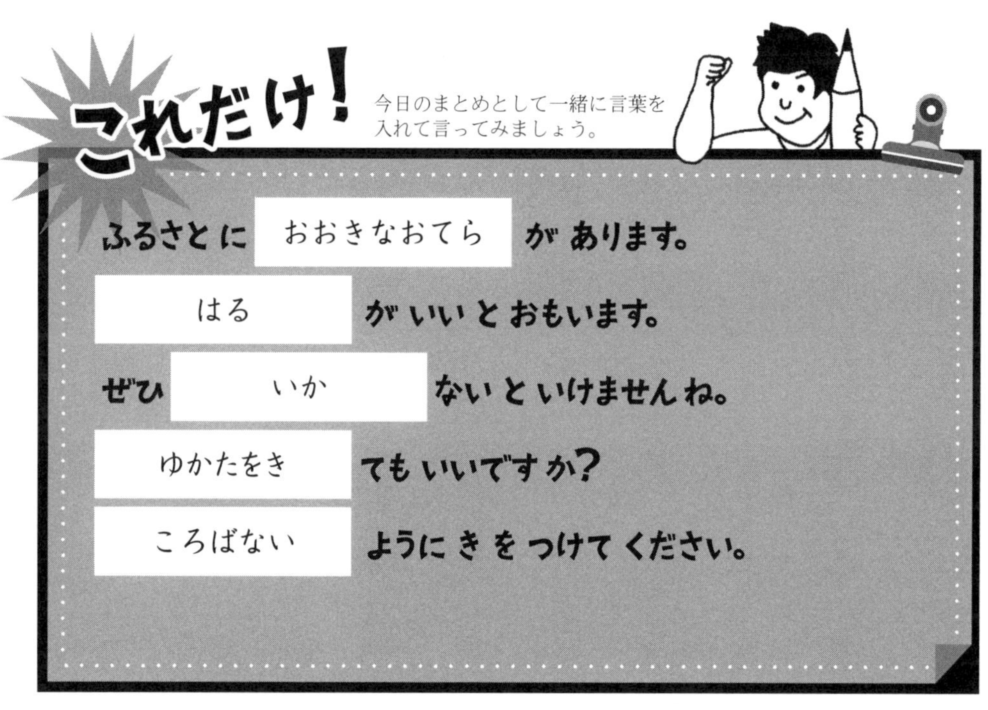

これだけ！
今日のまとめとして一緒に言葉を入れて言ってみましょう。
ふるさとに おおきなおてら が あります。
はる が いい と おもいます。
ぜひ いか ない と いけません ね。
ゆかたをき ても いいですか？
ころばない ように き を つけて ください。

中 | 韓 | ポルトガル | スペイン | 英 | タイ | ベトナム | タガログ | インドネシア | ネパール

あついです《あつい》
热 | 덥습니다《덥다》| calor | calor | hot | ร้อน | nóng bức | mainit | panas | गर्मि छ <<गर्मि>>

あります《ある》
有/在（表示非动物的存在）| 있습니다《있다》(물건의 존재) | ter | haber | be located (in the south) / there are (an old temple and a beautiful river in my country) | มี | có (đồ vật, sự kiện) | mayroong (magandang ilog) | ada | छ <<छ>>

あるきます《あるく》
走路 | 걷습니다《걷다》| andar / caminhar | caminar | walk | เดิน | đi bộ | maglakad | berjalan kaki | हिड्छु <<हिड्नु>>

いいです《いい》
（本课指）可以 | 좋습니다《좋다》| sim / ok | sí / ok | okay / fine | ได้ | tốt / được | mabuti | boleh | हुन्छ <<हो>>

いきます《いく》
去 | 갑니다《가다》| ir | ir | go | ไป | đi | pumunta (punta) | pergi | जान्छु <<जानु>>

うたいます《うたう》
唱 | 노래합니다《노래하다》| cantar | cantar | sing | ร้องเพลง | hát | kumanta (kanta) | menyanyi | गीत गाउँछु <<गीत गाउँनु>>

うみ
海 | 바다 | mar | mar | ocean | ทะเล | biển | dagat | laut | समुद्र

おいしいです《おいしい》
好吃/好喝 | 맛있습니다《맛있다》| gostoso | rico | delicious | อร่อย | ngon | masarap | enak | मिठो छ <<मिठो>>

(お)てら
寺庙 | 절 | templo | templo | temple | วัด | chùa chiền | templo | kuil Budha | मन्दिर

おどります《おどる》
跳舞 | 춤춥니다《춤추다》| dançar | bailar | dance | เต้น | nhảy múa | sumayaw (sayaw) | menari | नाच्छु <<नाच>>

おみやげ
礼物（土特产）| 선물 | souvenir | recuerdo | souvenir | ของฝาก | quà lưu niệm | pasalubong | oleh-oleh | उपहार

かいしゃ
公司 | 회사 | empresa | empresa | company | บริษัท | công ty | kumpanya | kantor | कार्यालय

かかります《かかる》
花费 | (비용, 시간 등이) 듭니다《들다》| levar / gastar | se tarda | cost / take | ใช้เวลา | tốn (tiền, thời gian) | abot / halaga | memerlukan | लाग्छ <<लाग्नु>>

かわ（川）
河 | 강 | rio | río | river | แม่น้ำ | sông | ilog | sungai | नदी

きせつ
季节 | 계절 | estação | estación | season | ฤดูกาล | mùa | panahon | musim | मौसम, सीजन

きます（着）《きる》
穿（上衣）| 입습니다《입다》(웃옷) | vestir-se | vestirse | wear | ใส่ | mặc (áo) | dumating (dating) | memakai / mengenakan | लुगा लगाउछु <<लगाउनु>>

きれいです《きれいな》
漂亮 | 아름답습니다《아름다운》| bonito | bonito | beautiful | สวย | đẹp | maganda | bersih | राम्रो / सुन्दर छ <<राम्रो/सुन्दर>>

きをつけます《きをつける》
注意 | 주의합니다《주의하다》| tomar cuidado | ten cuidado | be careful | ระวัง | cẩn thận / chú ý / thận trọng | mag-ingat | berhati-hati | होश गर्छु <<होश गर्नु>>

クアラルンプール
吉隆坡 | 쿠알라룸푸르 | Kuala Lumpur | Kuala Lumpur | Kuala Lumpur | กัวลาลัมเปอร์ | Kuala Lumpur (thủ đô Malaisia) | Kuala Lumpur | Kuala Lumpur | कुआलालुम्पुर (ठाउँको नाम)

くだもの
水果 | 과일 | frutas | frutas | fruits | ผลไม้ | trái cây / hoa quả | prutas | buah-buahan | फलफूल

コアラ
考拉（树熊） | 코알라 | coala | coala | koala | หมีโคอาลา | gấu koala / gấu túi | koala | koala | कोआला

ころびます《ころぶ》
摔倒 | 넘어집니다《넘어지다》 | cair | caerse | fall over | ล้ม | vấp ngã | matisod/madapa | jatuh | लड्छ <<लड्नु>>

しんせんです《しんせんな》
新鲜 | 신선합니다《신선한》 | fresco | fresco | fresh | สด | tươi (rau củ, thịt) | sariwa | segar | ताजा छ <<ताजा>>

スレンバン
芙蓉市（马来西亚的一个城市） | 세렘반 | Seremban | Seremban | Seremban | สเรมบัน | Seremban (một thành phố của Malaisia) | Seremban | kota Seremban | सेरेम्बान (ठाउँको नाम)

せかい
世界 | 세계 | mundo | mundo | world | โลก | thế giới | mundo | dunia | विश्व / संसार

ぜひ
一定/务必 | 꼭 | sem falta | sin falta | certainly / definitely | ให้ได้ | nhất định | dapat | bagaimana pun juga | अवश्य

それ
那个 | 그것 | esse / isso | eso | that | มัน | đó / cái đó | iyan | itu | त्यो

だいがく
大学 | 대학 | universidade | universidad | university / college | มหาวิทยาลัย | đại học | unibersidad | universitas | बिश्वबिध्यालय / क्याम्पस / कलेज

たいこ
（大型）鼓 | 북 | tambor | tambor | drum | กลอง | cái trống | malaking tambol | taiko [alat musik tabuh Jepang] | ड्रम (बाजा)

たたきます《たたく》
敲/打 | 칩니다《치다》 | tocar | tocar | hit / beat | ตี | đánh / đập / gõ | hampasin | memukul / menabuh | बजाउँछु <<बजाऊनु>>

たべます《たべる》
吃 | 먹습니다《먹다》 | comer | comer | eat | กิน/รับประทาน | ăn | kumain (kain) | makan | खान्छु <<खानु>>

たべもの
食物 | 음식 | comida | comida | food | ของกิน | đồ ăn / món ăn | pagkain | makanan | खानेकुरा / खाना

でも
可是 | 그러나 | mas | pero | however / but | แต่ | nhưng | pero | tapi | तर

てら
寺庙 | 절 | templo | templo | temple | วัด | chùa chiền | templo | kuil Budha | मन्दिर

どう
怎么 | 어떻게 | como? | ¿cómo? | what / how | อย่างไร | như thế nào | kumusta (ang panahon?) | bagaimana | कस्तो

どこ
哪里 | 어디 | onde? | ¿dónde? | where | ที่ไหน | đâu / nơi nào | Saan? | (di) mana | कता / कहाँ

とても
非常 | 매우 | muito | mucho | very | มาก | rất | napaka(init) | sangat | निकै / एकदम

なつ
夏天 | 여름 | verão | verano | summer | ฤดูร้อน | mùa hè | tag-init | musim panas | गर्मी महिना

なに
什么 | 무엇 | o que? | ¿qué? | what | อะไร | gì / cái gì | Ano? | apa | के

にほん
日本 | 일본 | Japão | Japón | Japan | ญี่ปุ่น | Nhật Bản | bansang Hapon | Jepang | जापान

パレード
庆祝游行 | 퍼레이드 | desfile | desfile | parade | พาเหรด | cuộc diễu hành | parada | parade | रैली / परेड

パンダ
熊猫 | 팬더 | panda | oso panda | panda | หมีแพนด้า | gấu trúc | panda | panda | पाण्डा

ビル
大厦/大楼 | 빌딩 | prédio | edificio | building | ตึก | tòa nhà cao tầng | gusali | gedung | बिल्डिंग

ふく	衣服 ｜ 옷 ｜ roupa ｜ ropa ｜ clothes ｜ เสื้อผ้า ｜ quần áo ｜ damit ｜ baju ｜ लुगा
ふるいです《ふるい》	旧 ｜ 오래되었습니다《오래되다》｜ antigo / velho ｜ antiguo / viejo ｜ old ｜ เก่า ｜ cũ ｜ luma ｜ tua ｜ पुरानो छ<<पुरानो>>
ふるさと	故乡 ｜ 고향 ｜ terra natal ｜ tierra natal ｜ hometown ｜ บ้านเกิด ｜ quê hương ｜ sinilangang bayan ｜ kampung halaman ｜ जन्मस्थल / जन्मभूमि
まいとし	每年 ｜ 매년 ｜ todos os anos ｜ todos los años ｜ every year ｜ ทุกปี ｜ hằng năm / mỗi năm ｜ bawat taon ｜ setiap tahun ｜ प्रत्येक वर्ष
マレーシア	马来西亚 ｜ 말레이시아 ｜ Malásia ｜ Malasia ｜ Malaysia ｜ มาเลเซีย ｜ nước Malaisia ｜ Malaysia ｜ Malaysia ｜ मलेसिया
みなみ	南 ｜ 남쪽 ｜ sul ｜ sur ｜ south ｜ ทิศใต้ ｜ hướng Nam ｜ timog ｜ selatan ｜ दक्षिण
みます《みる》	看 ｜ 봅니다《보다》｜ ver ｜ ver ｜ see / watch ｜ ดู ｜ nhìn / ngắm / xem ｜ tumingin (tingin) ｜ melihat ｜ हेर्छु <<हेर्नु>>
やま	山 ｜ 산 ｜ montanha ｜ montaña ｜ mountain ｜ ภูเขา ｜ núi ｜ bundok ｜ gunung ｜ पहाड
ゆうめいです《ゆうめいな》	有名 ｜ 유명합니다《유명하다》｜ conhecido / famoso ｜ conocido / famoso ｜ famous ｜ มีชื่อเสียง ｜ nổi tiếng ｜ sikat/popular ｜ terkenal ｜ प्रसिद्ध छ <<प्रसिद्ध>>
ゆかた	（夏天穿的）便装和服 ｜ 유카다 ｜ yukata ｜ yukata ｜ yukata (Japanese bathrobe) ｜ ชุดยูกาตะ ｜ kimono mùa hè ｜ kimono na gawa sa cotton ｜ yukata ｜ युकाता (जापानिज लुगा)

上に乗っている人は楽ですよね。

Column 13

日本語学習のセンスって何?

日本語教師として外国人に接していると、日本語がどんどん上達する人もいれば、最初の段階でつまずいて全く進まない人もいます。私たちは人間を評価するときに「あの人はセンスがいい」なんて言い方をしますが、言語のセンスとは一体何でしょうか。

まず頭に浮かぶのは、文法構造を自分で分析できる能力です。「食べてしまった」と聞いたときに、「てしまった」は完了だとわかること、さらには後悔のニュアンスが伴うことにも気づくこと、そういった能力がある人は間違いなくセンスがあります。言語適正検査(言語習得の才能があるかを測るもの)で測定されるのはこの分析能力です。

記憶力も当然必要です。ある程度の単語を覚えないことにはコミュニケーションはできません。日本語の書きことばを学ぶ人は漢字の記憶も大事です。レベルが上がると抽象的な語彙がたくさん増えてくるため、それらを処理するには記憶力が必要不可欠です。記憶力は、レベルが上がっていくと重要になると言われています。

また、初級で大事なことは、外国語の音声を把握する能力です。接したことのない音の連鎖を自分なりに理解して同じ音を出す、というのは誰にとっても難しいことです。日本語は比較的音の構造がやさしいと言われますが、うまく発音できずに悩んでいる方は確実にいます。

このように言語のセンスと言っても、いくつもの要素が絡み合っているので、最初からつまずく人、ある程度まで伸びたところでピタッと伸びなくなる人など様々です。自分の外国語学習を振り返って、どのタイプに当てはまるか考えてみても面白いですね。

16 しゃかいとわたし

おしゃべりの流れ

ここでは、仕事や社会活動について、これまでの経験や将来の希望を語り合いましょう。

①トップページ（74-75ページ）
74ページには、様々な職業のイラストがあります。指差しをしながら、これまでに経験したことがある仕事について話し合いましょう。そして、その仕事はどうだったか聞いてみましょう。75ページのイラストは、様々な社会活動を描いています。あえて、どういう活動かは書いていませんので、お互いに想像しながら当ててみましょう。こちらの意図としては、左上から順に、ごみ拾い、夜警、荷物持ち、パソコン指導、植樹、老人会などでの演奏ボランティアです。これは答えではないので、自由に話しましょう。また、外国人参加者の国ではどんなボランティアがあるのか聞いてみましょう。

②やってみましょう！（76ページ）
自分の能力や願望を話す活動です。できることリストは自由になんでも書きましょう。（仕事で）したいことリストと必ずしもつながるとは限りません。お互いの意外な特技を紹介し合える場になるといいですね。社会と関わるために何が必要か？　仕事をするためにどんな技術が必要か？　という視点で話をしてもいいと思います。

③おしゃべりしましょう！（77ページ）
テーマはボランティア活動です。日本人参加者、外国人参加者にはともに様々な背景があり、いろいろな能力があります。社会に貢献するにはどういう形がありうるでしょうか？　イラストには、その例として3つだけ挙がっています。ボランティア募集情報が手元にあるなら、実際に見ながら話してください。

隠れ文法

➡中心となる文法

仕事や社会活動の経験を相手に伝える、これからやってみたいことを相手に伝える、そういった経験や願望を伝える文法がここのテーマです。

A　（た形）＋たことがあります
「病院で働いたことがあります」「コンビニでバイトをしたことがあります」「野菜を作ったことがあります」など、これまでの仕事に関する経験を話すときの文法です。Bの文法を使って「病院で働いていました」という言い方もできます。

B　（て形）＋ています
現在の仕事について話すときは、この文法を使って「会社で働いています」「工場で働いています」のように言います。何か目標のためにがんばっていることを、「（就職のため）日本語を勉強しています」「（開業のため）お金を貯めています」のように伝えるときにも便利です。

C (「ます」の形)＋たいです

これは『これだけ1』の文法ですが、「いつか中国の料理を教えたいです」のように将来の願望を伝えるときに使います。

➡その他

トップページ (74-75ページ)

- 〔た形・辞書形・ない形〕＋とおもいます／かもしれません

「そうじだと思います」「お年寄りのお手伝いかもしれません」のように、イラストを見ながら、状況を想像しましょう。

やってみましょう! (76ページ)

- ～ように／ために

「料理教室ができるように、……」「通訳になるために、……」などを用いて、社会とどのように関わりたいか目的や目標を伝え合いましょう。両者の使い方は、本書p.92の隠れ文法Bの解説にあります。

おしゃべりしましょう! (77ページ)

- (「ます」の形)＋たいんです

「どんなことに興味があるんですか?」「子どものために何かしたいんです／通訳をやりたいんです／文化紹介をしたいんです」のように、相手が'んです'で質問してきたときは、答えも'んです'で答えましょう。

その日のおしゃべりの内容に合わせて自由に記入しましょう。ローマ字で記入してもかまいません。

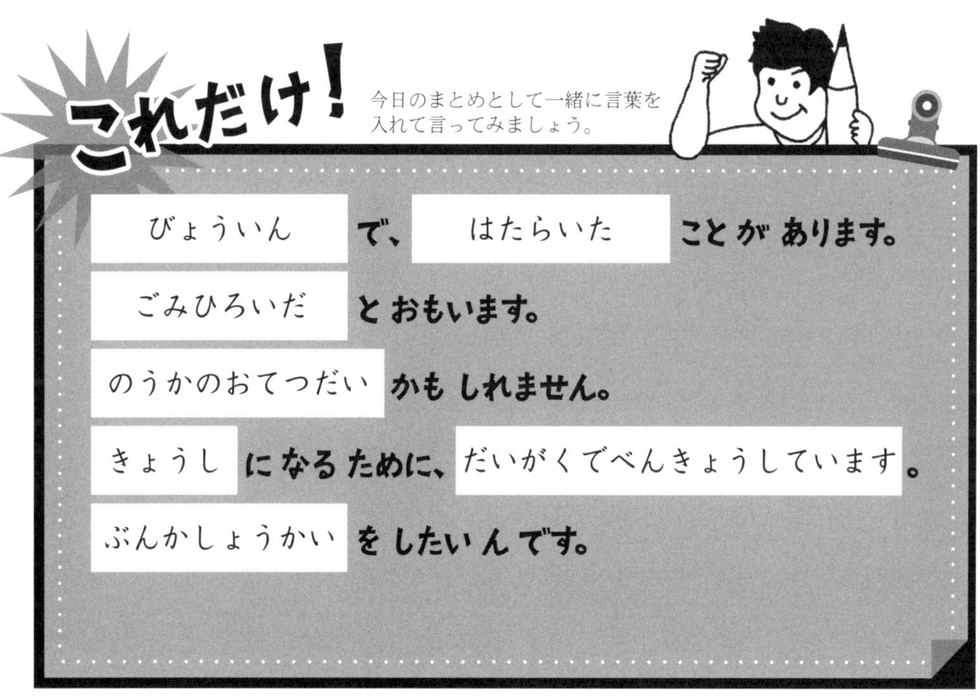

これだけ!
今日のまとめとして一緒に言葉を入れて言ってみましょう。
びょういん で、 はたらいた ことが あります。
ごみひろいだ とおもいます。
のうかのおてつだい かも しれません。
きょうし になる ために、 だいがくでべんきょうしています。
ぶんかしょうかい をしたい んです。

ネタ帳 07

ボランティア

トピック16に絡めて、日本のボランティアについての調査結果を紹介します。日本人のボランティア活動については、総務省統計局が調査をおこなっています。その『平成28年社会生活基本調査』からデータを引用しました。

まず、調査結果では調査対象全体の26%が何らかのボランティアをしていることわかっています。男性ボランティアは65歳以上が多く、女性は35歳から54歳までが多い層になっています。みなさまの所属する日本語教室はいかがでしょうか。

ボランティア活動の内容について上位5つを以下に紹介します。細かく見ると、男女で違いもあります。男性は「まちづくりのための活動」がトップなのですが、女性は「子供を対象とした活動」がトップです。

「まちづくりのための活動」
「子供を対象とした活動」
「安全な生活のための活動」
「自然や環境を守るための活動」
「高齢者を対象とした活動」

上位5位には入っていませんが、「国際協力に関係した活動」というのがあり、地域日本語教室のボランティアはそこに入っています。ただ、地域日本語教室は、まちづくりでもありますし、子供も対象としています。こういった分類枠に当てはまらない活動であることがわかります。

語彙表

中 | 韓 | ポルトガル | スペイン | 英 | タイ | ベトナム | タガログ | インドネシア | ネパール

あります《ある》	有 / 在（表示非动物的存在）	있습니다《있다》(물건의 존재)	ter	tener	have (worked / taught) [experience]	มี	có (đồ vật, sự kiện)	nakapag (trabaho)	ada	छ <<छ>>
おしえます《おしえる》	教	가르칩니다《가르치다》	ensinar	enseñar	teach	สอน	dạy dỗ / chỉ bảo	magturo	mengajar	सिकाउँछु <<सिकाउनु>>
おてつだい	雇用工	도우미	ajuda	ayuda	help	การช่วยงาน	sự giúp đỡ	pagtulong	membantu-bantu	सहयोग गर्नु
かいしゃ	公司	회사	empresa	empresa	company	บริษัท	công ty	kumpanya	kantor	कार्यालय
がっこう	学校	학교	escola	escuela	school	โรงเรียน	trường học	paaralan	sekolah	स्कुल / विद्यालय
きょうみ	兴趣	흥미	interesse	interés	interest	ความสนใจ	sự hứng thú / sự quan tâm	interes	minat	इच्छा
こうじょう	工厂	공장	fábrica	fábrica	factory	โรงงาน	nhà máy	pagawaan	pabrik	कारखाना / फ्याक्ट्री
こども	孩子	아이	criança	niño	child(ren)	เด็ก / ลูก	con cái / trẻ con / con nít	bata	anak	बच्चा
これ	这个	이것	este / isto	esto	this	อันนี้	cái này	ito	ini	यो
コンビニ	便利店	편의점	loja de conveniência	tienda de conveniencia	convenience store	ร้านสะดวกซื้อ	cửa hàng tiện lợi	Konbinyenteng tindahan	toko kelontong [buka 24 jam]	कन्भिनियेन्त स्टोर
さがします《さがす》	找	찾습니다《찾다》	procurar	buscar	find	หา	tìm kiếm	hanapin	mencari	खोज्छु <<खोज्नु>>
しごと	工作	일	trabalho	trabajo	work	งาน	công việc	trabaho	pekerjaan	काम
スーパー	超市	슈퍼	supermercado	supermercado	supermarket	ซูเปอร์มาร์เก็ต	siêu thị	supermarket / pamilihan	supermarket	सुपरमार्केट
すきです《すきな》	喜欢	좋아합니다《좋아하는》	gostar	gustar	like	ชอบ	thích	gusto	suka	मन पर्छ <<मन पर्ने>>
そうじ	打扫	청소	faxina	limpieza	cleaning	การทำความสะอาด	việc lau dọn nhà cửa	paglilinis	bersih-bersih	सरसफाई
そうです	是的	그렇습니다	ah, é	ah, sí	I see / that's right	ใช่ครับ/ค่ะ	đúng vậy	Oo nga	(ya) begitulah	हो / सहि हो
たいへんです《たいへんな》	费力 / 吃力	힘듭니다《힘든》	é duro	es duro	difficult	ลำบาก	vất vả	mahirap	berat / susah	गाह्रो छ <<गाह्रो>>
たのしいです《たのしい》	愉快	즐겁습니다《즐겁다》	divertido	divertido	fun / enjoyable	สนุก	vui	nakakaaliw	menyenangkan	रमाइलो छ <<रमाइलो>>

ちゅうか
中式料理 / 中餐 | 중화 | comida chinesa | comida china | Chinese (food) | อาหารจีน | món ăn Trung Quốc | lutong Intsik | China | चाईनिज

つうやく
口译 | 통역 | intérprete | intérprete | interpreter | ล่าม | thông dịch viên | tagapagsalin sa ibang wika | penerjemah | दोभाषे (इन्तरप्रितर) भाषा अनुवाद

つくります《つくる》
做 | 만듭니다《만들다》| produzir | producir | make / plant | ทำ/ปลูก | làm ra / tạo ra | magtanim (ng gulay) | membuat | बनाउँछु <<बनाउनु>>

できます《できる》
能 / 会 | 할 수 있습니다《할 수 있다》| poder / conseguir | poder / ser capaz de | can / able | สามารถ~ได้ | có thể (làm) | kayang gawin | bisa | ～ गर्न सक्छु <<गर्न सक्छु>>

でも
可是 | 그러나 | mas | pero | but | แต่ | nhưng | pero | tapi | तर

どう
怎么 | 어떻게 | como? | ¿cómo? | how | อย่างไร | thế nào | kumusta (ang naging trabaho mo)? | bagaimana | कस्तो

とくいです《とくいな》
拿手 / 擅长 | 잘합니다《잘하는》| o que faço bem | lo que hago bien | good at (doing something) | ถนัด | sở trường / giỏi về | may kakayahan | yang paling jago / andalan | सिपालु छ <<सिपालु>>

どんな
什么样的 | 어떤 | que tipo? | ¿qué tipo? | what kind of | อย่างไหน | như thế nào | Anong klaseng (bagay)? | seperti apa / yang bagaimana | कस्तो / कुन

なにか
(表示不定) 什么 (的)。如；有什么吃的吗?→なにかたべものがありますか? | 무엇인가 | algum | algún | something | อะไร | một cái gì đó / một việc gì đó (không xác định) | mayroon bang (gustong gawin)? | sesuatu | केहि

なります《なる》
成为 | 됩니다《되다》| ficar... / tornar-se | quedarse... / volverse | become | จะเป็น~ | trở nên / trở thành | maging (tagasalin ng ibang wika) | menjadi | ～ हुन्छ <<हुनु>>

にほんご
日语 | 일본어 | japonês | japonés | Japanese | ภาษาญี่ปุ่น | tiếng Nhật | wikang Hapon | bahasa Jepang | जापानी भाषा

のうぎょう
农业 | 농업 | agricultura | agricultura | agriculture | เกษตรกรรม | nông nghiệp / việc làm nông | pagsasaka | pertanian | कृषि

はたらきます《はたらく》
工作 / 劳动 | 일합니다《일하다》| trabalhar | trabajar | work | ทำงาน | làm việc | magtrabaho | bekerja | काम गर्छु <<काम गर्नु>>

びょういん
医院 | 병원 | hospital | hospital | hospital | โรงพยาบาล | bệnh viện | ospital | rumah sakit | अस्पताल

ぶんかしょうかい
文化讲解 | 문화 소개 | apresentação de cultura | presentación de la cultura | introducing culture | แนะนำวัฒนธรรม | giới thiệu văn hóa | pagpapakilala ng ibang kultura | perkenalan kebudayaan | संस्कृतिको परिचय

ベビーシッター
保姆 | 보모 | babá | niñera | babysitter | พี่เลี้ยงเด็ก | người giữ trẻ / trông trẻ | tagabantay ng bata | baby sitter | बच्चाको हेरविचार गर्ने व्यक्ति

べんきょうします《べんきょうする》
学习 | 공부합니다《공부하다》| estudar | estudiar | study | เรียน | học | mag-aral | belajar | पढ्छु (अध्ययन गर्छु) <<पढ्नु /अध्ययन गर्नु>>

ボランティア
志愿者 | 자원봉사 | voluntário | voluntario | volunteer | อาสาสมัคร | tình nguyện viên / hoạt động tình nguyện | boluntaryo | voluntir / sukarela | स्वयमसेवक

やさい
蔬菜 | 야채 | verduras | verduras | vegetables | ผัก | rau | gulay | sayuran | साग

りょうりきょうしつ	烹饪学习班 | 요리교실 | aula de culinária | clase de cocina | cooking class | โรงเรียนสอนทำอาหาร | lớp dạy nấu ăn | paaralan ng pagluluto | kelas masak | खाना पकाउन सिकाइने कक्षा
わたし	我 | 저 / 나 | eu | yo | I | ฉัน / ผม | tôi | ako | saya | म

Column 14

エンパワーメント

　どこの国でも外国人は不利な立場にいます。それは日本にいる多くの外国人も同じです。そういった不利な立場の人を力づけて、本来の能力や長所を発揮してもらうことをエンパワーメントといいます。日本語教室は、エンパワーメントのきっかけとなることが理想です。そのためには、単に言葉を教えるだけの場所ではなく、その先に外国人参加者が日本社会とどう関わりたいのか、見据えた上での支援が必要です。エンパワーメントという概念を広く伝えたパウロ・フレイレは、教師が一方的に話し学生が沈黙して聞くだけの授業を強く批判しています。学生を貯金箱に例えて、預金型教育と揶揄しました。

　前置きが長くなりましたが、『これだけ2』トピック16では、外国人参加者とこれまでのキャリアを語り合い、日本で何をしたいか言ってもらう活動です（『これだけ2』トピック2も同様の活動があります）。社会でこういう活動をしたい、という意思表明があれば、何か日本人参加者がお手伝いできることもあると思います。外国人参加者が自分の母語を教えたいと言ったことから授業が始まるなどという例は日本各地に見られます（中国語や韓国語が多いようです）。こういった活動はまさに、外国人参加者が社会と関わる第一歩なのではないでしょうか。

17 せかいのかんこうち

おしゃべりの流れ

世界にある有名な観光地や地元の有名観光地を紹介し合いながら、旅行を想定しておしゃべりを楽しみましょう。

①トップページ（78-79ページ）
78ページにいろいろな世界の観光地が描かれています。これは数ある観光地のほんの一例ですので、お互いに有名な観光地として頭に浮かぶものがあれば、追加してみましょう。何が‘有名な観光地’なのかは、当然、国によって変わります。相手にとって、何が‘有名な観光地’なのかは、面白いテーマです。例えば、タンザニアのザンジバル島は、ヨーロッパの人には有名なリゾートですが、日本人にはあまり知られていません。
79ページには、気をつけるべきことがイラストとして挙がっています。イラストは2個ずつペアになっています。たとえば、‘日に焼ける’対策として‘帽子／日傘’が描かれています。これ以外にも、気をつけることはありませんか？　話し合いましょう。

②やってみましょう！（80ページ）
ここでは地域の有名な観光地にテーマが移ります。日本語教室近辺、外国人参加者の故郷近辺で、有名な観光地はどこでしょうか？　最初に表を埋めてから、表に沿って紹介し合いましょう。

③おしゃべりしましょう！（81ページ）
ここでは視点を少し変えて、時代による旅行の変化がテーマです。交通事情、交通手段は日進月歩で変化しているはずです。日本にも低価格航空会社が出現し、リニアモーターカーの敷設も本格化しています。新婚旅行の定番観光地も時代によって変わりますから、昔と今を比べるといろんな話題へと広がります。新婚旅行の思い出などに広がっても盛り上がります。コツにもありますが、旅行関係のニュースへとトピックを広げてもおもしろいです。

隠れ文法

➡中心となる文法

本トピックは世界の観光地がテーマです。質問するときの前置きや相手に注意をするときに使う文法がテーマです。

A　（「ます」の形）＋たいんですが、
「エジプトに行きたいんですが、行ったことがありますか？」「オーロラを見たいんですが、どこで見ることができますか？」のように、まずは日本人参加者の側から質問をしてみてください。質問するときの前置きをしてみましょう。

B　（た形）＋たことがあります
「行ったことがあります」「見たことがあります」「食べたことがあります」など、お互いの旅行体験を伝え合いましょう。

C　〜ように、〜（て形）＋てください／（ない形）＋ないでください

「日に焼けないように、帽子を持って行ってください」「お腹をこわさないように、ミネラルウォーターを飲んでください」のように、'ないように'の形で、お互いに注意し合いましょう。「生水は飲まないでください」のように'ないでください'も使うことができます。

➡その他

トップページ
- 〔た形・辞書形・ない形〕＋かもしれません

相手への注意を述べるとき、「お腹をこわすかもしれません」「かばんを取られるかもしれません」のように、可能性を述べることで、前置きになることもあります。この後で、「生水は飲まないでください」「スリに気をつけてください」と続けましょう。

やってみましょう！
- （て形）＋てもいいですか？

「〜てもいいですか？」の形で、観光地のルールを聞いて見ましょう。「外に出てもいいですか？」「池で泳いでもいいですか？」「くつで歩いてもいいですか？」など、観光地について聞いてみましょう。

- （辞書形）＋ことができます

「雪の壁を見ることができます」「新鮮な魚を食べることができます」「サーフィンをすることができます」など、観光地でどんなことができるのか、紹介し合いましょう。

おしゃべりしましょう！
- 〔ナ形容詞・イ形容詞・動詞〕＋なりました

「便利になりました」「短くなりました」「安くできるようになりました」のように、'なりました'を使って、昔と今を比べましょう。いろんな変化があるはずです。

その日のおしゃべりの内容に合わせて自由に記入しましょう。ローマ字で記入してもかまいません。

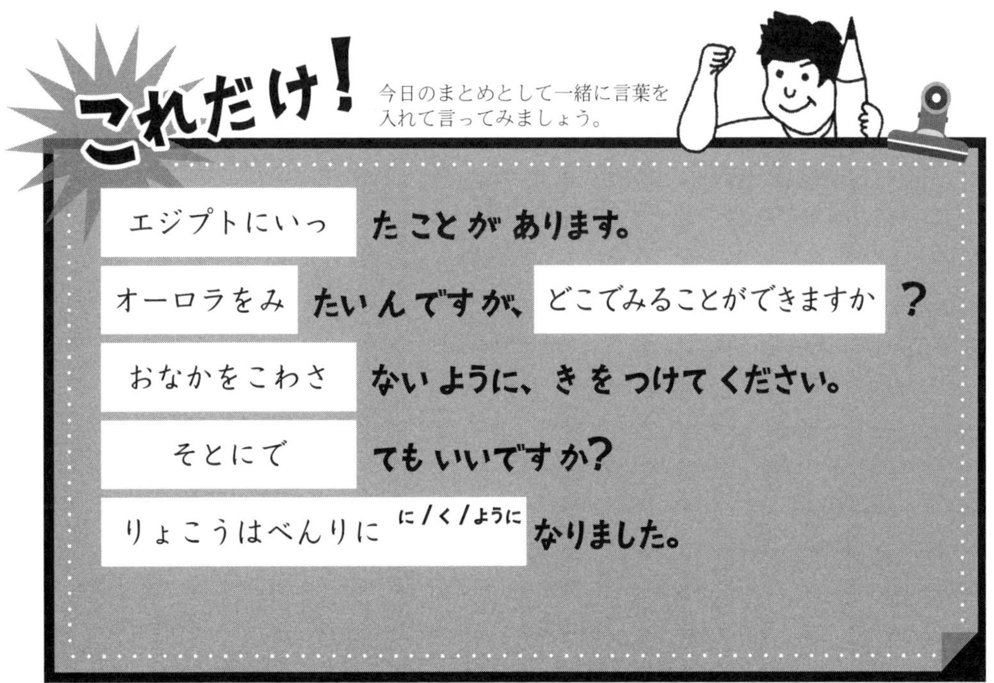

これだけ！
今日のまとめとして一緒に言葉を入れて言ってみましょう。
エジプトにいっ たことがあります。
オーロラをみ たいんですが、どこでみることができますか ？
おなかをこわさ ないように、きをつけてください。
そとにで てもいいですか？
りょこうはべんりに に／く／ように なりました。

中 | 韓 | ポルトガル | スペイン |
英 | タイ | ベトナム | タガログ |
インドネシア | ネパール

あなた

你 | 당신 | você | usted | you |
คุณ | bạn | ikaw | kamu / Anda |
तपाईं / तिमि

あります《ある》

有/在（表示非动物的存在）|
있습니다《있다》(물건의 존재) |
ter | tener |
have (seen/been) [experience] |
มี (ประสบการณ์) | có (đồ vật, sự kiện) |
naka(punta sa Egypt) | ada |
छ <<छ>>

いいえ

不 | 아니요 | não | no | no | ไม่ |
không | Hindi | tidak | होईन

いいです《いい》

好/可以 | 좋습니다《좋다》 |
sim / ok | sí / ok | okay / fine | ดี |
tốt/được | pwede | boleh |
हुन्छ <<हो>>

いきます《いく》

去 | 갑니다《가다》 | ir | ir | go |
ไป | đi | pumunta | pergi |
जान्छु <<जानु>>

いつ

什么时候 | 언제 | quando? |
¿cuándo? | when | เมื่อไร |
khi nào/bao giờ | Kailan? | kapan |
कहिले

いま

现在 | 지금 | agora | ahora | now |
ตอนนี้ | bây giờ | ngayon |
sekarang | अहिले

エジプト

埃及 | 이집트 | Egito | Egipto |
Egypt | อียิปต์ | Ai Cập | Ehipto |
Mesir | इजिप्ट

おなか

肚子 | 배 | estômago | estómago |
stomach | ท้อง | bụng | tiyan |
perut | पेट

おみやげ

礼物（土特产） | 선물 | souvenir |
recuerdo | souvenir | ของฝาก |
quà lưu niệm | pasalubong |
oleh-oleh | उपहार

カーディガン

开衫毛衣 | 가디건 |
cardigan | cárdigan | cardigan |
เสื้อไหมพรมผ่าหน้า |
áo len đan không cổ (cài khuy đằng trước) |
cardigan | kardigan |
स्वेटर, गन्जी (कार्डिगन)

かいがいりょこう

海外旅行 | 해외여행 |
viagem ao exterior |
viaje a otro país | overseas travel |
การท่องเที่ยวต่างประเทศ |
du lịch nước ngoài |
paglakbay sa ibang bansa |
wisata luar negeri |
बिदेश भ्रमण / यात्रा

かかります《かかる》

花费 | (병에) 걸립니다《걸리다》|
levar / gastar | se tarda |
cost / take | ใช้เวลา |
tốn (tiền, thời gian) |
inabot (ng apat na oras) |
memerlukan | लाग्छ <<लाग्नु>>

かぜ

感冒 | 감기 | gripe | resfriado |
cold | หวัด | bệnh cảm | sipon |
masuk angin / flu | रुघा लाग्नु

かばん

包 | 가방 | bolsa | bolso | bag |
กระเป๋า | cặp xách / túi xách | bag |
tas | झोला / ब्याग

かべ

墙 | 벽 | parede | pared | wall |
กำแพง | bức tường | dingding |
tembok | पर्खाल

きょうと

京都 | 교토（京都） | Quioto | Kioto |
Kyoto | เกียวโต | Kyoto | Kyoto |
Kyoto | क्योउतो (ठाउँको नाम)

きをつけます《きをつける》

注意 | 주의합니다《주의하다》|
tomar cuidado | ten cuidado |
be careful | ระวัง |
chú ý / cẩn thận / thận trọng |
mag-ingat | berhati-hati |
होश गर्छु <<होश गर्नु>>

くに

国家 | 나라 | país | país | country |
ประเทศ | đất nước | bansa | negara |
देश

ゴールデンウィーク
黄金周 | 골든 위크 (golden week) | Golden Week | Golden Week | Golden Week | สัปดาห์ทอง | tuần lễ vàng (golden week) | Ginintuang linggo | Golden Week [rangkaian libur resmi dari akhir April sampai awal Mei] | गोल्डेन विक (जापानको सार्वजनिक बिदा)

こども
孩子 | 아이 | criança | niño | child(ren) | เด็ก/ลูก | con cái/trẻ con/con nít | bata | anak | बच्चा

ごみ
垃圾 | 쓰레기 | lixo | basura | trash | ขยะ | rác | basura | sampah | फोहोर

ころびます《ころぶ》
摔倒 | 넘어집니다《넘어지다》| cair | caerse | fall over | ล้ม | vấp ngã | madapa/matisod | jatuh | लड्छ <<लड्नु>>

こわします《こわす》
弄坏 | (배) 탈납니다《탈나다》| ficar com dor (de barriga) | descomponerse | (one's stomach) is upset | (ท้อง) เสีย | đau (bụng) | masira | merusak | खराब हुन्छ <<खराब हुनु>> (स्वाथ्य खराब हुनु)

さかな
鱼 | 물고기 | peixe | pescado | fish | ปลา | cá | isda | ikan | माछा

しんせんです《しんせんな》
新鲜 | 신선합니다《신선한》| fresco | fresco | fresh | สด | tươi (rau củ, thịt) | sariwa | segar | ताजा छ <<ताजा>>

すてます《すてる》
扔 | 버립니다《버리다》| jogar fora | botar | throw away | ทิ้ง | vứt/bỏ | magtapon | membuang | फाल्छ <<फाल्नु>>

そと
外面 | 밖 | fora | fuera | outside | ข้างนอก | bên ngoài | sa labas | luar | बाहिर

だから
所以 | 그러니까 | por isso | por eso | therefore / so | เพราะฉะนั้น | bởi vậy/bởi thế/vì vậy | kaya | karena | त्यसैले

たてやま
立山 (地名) | 타테야마 (立山) | Tateyama | Tateyama | Tateyama | ทาเทยามะ | núi Tateyama (ở tỉnh Toyama) | Tateyama | Tateyama | तातेयामा (ठाउँको नाम)

たべもの
食物 | 음식 | comida | comida | food | ของกิน | đồ ăn/món ăn | pagkain | makanan | खानेकुरा / खाना

でます《でる》
从～出来 (如；从家出来。→いえをでます。) | 나갑니다《나가다》| sair | salir | go out | ออก | ra khỏi (xe, nhà...) | lumabas (labas) | keluar | निस्कंछु <<निस्कनु>>

でも
可是 | 그러나 | mas | pero | however / but | แต่ | nhưng | pero / ngunit | tapi | तर

テレビ
电视 | 텔레비전 | televisão | televisor | television | โทรทัศน์ | ti vi | telebisyon | televisi | टेलिभिजन / टिभी

でんしゃ
电车 | 전철 | trem | tren | train | รถไฟ | tàu điện | tren | kereta | रेल / ट्रेन

とられます《とる－とられる》
被抢 | 빼앗깁니다《빼앗기다》| ser roubado | ser robado | taken / stolen | ถูกขโมย/ถูกเอาไป | bị lấy cắp/bị cướp | manakawan | terambil / tercuri | चोरेर लिन्छ <<चोरेर लिनु - चोरिनु>> (लुटिनु, खोसिनु)

ながぐつ
长靴 | 장화 | botas | botas | boots | รองเท้าบูทกันน้ำ | giày ống cao | mataas na botas | sepatu bot | रेन बुट / लामो बुथ जुत्ता

なに
什么 | 무엇 | o que? | ¿qué? | what | อะไร | gì/cái gì | Ano? | apa | के

なまみず
生水 | 생수 | agua não fervida | agua no hervida | unboiled water | น้ำดิบ | nước lã | tubig gripo | sampah basah [dari bahan mentah] | धाराको पानी (शुद्धिकरण नगरेको / नउमालेको पानी)

のみます《のむ》
喝 | 마십니다《마시다》 | beber | beber | drink | ดื่ม | uống | uminom (inom) | minum | पिउँछु <<पिउनु>>

はきます《はく》
穿（裤子/裙子/袜子/鞋等腰以下的衣类）| (바지, 치마 등을) 입습니다《입다》/ (양말, 신발 등을) 신습니다《신다》| calçar | calzarse | wear | ใส่ | mang/xỏ/mặc (quần, giày, vớ) | magsuot (ng sapatos) | memakai [untuk sepatu, kaus kaki] | लगाउँछु <<लगाउनु>> (पाईन्ट, जुत्ता)

ばしょ
场所/地点 | 장소 | lugar | lugar | place | สถานที่ | nơi chốn/địa điểm | lugar | tempat | ठाउँ

バス
公共汽车 | 버스 | ônibus | autobús | bus | รถเมล์ | xe buýt | bus | bis | बस

ひ
太阳 | 태양 | sol | sol | Sun | แดด | mặt trời/nắng mặt trời | araw | matahari | घाम

ひがさ
阳伞 | 양산 | sombrinha | sombrilla | parasol | ร่มกันแดด | ô đi nắng/dù đi nắng | payong | payung matahari | घाममा ओड्ने छाता

ひきます《ひく》
（かぜをひきます）感冒 | (감기) 걸립니다《걸리다》| ficar resfriado | resfriarse | catch (a cold) | เป็น (หวัด) | bị (cảm) | magkaroon (ng sipon) | terkena | रुघा लाग्छ <<रुघा लाग्नु>>

べんりです《べんりな》
方便 | 편리합니다《편리한》| é conveniente (conveniente) | es conveniente (conveniente) | convenient | สะดวก | tiện lợi | maginhawa | praktis | सुविधाजनक छ <<सुविधाजनक>>

ぼうし
帽子 | 모자 | chapéu | sombrero | hat | หมวก | nón/mũ | sumbrero | topi | टोपी

みじかいです《みじかい》
短 | 짧습니다《짧다》| curto | corto | short | สั้น | ngắn | maikli | pendek | छोटो छ <<छोटो>>

ミネラルウォーター
矿泉水 | 생수 | água mineral | agua mineral | mineral water | น้ำแร่ | nước suối | Mineral na tubig | air mineral | मिनरल वाटर (पानी)

みます《みる》
看 | 봅니다《보다》| assistir/ver | ver | see/watch | ชม | nhìn/ngắm/xem | makita | melihat | हेर्छु <<हेर्नु>>

もっていきます《もっていく》
带去 | 가지고 갑니다《가지고 가다》| Levar | Llevar | bring | เอาไป | đem theo/mang đi | magdala | membawa | लिएर जान्छु <<लिएर जानु>>

やけます《やける》
晒黑 | (볕에) 탑니다《타다》| queimar-se | quemarse | burn | (ผิว) ไหม้ | cháy/sém (bị nắng ăn) | masunog ng araw | terbakar | पोल्छ <<पोल्नु>>

やすいです《やすい》
廉价 | 쌉니다《싸다》| barato | barato | cheap | ถูก | rẻ | mura | murah | सस्तो छ <<सस्तो>>

ゆうめいです《ゆうめいな》
有名 | 유명합니다《유명한》| conhecido/famoso | conocido/famoso | famous | มีชื่อเสียง | nổi tiếng | sikat | terkenal | प्रसिद्ध छ <<प्रसिद्ध>>

ゆき
雪 | 눈 | neve | nieve | snow | หิมะ | tuyết | niyebe | salju | हिउँ

ゆきのおおたに
雪大谷（地名）| 유키노오오타니（雪の大谷）| Yuki no Otani (parede de neve em Tateyama) | Yuki no Otani (pasillo de nieve en Tateyama) | "Yuki no Otani" (the great valley of snow) | ยุกิ โนะ โอทะนิ | Yukinootani (một địa điểm tham quan ở Tateyama) | lambak ng niyebe (great valley of snow) | Yukino Otani [tembok salju tinggi di prefektur Toyama] | हिउँको खोंच

りょこう
旅行 | 여행 | viagem | viaje | travel | การท่องเที่ยว | du lịch | paglalakbay | jalan-jalan/berwisata | भ्रमण / यात्रा

わたし　我 | 저/나 | eu | yo | I | ฉัน/ผม | tôi | ako | saya | म

Column 15

生のおしゃべりをするということ

本テキストには旅行関係のトピックが何回も出てきます。『これだけ1』と『これだけ2』では文法の難易度が違うので、2のほうが突っ込んで細かい話ができます。このトピック17でもまた旅行関連のお話になります。「同じ話題が何回も出てきていいのか?」と質問される方がいますが、おしゃべりとはそういうものではないでしょうか。私が日常会話を行っている相手(妻、同僚、研究仲間)を想像してみると、いつも同じトピックばかりです。ちょっとずつ内容が違うこともあれば、同じ話をずっとやっていることもあります。生のおしゃべりとはそんなものなので、「また同じ話をするの?」なんてことは言いっこなしです。

以前にやったトピックをもう一度するときは、前回の相手の話をちゃんと覚えておくことが重要です。外国人参加者の出身は中国の上海で、好きな場所は大理だとします。次の回にまた旅行の話題に当たったら、まずは大理の話から始めましょう。スマホで写真を見ながら話してもいいと思います。そこから最近行った場所や行きたい場所などに広げていけば、「また同じ話題か〜」とはならないはずです。

生のおしゃべりですから、外国人参加者の誤用に気付いても明示的な訂正はほどほどにして(コラム「フィードバック」p.141参照)、リピートアフターミーなんかは極力抑えましょう。日常生活で、家族や友達に対して、「はい、じゃあ、私が言ったことを繰り返してみて!」なんてやらないはずですから。「自分が周りの人にやらないことは、日本語教室の中でもやらない」と考えれば、教室の中でも生のおしゃべりが広がるようになります。おしゃべりが教育なのかという疑問は多くの人が持っているようですが、生のやりとりは言語習得研究では、フォーカスオンミーニングなどと呼ばれ重視されています。横文字になるとちょっとかっこよくなります。それを上手に教育に組み込んでいくと内容中心の教授法と呼ばれます。生のおしゃべりは遊びではありません。

K 活動編について

おしゃべりの流れと隠れ文法

活動編で扱う文法は、理解できればいい文法です。日本人参加者が読み、外国人参加者には聞いてもらうようにしましょう。相手に発音させる必要はありません。理解してもらえれば、それで十分です。

活動編① じんせい すごろくゲーム

巻末にあるサイコロとコマを作って、すごろくをしましょう。各マス目には、いろんなおしゃべりのトピックが書いてあります。それらを読んで、テーマに沿って話し合いましょう。マス目に書いてある文は、日本人参加者が読んで外国人参加者に聞いてもらいましょう。ひらがなで書いてありますが、漢字を勉強したい人がいたら、漢字に直して見せてあげましょう。

隠れ文法

- です／ますを使わない文体

書き言葉では、こうやってです／ますのない文体も使われます。普通形（日常用語ではタメロ）と言います。書き言葉にはです／ますが現れないこともあると実感してもらいましょう。

- （て形）＋てもいいです

‘てもいいですか’は本編でも出てきますが、‘てもいいです’は聞いてわかればいい表現として扱っています。まずは耳で慣れてもらうことを目指しましょう。「そこに座ってもいいです」「明日来てもいいです」など、この文法は、上から下への命令的なニュアンスがあり、コミュニケーションで使うのは難しいからです。

活動編② きょうのうんせい

86ページの指示文に従って今日の運勢を占いましょう。運勢は毎日変わるので、毎回でも占ってください。「誕生日はいつですか？」「今日は何日ですか？」と質問する形で数字を紙に書いて、いっしょに計算しましょう。「＋」を「たす」、「＝」を「は」と読み上げることなど、外国人参加者には教科書では習わない生の日本語です。本編の活動に入る前、ウォーミングアップとして使いましょう。日本人参加者が何回か声に出して読んでみましょう。外国人参加者にとって難しそうなら、ゆっくり読んでみたり、区切って読んでみたり工夫をしましょう。「語彙表」の翻訳も活用して内容の理解を目指しましょう。

隠れ文法

- （て形）＋てはいけません

禁止を表す文法です。教科書ではよく出てくるこの文法ですが、実際のコミュニケーションではあまり使わないことがわかっています。それでも禁止というのは、コミュニケーションにおいて大事な表現ですから、耳で理解できることを目標とします。

- （て形）＋てもいいです

活動編①同様、聞いて理解してもらうことを目指します。この文法は上から下への命令的なニュアンスがあり使用場面に制約がありますが、ここにあるような占いの文脈では自然に使えます。「お茶を飲んでもいいです」「辛いものを食べてもいいです」など、天のお告げを伝えてください。

活動編③　どこにいるかな？

日本人参加者が「〇〇はどこにいますか？」と聞いて、外国人参加者は、それを探しましょう。左は動物園のいろんな動物探し、右は人探しです。日本人参加者はゆっくり読んだり、区切って読んだり、相手にわかるように工夫しながら質問しましょう。「語彙表」の翻訳も活用してください。最初は外国人参加者が指差しをするだけでかまいません。だんだん慣れてきたら、「〇〇の右です／となりです」といった位置関係を表す表現で答えてもらいましょう。「テレビの横のおじいさんは何をしていますか？」のように質問すると、「お酒を飲んでいます」「お酒を飲んでいると思います」のように、答える側の日本語の難易度が上がります。外国人参加者の日本語レベルが高いなら聞いてみましょう。隅々まで手の込んだイラストを描いてもらっています。絵本を楽しむ感覚で、イラストについて感想を話してもらえたらうれしいです。

隠れ文法

・〔文・動詞〕＋名詞

「首の長い動物」「鼻が長い動物」「電話をかけている人」「階段を滑っている人」など、名詞に文や動詞で連体修飾を行う文法がテーマです。形容詞の連体修飾は本編で扱いますが、こういった長い連体修飾は使用頻度も低く、聞いてわかればいい表現としています。

活動編④　どれがどれ？

日本人参加者が左の文を読んで、外国人参加者は対応するイラストを探しましょう。日本人参加者はゆっくり読んだり、区切って読んだり、相手にわかるように工夫しながら質問しましょう。「語彙表」の翻訳も活用してください。線で結ぶ活動自体はすぐに終わってしまいます。「こういう人を見たことがありますか？」とか「こういう経験がありますか？」など、イラストを使っておしゃべりを広げてください。

隠れ文法

・（「ます」の形）＋なさい

こういった命令の形は、使用場面を間違うとコミュニケーション上トラブルの元となります。母親から子どもへ、警察から泥棒へ、といった役割設定がないと使用できないということをイラストで示しています。

・（て形）＋てはいけません

禁止を表す文法です。どんな場面でも使えるわけではないため、使用には制約があることをここで伝えようとしています。上司から部下、警備員から子ども、といった文脈（人間関係）が重要であることをイラストで伝えようとしています。耳で理解できることを目指します。

中｜韓｜ポルトガル｜スペイン｜英｜タイ｜ベトナム｜タガログ｜インドネシア｜ネパール

あがり	完 / 结束 | 끝 | gol | gol | finish / done / ready | จบ | xong việc | pagtaas | gol | अन्त / सक्किनु
あこがれ	崇拜 | 동경 | (algo) dos sonhos / admiração (por algo, alguém) | de tus sueños | yearning for / adoration | หลงใหลใฝ่ฝัน | ngưỡng mộ / hâm mộ | ninanais | impian / idaman | चाहाना
あそびます《あそぶ》	玩 | 놉니다《놀다》 | brincar | jugar | play | เล่น | chơi / chơi đùa | maglaro (laro) | bermain | खेल्छु <<खेल्नु>>
あたります《あたる》	中（奖） | 당첨됩니다《당첨되다》 | ganhar | ganar | win the lottery | ถูก | trúng (số) | tumama | dapat / sesuai sasaran | चिट्ठा (लटरी) पर्नु / पर्यो <<पर्नु>>
あるきます《あるく》	走路 | 걷습니다《걷다》 | andar / caminhar | caminar | walk | เดิน | đi bộ | maglakad (lakad) | berjalan kaki | हिंड्छु <<हिंड्नु>>
アルバイト	打工 | 아르바이트 | trabalho temporário | trabajo temporal | part-time job | งานพิเศษ | việc làm thêm / việc làm bán thời gian | part-time na trabaho | kerja sambilan | पार्टटाइम काम
いいです《いい》	好 / 可以 | 좋습니다《좋다》 | é bom (bom) | es bueno (bueno) | okay / fine | ดี | tốt / được | mabuti | boleh | हुन्छ <<हो>>
いえ	房子 | 집 | casa | casa | house | บ้าน | nhà | bahay | rumah | घर
いちばん	最 | 가장 | o mais | el más | the best | อันดับหนึ่ง | nhất | pinakauna | nomor satu | सबै भन्दा
いままでに	至今 | 지금까지 | até agora | hasta ahora | till now | จนถึงทุกวันนี้ | cho tới bây giờ | hanggang ngayon | sampai saat ini | अहिले सम्ममा
うまれます《うまれる》	出生 | 태어납니다《태어나다》 | nascer | nacer | be born | เกิด | ra đời / được sinh ra | ipinanganak | lahir | जन्मिन्छ <<जन्मनु>>
うんどうかい	运动会 | 운동회 | festa esportiva | fiesta deportiva | sports day | งานแข่งขันกีฬา | đại hội thể thao | pagdiriwang ng sports / palaro | hari turnamen olahraga di sekolah | खेलकुद दिवस
おじいちゃん	老爷爷 | 할아버지 | avô | abuelo | grandfather | คุณปู่ / คุณตา | ông (nội, ngoại) | lolo | kakek | हजुरबुबा / बाजे
おとします《おとす》	弄丢 | 잃어버립니다《잃어버리다》 | Derrubar | Derrumbar | drop / lose | ทำหาย | đánh rơi / làm rơi | mahulog | menjatuhkan | खसाउनु <<खस्नु>>
おばあちゃん	老奶奶 | 할머니 | avó | abuela | grandmother | คุณย่า / คุณยาย | bà (nội, ngoại) | lola | nenek | हजुर आमा / बजै
おもいで	回忆 | 추억 | lembrança | recuerdo | memory | ความทรงจำ | kỷ niệm | alaala | kenangan | सम्झना
かいがい	海外 | 해외 | países estrangeiros | países extranjeros | overseas | ต่างประเทศ | nước ngoài | ibang bansa | luar negeri | बिदेश
かいます《かう》	买 | 삽니다《사다》 | comprar | comprar | buy | ซื้อ | mua | bumili (bili) | membeli | किन्छु <<किन्नु>>
かもく	科目 | 과목 | matéria | asignatura | subjects | วิชา | môn học | paksa | mata pelajaran | बिषय
きゅうりょう	工资 | 월급 | salário | sueldo | salary | เงินเดือน | tiền lương | sahod | gaji | तलब

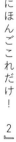

くらします《くらす》	过日子 | 삽니다《살다》| viver | vivir | live | ดำเนินชีวิต | sống (một mình hoặc với ai) | tumira | menjalani hidup | बस्छु <<बस्नु>>
けが	伤 | 부상 | machucado | herida | injury | การบาดเจ็บ | việc bị thương | pansala | luka | घाउ / चोटपटक
けっこんしき	婚礼 | 결혼식 | cerimônia de casamento | ceremonia de matrimonio | wedding ceremony | พิธีแต่งงาน | lễ kết hôn / lễ cưới | kasal | upacara perkawinan | बिवाह महोत्सव
げんきです《げんきな》	好（身体状况或精神状况）| 건강합니다《건강한》| saudável | saludable | healthy | สุขภาพดี | mạnh khỏe | malusog / walang sakit | sehat | सन्चै छ <<सन्चै>>
こうこう	高中 | 고등학교 | ensino médio | escuela secundaria | high school | โรงเรียนมัธยมปลาย | trường cấp 3 | Pinaka-mataas na paaralan | SMA | हाई स्कूल
サイコロ	骰子 | 주사위 | dado | dado | dice | ลูกเต๋า | xúc xắc | dais | dadu | डाइस्
さいふ	钱包 | 지갑 | carteira | cartera | wallet | กระเป๋าสตางค์ | cái ví tiền / cái bóp tiền | pitaka | dompet | वालेट / पर्स
しごと	工作 | 일 | trabalho | trabajo | work | งาน | công việc | trabaho | pekerjaan | काम
しゅうしょく	就职 | 취직 | emprego | colocación | get a job | การเข้าทำงาน | tìm được việc làm | maghanap ng trabaho | mendapat pekerjaan | रोजगार / जागिर
しゅうしょくかつどう	找工作 | 취업준비 | procurar um emprego | buscar una colocación | job hunting | การหางาน | hoạt động tìm việc (của sinh viên năm cuối) | paghahanap ng trabaho | kegiatan mencari pekerjaan | रोजगार / जागिर खोज्नु
しょうがくせい	小学生 | 초등학생 | aluno da escola primária | alumno de la escuela primaria | elementary student | นักเรียนประถม | học sinh tiểu học | mag-aaral ng mababang paaralan | murid SD | प्राथमिक स्तरका विद्यार्थी
しょうがっこう	小学 | 초등학교 | escola primária | escuela primaria | elementary school | โรงเรียนประถม | trường tiểu học | mababang paaralan | SD | प्राथमिक विद्यालय
しんがく	升学 | 진학 | entrar numa escola de grau superior | entrar en una escuela de grado superior | enter college / university | การเรียนต่อ | học lên tiếp | magpatuloy ng pag-aaral | melanjutkan sekolah | उच्च शिक्षामा अध्यन गर्नु
すきです《すきな》	喜欢 | 좋아합니다《좋아하는》| gostar | gustar | like | ชอบ | thích | gusto | suka | मन पर्छ <<मन पर्नै>>
すすみます《すすむ》	前进 | 나아갑니다《나아가다》| avançar | avanzar | advance | ไปข้างหน้า | tiến lên / bước tiếp | sumulong (sulong) | maju | अगि बढ्छु <<अगि बढ्नु>>
ずっと	一直 | 쭉 | para sempre | para siempre | continuously (for a long time, distance) | ตลอด | suốt / mãi | patuloy | terus | सँधै
スポーツ	体育 | 스포츠 | esportes | deporte | sports | กีฬา | thể thao | sports / palaro | olah raga | खेलकुद
すみます《すむ》	住 | 삽니다《살다》| morar | vivir | live | อาศัยอยู่ | sinh sống (ở đâu đó) | tumira | tinggal | बस्छु (घर, ठेगाना) <<बस्नु>>
そつぎょうりょこう	毕业旅行 | 졸업여행 | viagem de formatura | viaje de graduación | graduation trip | การท่องเที่ยวหลังจบการศึกษา | du lịch trước lễ tốt nghiệp | lakbay sa pagtataposng unibersidad | wisata lulus sekolah | शैक्षिक भ्रमण

だいがく

大学 | 대학 | universidade | universidad | university / college | มหาวิทยาลัย | đại học | unibersidad | universitas | क्याम्पस / कलेज

たいしょくします《たいしょくする》

辞职 | 퇴직합니다《퇴직하다》| se aposentar | retirarse | retire | ลาออกจากงาน | nghỉ việc / thôi việc | magretiro | berhenti kerja | अवकाश लिन्छु / रिटायर हुन्छु <<अवकाश लिनु>>

たからくじ

奖券 / 彩票 | 복권 | loteria | lotería | lottery | ลอตเตอรี่ | vé số | lotto | lotre | लट्री टिकट

～たことがあります

～过（表示曾经的经历，前接动词）| ～적이 있습니다》| ter (feito...) [experiência] | haber (hecho...) [experiencia] | have (moved) | เคย~ | đã từng ~ | nakapag(lipat) | pernah ～ | ～ यो / त्यो गरेको छ

～たら

～的话 | ～면 | se | si | if / when ～ | ถ้า~ | nếu như ~ | kapag (lumabas) | kalau ～ | ～ भए

ちゅうがっこう

初中 | 중학교 | ensino fundamental | escuela secundaria | junior high school | โรงเรียนมัธยมต้น | trường cấp 2 | Mataas na paaralan | SMP | माध्यमिक विद्यालय

～て

本课表示动作连接。如；咱们来找出朋友的优点再说出来。→ともだちのいいところをさがしていいましょう。| ～어 / 서 / 고 | e | y | ([verb]-te, connects two sentences) | ~แล้ว~ | (làm) ~, rồi ~ (nối 2, 3 động từ kế tiếp nhau) | ～ at ～ | ～ te [kata kerja bentuk -te] | ～ गरि / गर्दै

テスト

考试 | 시험 | prova | examen | test | สอบ | bài kiểm tra | pagsusulit | tes | टेस्ट / परिक्षा

でます《でる》

从～出来（如；从家出来。→いえをでます。）| 나옵니다《나오다》| sair | salir | come out | ออก | ra (kết quả) | lumabas (labas) | keluar | निस्कंछु <<निस्कनु>>

～てもいいです

可以～（前接动词）| ～도 괜찮습니다 | pode | puede | it is okay to ～ | ~ก็ได้ | (làm) ~ cũng được | maaari | boleh ～ | ～ पनि हुन्छ

とくいです《とくいな》

拿手 / 擅长 | 자신있습니다《자신있는》| fazer bem | hacer bien | good at (studying) | ถนัด | sở trường / giỏi về | espesyalidad | jago | सिपालु छ <<सिपालु>>

どこ

哪里 | 어디 | onde? | ¿dónde? | where | ที่ไหน | đâu / nơi nào | Saan? | (di) mana | कता / कहाँ

とまります《とまる》

停 | 멈춥니다《멈추다》| parar | parar | stop / pause | หยุด | dừng lại / trọ lại | tumigil (tigil) | berhenti | रोक्छु <<रोक्नु>>

とります（取）《とる》

得（分）|（점수를）얻습니다《얻다》| tirar | tomar | get | ได้ | lấy (điểm) | kumuha (kuha) | mengambil | लिन्छु <<लिनु>>

どんな

什么样的 | 어떤 | como? | ¿cómo? | what kind of | แบบไหน | như thế nào | Anong klaseng ～ | seperti apa / yang bagaimana | कस्तो / कुन

なに

什么 | 무엇 | o que? | ¿qué? | what | อะไร | gì / cái gì | Ano? | apa | के

にゅうがく

入学 | 입학 | matricular-se em uma escola | matricularse en una escuela | enroll | การเข้าเรียน | nhập học | pagpasok sa paaralan | masuk sekolah | विद्यालय भर्ना हुनु

のんびり

悠闲 / 逍遥自在 | 한가로이 | sossegado | sosegado | carefree / leisurely | สบายๆ | thong dong / thong thả | dahan-dahan | santai | मस्त, बिस्तारै

はいります《はいる》

进入 | 들어갑니다《들어가다》| entrar | entrar | enter | เข้า | vào / đi vào | pumasok (pasok) | masuk | पस्छु <<पस्नु>>

はじめて
第一次 | 처음 | pela primeira vez | por primera vez | the first | เป็นครั้งแรก | lần đầu | una | pertama kali | पहिलो चोटी

はたらきます《はたらく》
工作 / 劳动 | 일합니다《일하다》 | trabalhar | trabajar | work | ทำงาน | làm việc | magtrabaho | bekerja | काम गर्छु <<काम गर्नु>>

はつこい
初恋 | 첫사랑 | primeiro amor | primer amor | first love | ความรักครั้งแรก | tình đầu | unang pag-ibig | cinta pertama | पहिलो प्रेमी

ひだり
左 | 왼쪽 | esquerda | izquierda | left | ซ้าย | bên trái | kaliwa | kiri | बाँया, देब्रे

ひっこし
搬家 | 이사 | mudar (de casa) | mudanza | move | การย้ายบ้าน | chuyển nhà | maglipat | pindahan | ठाउँ सर्छु <<ठाउँ सर्नु>> (कोठा / घर सर्नु)

ひと
人 | 사람 | pessoa | persona | people | คน | người | tao | orang | मानिस / मान्छे

びょうき
病 | 병 | doença | enfermo | sickness | ความป่วยไข้ | bệnh | sakit | sakit | रोग / बिमारी

ふります（振）《ふる》
掷（骰子）| (주사위를) 던집니다《던지다》 | jogar | echar | shake | เขย่า | lắc/đổ (xúc xắc) | kumaway (kaway) | mengocok | हल्लाउछु <<हल्लाउनु>>

べんきょう
学习 | 공부 | estudo | estudio | study | การเรียนหนังสือ | việc học | pag-aaral | belajar | पढाई

まご
孙子 | 손자 | neto | nieto | grandchild(ren) | หลาน | cháu (con cháu) | apo | cucu | नाती / नातिना

～ましょう
～吧（前接动词）| ～ㅂ시다 | vamos | vamos | let's ～ | ~เถอะ | hãy cùng ~ | tayo'y (pumunta) | ayo ～ | ～ गरौं

まだ
还 | 아직 | ainda | todavía | still / yet | ยัง | vẫn còn | hindi pa | masih | अझै

まんてん
满分 | 만점 | pontuação máxima | calificación máxima | full marks | คะแนนเต็ม | điểm tuyệt đối | perpektong puntos | nilai 100 [betul semua] | सर्वोत्तम / सतप्रतिशत अंक

みぎ
右 | 오른쪽 | direita | derecha | right | ขวา | bên phải | kanan | kanan | दायाँ / दाहिने

みなさん
各位 | 여러분 | todos | todos | everyone | ทุกคน | tất cả các vị / tất cả mọi người | kayong lahat | Anda sekalian | सबैजना

もういっかい
再～一次 | 한 번 더 | mais uma vez | una vez más | once more | อีกครั้ง | một lần nữa | isa pang beses | sekali lagi | फेरी एकचोटी

やすみます《やすむ》
休息 / 暂时停止 | 쉽니다《쉬다》 | descansar | descansar | rest | หยุด | nghỉ ngơi | magpahinga | beristirahat | आराम गर्छु / बिदा बस्छु <<आराम / बिदा>>

ゆっくり
慢慢地 | 천천히 | devagar | despacio | slowly | ช้าๆ | thong thả / chậm rãi / từ từ | dahan-dahan | pelan-pelan | बिस्तारै

ようちえん
幼儿园 | 유치원 | jardim de infância | jardín de infancia | kindergarten | โรงเรียนอนุบาล | trường mẫu giáo / nhà trẻ | preschool | taman kanak-kanak | किन्डर गार्टेन

語彙表

活動編 2

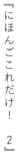

中｜韓｜ポルトガル｜スペイン｜英｜タイ｜ベトナム｜タガログ｜インドネシア｜ネパール

あたたかいです《あたたかい》	暖和｜따뜻합니다《따뜻하다》｜quente｜caliente｜warm｜อุ่น｜ấm áp｜mainit-init｜hangat｜न्यानो छ / तातो छ <<न्यानो / तातो>>
あまいです《あまい》	甜｜답니다《달다》｜doce｜dulce｜sweet｜หวาน｜ngọt｜matamis｜manis｜गुलियो छ <<गुलियो>>
あります《ある》	有 / 在（表示非动物的存在）｜있습니다《있다》（물건의 존재）｜ter｜tener｜there are｜มี｜có (đồ vật, sự kiện)｜mayroon｜ada｜छ <<छ>>
いいです《いい》	可以 / 好｜좋습니다《좋다》｜bom｜bueno｜good / nice｜ดี｜tốt / được｜mabuti｜tidak apa-apa / boleh｜हुन्छ <<हो>>
いいます《いう》	说｜말합니다《말하다》｜dizer｜decir｜say｜พูด｜nói｜sabihin｜mengatakan｜भन्नु हुन्छ <<भन्नु>>
いたいです《いたい》	疼｜아픕니다《아프다》｜doer｜doler｜painful｜ปวด｜đau｜masakit｜sakit｜दुख्छ <<दुखाई>>
いつも	总是｜언제나｜sempre｜siempre｜always｜เสมอ｜luôn luôn｜lagi｜selalu｜सँधै / जहिले पनि
おこります《おこる》	生气｜화냅니다《화내다》｜ficar bravo｜enfadarse｜get angry｜โมโห｜nổi giận / giận dữ｜magalit｜marah｜रिसाउँछ <<रिसाउनु>>
おさけ	酒｜술｜bebida alcoólica｜bebida alcohólica｜Japanese sake｜เหล้า｜rượu / rượu sa kê｜alak｜sake｜रक्सी
おちゃ	茶｜차｜chá｜té｜tea｜น้ำชา｜trà｜tsaa｜teh Jepang｜चिया
おなか	肚子｜배｜barriga｜barriga｜stomach｜ท้อง｜bụng｜tiyan｜perut｜पेट
かいます《かう》	买｜삽니다《사다》｜comprar｜comprar｜buy｜ซื้อ｜mua｜bumili (bili)｜membeli｜किन्छु <<किन्नु>>
かぞく	家人｜가족｜família｜familia｜family｜ครอบครัว｜gia đình｜pamilya｜keluarga｜परिवार
～かもしれません	有可能～｜～ㄹ지도 모릅니다｜pode ser｜puede ser｜may / maybe / it is possible that ～｜อาจจะ~｜có lẽ ~｜baka｜mungkin ～｜～ हुन पनि सक्छ
からいです《からい》	辣｜맵습니다《맵다》｜apimentado｜picante｜spicy / hot｜เผ็ด｜cay｜maanghang｜pedas｜पिरो छ <<पिरो>>
きいろいです《きいろい》	黄｜노랗습니다《노랗다》｜amarelo｜amarillo｜yellow｜เหลือง｜màu vàng｜dilaw｜kuning｜पहेंलो छ <<पहेंलो रंग>>
きのう	昨天｜어제｜ontem｜ayer｜yesterday｜เมื่อวานนี้｜hôm qua｜kahapon｜kemarin｜हिजो
きょう	今天｜오늘｜hoje｜hoy｜today｜วันนี้｜hôm nay｜ngayong araw｜hari ini｜आज
～くなります	变～（前接形容词）｜～게 됩니다｜ficar... / tornar-se｜quedarse... / volverse｜become ～｜กลายเป็น (มีอาการ)｜trở nên ~｜maging (masakit)｜menjadi ～｜～ हुन्छ (परिवर्तन हुनु)
クリーニング	洗衣店｜세탁소｜lavanderia｜tintorería｜cleaning｜การซักแห้ง｜tiệm giặt ủi｜labanderya｜laundri｜लुगा धुनु / धुलाई
コーヒー	咖啡｜커피｜café｜café｜coffee｜กาแฟ｜cà phê｜kape｜kopi｜कफी
ごはん	饭｜밥｜arroz cozido｜arroz cocido｜meal｜ข้าว｜cơm / bữa ăn｜pagkain｜makan pokok / makan nasi｜भात
こんや	今晚｜오늘 밤｜esta noite｜esta noche｜tonight｜คืนนี้｜tối nay / đêm nay｜ngayong gabi｜malam ini｜आज राति

さがします《さがす》	找 | 찾습니다《찾다》 | procurar | buscar | find | หา | tìm kiếm | hanapin | mencari | खोज्छु <<खोज्नु>>
たべます《たべる》	吃 | 먹습니다《먹다》 | comer | comer | eat | กิน/รับประทาน | ăn | kumain (kain) | makan | खान्छु <<खानु>>
たべもの	食物 | 음식 | comida | comida | food | ของกิน | đồ ăn/món ăn | pagkain | makanan | खानेकुरा / खाना
～たほうがいいです	还是～为好/最好～（前接动词）| ～는 편이 좋습니다 | é melhor | es mejor | should / better to ～ | ~ดีกว่า | nên ~ thì hơn | mas mabuti kung ～ | lebih baik | ～ यसो / त्यसो गरे हुन्छ
～たら	～的话 | ～면 | se | si | if / when ～ | ถ้า~ | nếu như ~ | kung ～ | kalau ～ | ～ भए
～て	本课表示动作连接。如；咱们来找出朋友的优点再说出来。→ともだちのいいところをさがしていいましょう。| ～어 / 서 / 고 | e | y | ([verb]-te, connects two sentences) | แล้ว~ | (làm) ~, rồi ~ (nối 2, 3 động từ kế tiếp nhau) | ～ at ～ | ～ te [kata kerja bentuk -te] | ～ गरि / गर्दै
～てはいけません	不可以～/不许～（前接动词）| ～（해）서는 안됩니다 | não pode | no puede | should not ～ | อย่า~ | không được làm ~ | hindi maaaring ～ | tidak boleh ～ | ～ हुन्दैन
～てもいいです	可以～（前接动词）| ～도 괜찮습니다 | pode | puede | it is okay to ～ | ~ก็ได้ | (làm) ~ cũng được | maaaring (uminom ng green tea) | boleh ～ | ～ पनि हुन्छ
ともだち	朋友 | 친구 | amigo | amigo | friends | เพื่อน | bạn bè | kaibigan | teman | साथी / मित्र
ニコニコします《ニコニコする》	笑嘻嘻 | 싱글벙글합니다《싱글벙글하다》| sorrir | sonreir | smile | ยิ้ม | cười mỉm/mỉm cười | ngumiti | tersenyum | मुसुमुसु हास्छु <<मुसुमुसु हास्नु>>
のみます《のむ》	喝 | 마십니다《마시다》| Beber | beber | drink | ดื่ม | uống | uminom (inom) | minum | पिउँछु <<पिउनु>>
のみもの	饮料 | 음료 | bebida | bebida | a drink | เครื่องดื่ม | đồ uống/thức uống | inumin | minuman | पेयपदार्थ
はやいです《はやい》	早 | 빠릅니다《빠르다》| rápido | rápido | early | เร็ว | nhanh/sớm | mabilis | cepat | छिटो छ <<छिटो>>
ひと	人 | 사람 | pessoa | persona | people | คน | người | tao | orang | मानिस / मान्छे
～ましょう	～吧（前接动词）| ～합시다 | vamos | vamos | let's ～ | ~เถอะ | hãy cùng ~ | tayo'y (ngumiti) | ayo ～ | ～ गरौं
みます《みる》	看 | 봅니다《보다》| assistir / ver | ver | see / watch | เห็น | nhìn/ngắm/xem | makita | melihat | हेर्छु <<हेर्नु>>
やさしいです《やさしい》	温和/温柔 | 상냥합니다《상냥하다》| amável | amable | gentle | ใจดี | dịu dàng/hòa nhã | mabait | baik hati | दयालु छ <<दयालु>>
わるぐち	（说人）坏话 | 욕 | falar mal de alguém | difamación | slander / bad mouth | การนินทา | nói xấu | mamintas | cerita buruk / omongan jelek | अरुको कुरा काट्नु / गर्नु / लगाउनु

中 | 韓 | ポルトガル | スペイン | 英 | タイ | ベトナム | タガログ | インドネシア | ネパール

あかいです《あかい》	红 | 붉습니다《붉다》| vermelho | rojo | red | แดง | đỏ | pula | merah | रातो छ <<रातो>>
あります《ある》	有 / 在（表示非动物的存在）| 있습니다《있다》(물건의 존재) | ter | tener | have (black and white stripes) | มี | có, ở (đồ vật, sự kiện) | mayroon | ada | छ <<छ>>
います《いる》	有 / 在（表示人或动物的存在）| 있습니다《있다》(사람이나 동물의 존재) | estar | estar | be (in the water) | อยู่ | có, ở (động vật, người) | mayroon / nandoon | ada | छ / छु <<छ / छु>>
おさけ	酒 | 술 | bebida alcoólica | bebida alcohólica | Japanese sake | เหล้า | rượu, rượu sa kê | alak | sake | रक्सी
おんがく	音乐 | 음악 | música | música | music | ดนตรี | âm nhạc | musika | musik | गीत संगीत
かお	脸 | 얼굴 | rosto | cara | face | หน้า | khuôn mặt, mặt | mukha | muka | अनुहार / मुहार
かけます《かける》	打（电话）| 겁니다《걸다》| ligar | llamar | make (a phone call) | โทร | gọi (điện thoại) | tawagan | menelepon | फोन गर्छु <<फोन गर्नु>>
ききます《きく》	问 / 听（本课指"听"）| 듣습니다《듣다》| escutar | escuchar | listen to | ฟัง | nghe | makinig | mendengarkan | सुन्छु <<सुन्नु>>
ギター	吉他 | 기타 | violão | guitarra | guitar | กีต้าร์ | đàn ghi-ta | gitara | gitar | गितार
くび	脖子 | 목 | pescoço | cuello | neck | คอ | cái cổ | leeg | leher | घाँटी
くろ	黑 | 검은색 | preto | negro | black | สีดำ | màu đen | itim | hitam | कालो
～ことができます	能～ / 会～ / 可以～ | ～수 있습니다 | poder / conseguir | poder / ser capaz de | can ～ | สามารถ~ได้ | có thể làm ~ | kayang (lumipad) | bisa ～ | ～ (गर्न) सक्छु
しま	条纹 | 줄무늬 | listra | rayas | stripe | ลาย | sọc vằn, kẻ sọc | guhit | loreng | धर्के/धर्को भएको
しろ	白 | 흰색 | branco | blanco | white | สีขาว | màu trắng | puti | putih | सेतो
じんせい	人生 | 인생 | vida | vida | life | ชีวิต | đời người, cuộc đời | buhay | kehidupan | जीवन / जिन्दगी
たべます《たべる》	吃 | 먹습니다《먹다》| comer | comer | eat | กิน / รับประทาน | ăn | kumain (kain) | makan | खान्छु <<खानु>>
～ています	正在～ | ～고 있습니다 | estar (escutando) | estar (escuchando) | be (reading) | กำลัง~อยู่ | đang ~ | kasalukuyang (kumakain) | sedang ～ [menyatakan rutinitas, atau aktivitas yang sedang berlangsung] | ～ गर्दैछु
でんわ	电话 | 전화 | telefone | teléfono | telephone | โทรศัพท์ | điện thoại | telepono | telepon | टेलिफोन / फोन
どうぶつ	动物 | 동물 | animais | animales | animal | สัตว์ | động vật | hayop | binatang | जनावर
ドーナツ	甜甜圈 | 도너츠 | rosquinhas / donut | dónut | doughnut | โดนัท | bánh rán | donut | donat | डोनत

とびます《とぶ》	飞 | 납니다《날다》| voar | volar | fly | บิน | bay | lumipad (lipad) | terbang | उड्छु <<उड्नु>>
とり	鸟 | 새 | ave | ave | bird | นก | chim | ibon | burung | चरा
なか	里 | 안 | dentro | dentro | in, inside | ข้างใน | bên trong | loob | dalam | भित्र
ながいです《ながい》	长 | 깁니다《길다》| comprido | largo | long | ยาว | dài | mahaba | panjang | लामो छ <<लामो>>
のみます《のむ》	喝 | 마십니다《마시다》| beber | beber | drink | ดื่ม | uống | uminom (inom) | minum | पिउँछु <<पिउनु>>
はな	鼻子 | 코 | nariz | nariz | nose | จมูก | mũi | ilong | hidung | फूल
ひきます《ひく》	弹（吉他，钢琴等）| (기타, 피아노 등) 연주합니다《연주하다》| tocar | tocar | play (guitar) | เล่น (กีต้าร์) | chơi, gảy (đàn) | tumugtog | memetik [gitar] | बजाउछु <<बजाउनु>> (गितार)
ひと	人 | 사람 | pessoa | persona | people | คน | người | tao | orang | मानिस /मान्छे
ほん	书 | 책 | livro | libro | book | หนังสือ | sách | aklat | buku | किताब
みず	水 | 물 | água | agua | water | น้ำ | nước | tubig | air | पानी
よみます《よむ》	看 / 读 | 읽습니다《읽다》| ler | leer | read | อ่าน | đọc | magbasa | membaca | पढ्छु <<पढ्नु>>

ちょっとひとやすみ

中｜韓｜ポルトガル｜スペイン｜英｜タイ｜ベトナム｜タガログ｜インドネシア｜ネパール

いきます《いく》	去｜갑니다《가다》｜ir｜ir｜go｜ไป｜đi｜pumunta (punta)｜pergi｜जान्छ <<जानु>>
おしゃべりします	聊天｜잡담합니다｜conversar｜conversar｜chat｜คุย｜tán gẫu｜mag-usap / magsalita｜mengobrol｜कुरा गर्छु
さわります《さわる》	触摸｜만집니다《만지다》｜tocar｜tocar｜touch｜จับ｜chạm vào / sờ vào｜hawakan｜menyentuh｜छुन्छु <<छुनु>>
しずかです《しずかな》	静｜조용합니다《조용한》｜silêncio｜silencio｜quiet｜เงียบ｜yên tĩnh｜tahimik｜tenang｜शान्त छ <<शान्त>>
すいます《すう》	吸｜(담배를) 핍니다《피우다》｜fumar｜fumar｜smoke｜สูบ｜hút (thuốc)｜manigarilyo｜menghisap｜चुरोट खान्छु <<चुरोट खानु>> (पिउनु)
たのしいです《たのしい》	愉快｜즐겁습니다《즐겁다》｜divertido｜divertido｜happy / enjoyable｜สนุก｜vui｜nakakaaliw｜menyenangkan｜रमाइलो छ <<रमाइलो>>
たばこ	香烟｜담배｜cigarro｜cigarro｜cigarette｜บุหรี่｜thuốc lá｜sigarilyo｜rokok｜चुरोट
～たほうがいいです	最好～ / ～比较好（前接动词）｜～는 편이 좋습니다｜é melhor｜es mejor｜should / better to ～｜-ดีกว่า｜nên ~ thì hơn｜mas mabuti kung ～｜lebih baik ～｜～ यसो / त्यसो गरे हुन्छ
～てはいけません	不可以～ / 不许～（前接动词）｜～ (해) 서는 안됩니다｜não pode｜no puede｜should not ～｜อย่า-｜không được làm ~｜hindi maaaring ～｜tidak boleh ～｜～ हुन्दैन / नगर्नुहोस्
～てもいいですか	可以～吗？｜～도 괜찮습니까?｜posso?｜¿puedo?｜is it okay to (smoke)?｜-ได้ไหม｜làm ~ được chứ / có được không?｜maaari bang ～｜bolehkah ～｜～ पनि हुन्छ ?
とまります《とまる》	停｜멈춥니다《멈추다》｜parar｜parar｜stop｜หยุด｜dừng lại｜tumigil (tigil)｜berhenti｜रोक्छु <<रोक्नु>>
～なさい	(命令用语。如；站住。→とまりなさい。｜～세요｜faça... (ordem)｜haz ... (ordenar)｜do (command)｜จง-｜hãy ~｜mag-(aral ka na)｜～ lah [perintah]｜～ गर्नुहोस्
ねます《ねる》	睡｜잡니다《자다》｜dormir｜dormir｜go to bed｜นอน｜ngủ｜matulog｜tidur｜सुत्छु <<सुत्नु>>
はやいです《はやい》	早｜빠릅니다《빠르다》｜rápido｜rápido｜fast｜เร็ว｜sớm / nhanh｜mabilis｜cepat｜छिटो छ <<छिटो>>
びょういん	医院｜병원｜hospital｜hospital｜hospital｜โรงพยาบาล｜bệnh viện｜ospital｜rumah sakit｜अस्पताल
べんきょうします《べんきょうする》	学习｜공부합니다《공부하다》｜estudar｜estudiar｜study｜เรียนหนังสือ｜học｜mag-aral｜belajar｜पढ्छु (अध्ययन गर्छु) <<पढ्नु / अध्ययन गर्नु>>
～ましょう	～吧（前接动词）｜～합시다｜vamos｜vamos｜let's ～｜-กันเถอะ｜hãy cùng ~｜tayo'y (umalis na)｜ayo ～｜～ गरौं
まちます《まつ》	等｜기다립니다《기다리다》｜esperar｜esperar｜wait｜รอ｜đợi / chờ đợi｜maghintay｜menunggu｜पर्खन्छ <<पर्खनु>>

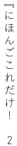

付録

文法索引

表示について

①：『これだけ1』のこと

②：『これだけ2』のこと

表面：「したじき」を開いた谷側のこと

裏面：「したじき」表面の反対側のこと

例　①表面左緑：『これだけ1』「したじき」の表面左側にある緑色ゾーンに例や訳が書いてある

付録

隠れている文法 STEP1

『これだけ1』では全体として、以下の文法項目が隠してあります。
この文法項目をSTEP1と呼びます。

STEP1　文法項目

疑問詞	だれ、どう、どうして、どうやって、どこ、どの、どれ・どっち、どんな、いつ、いくら、なに、なん○（なんこ／いくつ、なんさい、なんねん、なんばい）	「したじき」表面
語彙	数字、月、日付、曜日、時間、副詞（まいにち、まいしゅう、まいあさ、まいばん、いつも／よく、ときどき／たまに）	
文末	動詞　ます／ません、ました／ませんでした 名詞／ナ形容詞　です／じゃないです、でした／じゃなかったです イ形容詞　です／くないです、かったです／くなかったです	「したじき」裏面 左
応答	名詞の場合 王さんは主婦ですか？　はい、そうです。／いいえ、違います。 動詞／イ・ナ形容詞の場合 昨日、会社に行きましたか？　はい（行きました）。／いいえ（行きませんでした）。	
「マス」の形に接続	たいです／たくないです（願望）	
各種表現	たぶん〜です／ます（推量） いちばん 〜のとき なにも〜ないです／ません 〜ですから	
助数詞	数字＋個、人、杯	
指示詞	これ・それ・あれ／こっち・そっち・あっち／ここ・そこ・あそこ	
助詞	〜が（主語・目的語） 〜を 〜と（協同行為者・並列） 〜の（所有格） 〜に（時間、場所、行き先） 〜で（場所、手段、範囲）［「歩いて」はかたまりとして導入］ 〜から／〜まで（場所・時間） 〜より　　〜のほうが 〜は　　〜も 〜ね（確認）　　〜か（疑問）	「したじき」裏面 右

STEP1　文法項目

動詞のマス形（名詞、イ・ナ形容詞はデスで終わる形）とそれに付随する助詞が使いこなせることを目標としています。庵功雄が初級文法から「1機能1形式」の原則で重複項目を削ぎ落していった結果、これだけあれば言いたいことが一通り言えるという文法をSTEP1と名付けています。なお、この項目が使いこなせれば会話能力試験（OPI）で中級程度が取得できることもわかっています。興味のある方は『データに基づく文法シラバス』（くろしお出版）1・3章をご参照ください。

文末

動詞はマスで終わり、名詞やイ・ナ形容詞はデスで終わります。STEP1では名詞とナ形容詞が同じ活用になりますが、STEP2では「日本の食べ物、好きな食べ物」のような連体修飾が出てくるため、名詞とナ形容詞の違いがわかります。

名詞	ナ形容詞
日本です。日本じゃないです。……	好きです。好きじゃないです。……
日本の食べ物	好きな食べ物

応答

コミュニケーションの基本となる応答ですが、ルールがあります。「〇〇さんは学生ですか？」のような名詞の質問は、「はい、そうです」が使えます。一方、「いちごが好きですか？」「学校へ行きましたか？」という質問には、「はい、そうです」は使えません。「はい、好きです」「はい、行きました」のように質問部分を繰り返します。

助詞

学習者は助詞が正しく使えると、話し相手から受ける日本語の評価が高くなります。助詞が厄介なのは、多義である点です。「したじき」には、その多義性が一目でわかるように整理してあります。ただし、日本人参加者が助詞の使い方について詳細に説明することはできるだけ避け、訳を見ながら自分で考えてもらうようにしてください。

付録

隠れている文法 STEP2

『これだけ2』では全体として、以下の文法項目が隠してあります。
この文法項目をSTEP2と呼びます。

STEP2　文法項目

産出レベル：学習者が使えるようになることが目標		
動詞の活用	て形、た形、辞書形、～ない（ない形）／「なかった」の形	
動詞・形容詞 ＋なります	動詞　ようになります ナ形容詞　になります イ形容詞　くなります	「したじき」 表面
形容詞＋名詞	ナ形容詞　な＋名詞、イ形容詞　い＋名詞	
「ます」の形に接続	～たいんですが（願望、許可求め） ～ましょう（勧誘）	
て形接続	～ています、（まだ）～ていません ～てください（⇔ないでください） ～て（「図書館に行って、本を借ります。」） ～てから（継起） ～てもいいですか？（許可求め）	「したじき」 裏面 左
た形接続	～たり～たりします、～たことがあります ～たら（条件）、～たほうがいいです（⇔ないほうがいいです）	
辞書形接続	～は…ことです、～ことができます（可能）	
ない形接続	～ないでください（依頼） ～ないといけません ～ないほうがいいです（⇔たほうがいいです）	
た形・辞書形・ ない形に接続	～と思います ～けど（逆接、前置き）／～。でも、 ～ので（理由）／～。だから ～かもしれません どうして～んですか？　～んです。 ～とき（時間）	「したじき」 裏面 右
その他	～ために／～ように（目的）	
理解レベル：学習者が聞いてわかることが目標		
	～なさい（命令）、～てもいいです（許可） ～てはいけません（禁止） 動詞＋名詞（昨日買った本）（名詞修飾）	「したじき」 ☺マーク

STEP2　文法項目

動詞の普通形（「見る、見た、見ない、見なかった」のいわゆるタメロ）とて形を使った活動を採用しています。

普通形

辞書形　　見る　出す	ない形　　見ない　出さない
た形　　見た　出した	「なかった」の形　　見なかった　出さなかった

動詞の活用

Ⅱグループや一段動詞、ru-verbsと呼ばれている動詞を、本書ではグループAと呼んでいます。一方、Ⅰグループや五段動詞、u-verbsと呼ばれているものはグループBとなります。「きます」「します」はグループCです。このABCという順序は、活用ルールがシンプルなものから並べた方がいいという発想に基づいています。

ないといけません

「～なければなりません、なくてはなりません、なきゃいけません、なくちゃいけません、なければいけません、なくてはいけません……」と、この文法は、たくさんの形があります。どの形を使うかは、地方差や個人差が大きいようです。「私は「たべなきゃ」を使いますね」のように、それぞれの教室でよく使う形を紹介してください。

どうして～んですか？　～んです

「のだ文」（「～んです」の形）は、母語話者が高頻度で使う一方、学習者はなかなか使えないことがわかっています。ここでは、疑問詞とセットで使う「のだ文」、理由を表す「のだ文」の2種類だけを採用しています。これらは比較的運用上のルールが簡単なものです。

理解レベル

活動編で出てくる文法項目です。産出させるのではなく、まずは学習者が聞いて理解できるように工夫しましょう。初級文法の中には、運用ルールが複雑なもの、構造が複雑で発話しにくいものがあります。前者は、コミュニケーション上のトラブルになることもあるため、その配慮として理解レベルがあります。多くの初級レベルの教科書が「デスマス」から始めるのと同じ理由です。

付録

ローマ字に関する考え方

『これだけ1』では本文にすべてローマ字が併記されています。それが『これだけ2』になるとなくなります。スペースの問題もありますが、ひらがなを覚えてから『2』に移動してほしいという願いもあります。文字を覚えたくない人には日本人参加者がローマ字を書いてあげるなど、お手伝いをしていただけたら幸いです。

ローマ字ルール

ヘボン式を原則としていますが、長音は母音を重ねる形を採用しています。「きれい kiree」、「ひこうき hikooki」などの長音は、ひらがなのルールとは異なるため日本語母語話者には気になる人もいるかもしれませんが、そのまま読めば日本語の音になるものであるとお考え下さい。

分かち書きルール

ひらがな、ローマ字のルールは以下のようになっています。

- 助詞（格助詞、終助詞、接続助詞）の前後はあける（ひらがな）。ローマ字の場合、助詞はハイフンでつなぐ。

わたし　は	watashi-wa
いいです　ね	ii-desu-ne
たかいです　から	takai-desu-kara

- 「動詞＋ます／ました／ません／ませんでした」は続けて書く（ひらがな）。ローマ字の場合は「-masu ／ -mashita ／ -masen ／ -masen-deshita」とする。

いきます	iki-masu
たべませんでした	tabe-masen-deshita

- 「形容詞＋です／でした」は続けて書く（ひらがな）。ローマ字の場合は形容詞と「です／でした」をハイフンでつなぐ。

おもしろいです	omoshiroi-desu
きらいです	kirai-desu
たのしかったです	tanoshi-katta-desu
おいしくなかったです	oishiku-nakatta-desu

- 「名詞、副詞＋です／でした」の前後はひらがなの場合もローマ字の場合もあける。

しゅと　です	shuto desu
そう　です	soo desu

- 「おくに」などの「お」はひらがなの場合はあけない。ローマ字の場合はoの後にハイフンをつける。

おしごと	o-shigoto

＊なお、「したじき」にかたまりとして出ている複合助詞などは、バラバラにしないで、まとめて表記します。

～のほうが	～ nohooga
～のとき	～ notoki

［監修］**庵 功雄**（いおり いさお）――一橋大学国際教育交流センター教授
［編著］**岩田一成**（いわた かずなり）――聖心女子大学現代教養学部教授
森 篤嗣（もり あつし）――京都外国語大学外国語学部教授
＊各言語への翻訳は、多くの方のご協力をいただいて行いました

にほんごこれだけ！の
「これだけ」ヒント集＋単語リスト［**10言語翻訳付**］

2022年7月7日　初版第1刷発行

［監修者］**庵 功雄**
［編著者］**岩田一成・森 篤嗣**
［発行者］**吉峰晃一朗・田中哲哉**
［発行所］**株式会社ココ出版**
〒162-0828　東京都新宿区袋町25-30-107
電話　03-3269-5438
ファックス　03-3269-5438
［装丁・イラスト］**たけなみゆうこ**
［組版設計］**長田年伸**
［印刷・製本］**モリモト印刷株式会社**

ISBN 978-4-86676-058-2

姉妹編 **ココ出版の本**

にほんごこれだけ！　1

庵 功雄 監修　岩田一成・森篤嗣 編著

定価1,100円（税込）
ISBN 978-4-904595-06-0
B5判　並製　96頁

にほんごこれだけ！　2

庵 功雄 監修　岩田一成・森篤嗣 編著

定価 1,320円（税込）
ISBN 978-4-904595-14-5
B5判　並製　106頁

地域日本語教育向け教材

ココ出版の本

話す・考える・社会とつなぐためのリソース

わたしたちのストーリー

八木真奈美 編著

定価 2,200円（税込）
ISBN 978-4-86676-055-1
B5判　並製　68頁

漢字だいじょうぶ！

生活の中で学ぶ漢字のツボ

トヤマ・ヤポニカ著　中河和子・高畠智美 編

1,760円（税込）
ISBN 978-4-904595-40-4
B5判　並製　228頁